LE
CHOC DÉCISIF
DE
LA FRANCE ET DE L'ALLEMAGNE

AU

SENTIMENT ET D'APRÈS LES PRONOSTICS LES PLUS

AUTORISÉS DES ÉTRANGERS

PAR

A.-E. BILLAULT DE GÉRAINVILLE

ÉCONOMISTE ET HISTORIEN

« L'indécision est le pire défaut chez un homme de guerre. »

FRÉDÉRIC II.

SECONDE PARTIE

PARIS

CHEZ L'ÉDITEUR

17, QUAI D'ANJOU, 17

Et dans toutes les Librairies en France et à l'Etranger

—

1897

—

Tous droits réservés

LE

CHOC DÉCISIF

DE LA FRANCE ET DE L'ALLEMAGNE

LE
CHOC DÉCISIF

DE

LA FRANCE ET DE L'ALLEMAGNE

AU

SENTIMENT ET D'APRÈS LES PRONOSTICS LES PLUS
AUTORISÉS DES ÉTRANGERS

PAR

A.-E. BILLAULT DE GÉRAINVILLE

ÉCONOMISTE ET HISTORIEN

« L'indécision est le pire défaut chez un homme de guerre. »

FRÉDÉRIC II

SECONDE PARTIE

PARIS

CHEZ L'ÉDITEUR

17, QUAI D'ANJOU, 17

Et dans toutes les Librairies en France et à l'Etranger

1897

Tous droits réservés

LE CHOC DÉCISIF
DE
LA FRANCE & DE L'ALLEMAGNE

SECONDE PARTIE

CHAPITRE PREMIER

Sentiment de Maudsley sur l'état présent de la France. — Décomposition de la société française. — Castration physiologique, intellectuelle et morale. — Désagrégation nationale. — Déclin de l'esprit militaire et décadence de l'armée. — Hostilité sourde et persistante de l'ancienne contre la nouvelle. — Offensive et défensive. — Sentiment motivé du feld-maréchal de Moltke à ce sujet.

On a vu, dans la première partie de cette étude, les progrès continus de la dégénérescence physiologique et mentale en France, l'abâtardissement de la race, l'abaissement des caractères, l'affaiblissement du patriotisme, et, avec le déclin sensible de l'esprit militaire, la décadence de l'armée (1). Nombre d'écrivains français et étrangers ont signalé les signes préludes et avant-coureurs chez nous d'une dissolution sociale. Parmi ceux de l'étranger, à n'en citer qu'un, d'après Maudsley, de tous le plus autorisé, « la France, comme un organisme physiologique en décomposition est arrivée graduellement à la désagrégation nationale par les propres produits de sa putréfaction morale. Elle a atteint la phase d'inertie et d'insouciante apathie qui marque l'agonie des nations. A part même le ralentissement sensible de sa natalité, le pays ne produit plus de grands hommes : c'est tout au plus s'il comble les vides dans les rangs des sujets au-dessus de l'ordinaire. Chez les masses, le dénûment matériel n'est rien en comparaison de la misère d'esprit et de l'indigence de jugement. Dépouillé de toute force évolutive, désillusionné, sans enthousiasme, sans espoir, sans aspiration, sans idéal, le peuple français ne représente plus qu'une castration physique, morale et intellectuelle de l'humanité (2) ». Son état apparent peut faire illusion, tromper le regard superficiel : mais sur la réalité et la consistance du fonds, il ne saurait faire prendre le change au moraliste perspicace, à l'observateur éclairé. Car, ainsi que le remarque Ampère, « quand une société se dissout au dedans, elle conserve encore assez longtemps un air de grandeur et un sem-

---

(1) Le docteur Arnoult, médecin-major, définit l'esprit militaire « le sentiment ou l'idée qui porte les individus, les masses, les nations à pratiquer le métier des armes et à en accepter les dures exigences ».

(2) *Rev. phil.*, t. I, p. 149.

blant d'éclat, abusant de la sorte ceux qui ne considèrent que la surface (1) ».

Et les causes de décadence, ensemble les facteurs prépondérants de dissolution sociale sont chez nous les mêmes qu'à Rome : abaissement des caractères, corruption des gouvernants, dépravation des mœurs publiques, « système absurde d'éligibilité qui assure la primauté à la médiocrité et à la sottise, installées au faîte de la société en la personne de politiciens d'aventure (2) ». Par cela même qu'il est le gouvernement du plus grand nombre, le régime républicain est celui des hommes faibles et passionnés, qui partout sont en majorité. Aussi est-il fatalement destiné à sombrer. Comme avec lui le pouvoir est le lot des *austères,* c'est-à-dire des tartufes, des faiseurs, des ambitieux de bas étage, d'individus sans moralité ni vergogne, du fait de ses divisions intestines il aboutit nécessairement à la guerre civile ou à la guerre étrangère. Il est condamné à faire naufrage tôt ou tard contre l'un ou l'autre de ces deux écueils. La guerre civile et ses convulsions sont la terminaison la plus ordinaire. Il se peut, aujourd'hui, que l'écroulement du régime vienne de la guerre avec l'étranger. Et à ce sujet, qu'on nous permette de remarquer, avec Joseph de Maistre, que « les armes ne réussissent pas à la France. En vain a-t-elle remporté d'admirables succès : elle n'a jamais rien fondé par la guerre ». Il est de fait que, de tous les établissements qui sont résultés de ses guerres, pas un seul n'a duré.

(1) *L'Empire romain à Rome,* t. II, p. 262.
(2) *Revue des Deux-Mondes,* 1er déc. 1896, p. 527.

Là-dessus un publiciste russe de distinction, M. J. Novicow, émet de judicieuses réflexions dont nous devrions bien faire notre profit. « Les facultés mentales, dit-il, sont aussi nécessaires dans les groupes collectifs que dans les fonctions économiques. C'est une vérité que les socialistes du jour et les ennemis des aristocraties de toute nature méconnaissent au grand détriment du progrès social. Tant que l'organe aristocratique ne s'est pas constitué, la politique reste nécessairement un métier. Alors la bande famélique des corbeaux rapaces s'abat sur le budget. Il s'ensuit une véritable curée : c'est à qui s'arrachera le plus gros morceau.

« La politique devrait être une besogne de gentilshommes. Nous n'entendons pas par ce mot des privilégiés, mais des gens s'élevant naturellement au-dessus des foules par leur mérite personnel. Tant que la politique sera aux mains des politiciens, comme cela a lieu en France, la prospérité sociale n'atteindra jamais un niveau élevé. Cette classe d'individus, M. P. Leroy-Beaulieu, la dépeint en ces termes : « Les politiciens à tous les degrés, depuis les conseillers municipaux des villes jusqu'aux ministres, représentent, pris en masse et à quelques exceptions près, l'une des classes les plus viles et les plus bornées de sycophantes et de courtisans qu'ait connus l'humanité. Leur seul but est de flatter bassement et de développer tous les préjugés populaires, qu'ils partagent d'ailleurs vaguement pour la plupart, n'ayant jamais consacré un instant de leur vie à la réflexion et à l'observation ». — « Langage sévère, ajoute

M. Novicow : mais qui contestera qu'il ne soit de tout point justifié (1) ? »

A une époque comme la nôtre, où, de tous les points de l'horizon politique, souffle avec la violence de l'ouragan un vent de nivellement social, il convient de rappeler que l'inégalité, qui est partout dans la nature, est en même temps la condition de tout progrès. Que les politiciens ignorent cette vérité, il n'y a pas lieu de s'en étonner, avec leur éducation politique ou sociale puisée aux sources qu'on sait : les déclamations à huis clos et les rhapsodies des plus infimes gazettes.

Tour à tour historien et polémiste, suivant les temps et à son heure, Frédéric II, roi de Prusse, affectionne et recommande la méthode qui consiste à se livrer à des considérations générales sur les personnes et les événements. « Il n'y a pas, dit-il, de meilleur moyen de se faire une idée juste et exacte des choses qui arrivent dans le monde, que d'en juger par comparaison ; de choisir dans l'histoire des exemples, d'en faire le parallèle avec des faits qui se passent de nos jours, d'en remarquer les rapports, les similitudes ou les dissemblances. Rien de plus digne de la raison humaine, de plus instructif et de plus capable d'augmenter nos lumières et nos connaissances (2). » C'est une habitude que, pour notre compte personnel, nous avons prise de bonne heure ; et nous nous en autoriserons ici pour établir des rapprochements qui nous semblent topiques dans le sujet que nous avons à traiter.

(1) *Conscience et volonté sociales*, p. 123.
(2) *OEuvres complètes*, Postdam, 1805, 30 vol., t. XVII, p. 127.

Prenons au hasard le premier objet qui nous vient à l'esprit, le personnel gouvernemental d'un peuple.

En Angleterre, ce n'est communément que sur le tard, après qu'on a fait prospérer ses affaires domestiques, qu'on est chargé de celles de son pays. C'est tout le contraire en France. Qu'on ait fait preuve notoire, avérée, d'incapacité ou d'incurie dans la gestion de son patrimoine, dans les affaires publiques ou privées auxquelles on a été mêlé, ce n'est pas une raison pour être écarté des emplois, des plus hautes fonctions publiques. Même la moralité ou l'immoralité du sujet est pour nous chose indifférente. A l'exécutif, à l'administratif, au judiciaire, on voit s'installer et afficher leur prééminence des individus émergés des bas-fonds, de la lie de la société. Au premier rang de ce personnel figurent des gens qui ont reçu tous les sacrements judiciaires. On sait, on se dit les milieux où ils ont fait leur apprentissage des affaires. Dans la foule innombrable de compagnies, sociétés civiles, commerciales, industrielles, financières, auxquelles s'est attachée et s'attachera encore la plus triste famosité, citerait-on beaucoup de leurs administrateurs qui n'y aient pas trouvé pierre d'achoppement à leur honneur, à leur intégrité ? Qu'on compte donc ceux auxquels l'actionnaire ne serait pas autorisé à mettre la main sur le collet, en disant : « Rends-moi mon argent ! » Voilà pourtant la tourbe où se recrutent généralement ministres, sénateurs, députés, administrateurs, présidents de cours de justice ! Voilà les parangons dont la multitude en France doit emboîter le pas, les personnages d'après lesquels on nous juge à l'étranger !

Donc, avec les individus, nous voyons la corruption, la vénalité, la malversation, la fraude déborder. Si nous sommes si mal inspirés dans le choix des personnes, au moins avons-nous à faire valoir un dédommagement à l'article des choses ? Y apportons-nous bon sens, rectitude de jugement, maturité ?

Tirons notre exemple de l'ordre économique, de la colonisation, puisque c'est aujourd'hui un champ d'action commun à presque toutes les nations. A ce titre il peut fournir des termes de comparaison nombreux, caractéristiques.

La France aussi colonise, mais au rebours de toutes les autres nations : les Français colonisent, mais au profit exclusif des autres peuples. Nous colonisons l'Indo-Chine et la moitié de l'Afrique pour les Anglais et les Allemands, comme nous avons colonisé autrefois l'Inde et la moitié de l'Amérique pour l'Angleterre. Notre domaine colonial serait pour nous un élément de puissance, si nous avions une armée coloniale pour le garder et une marine marchande pour l'exploiter. Ce n'est actuellement qu'un danger parce que nous n'avons pas d'armée coloniale et, de plus, une source de dépense sans profit, parce que notre marine marchande agonise. En attendant, c'est matière à un gaspillage d'argent effréné (1).

Au champ colonial l'Allemagne en est à ses débuts,

---

(1) « L'Angleterre ne débourse pas plus de 40 millions de francs pour son immense empire, qui s'étend sur plus de 350 millions d'âmes, alors que nous gaspillons le double de cette somme pour nos 35 ou 40 millions de sujets exotiques » (*Revue scient.*, 3 avril 1897, p. 434).

pour ainsi dire à son apprentissage. D'où un contraste frappant avec nous, rien moins qu'à notre honneur et à notre avantage.

Dès l'origine, cette puissance a compris que les guerres et les expéditions lointaines sont les pires de toutes les aventures pour une grande nation, en tout temps intéressée à se montrer économe d'hommes et d'argent. Dans ces voies malencontreuses, les ressources d'un pays, son avenir même sont à la merci de l'imprévu et du hasard. Une fois engagé, il ne s'appartient plus. On croit partir pour une entreprise facile et de courte durée. Un moment arrive où l'on se heurte à des obstacles inattendus, à des embarras inextricables. On est le jouet d'événements, de complications, d'enchevêtrements, sur lesquels on n'a ni action ni prise. Le drapeau planté, force est d'aller jusqu'au bout. Du même coup la liberté d'action du pays se trouvera, sinon enchaînée, du moins entravée, pour un temps plus ou moins long. Ainsi le second empire se lance inconsidérément dans l'aventure du Mexique. Avec Morny et consorts, l'œuvre est à peine ébauchée au profit exclusif de flibustiers de cour, que le gouvernement a la main forcée, pour l'extension à lui donner. Elle devient de plus matière à des complications inattendues. Il y laissera son honneur, si tant est qu'il lui en reste ; et il aura gaspillé le plus clair de ses ressources en matériel et en combattants. L'Allemagne va recueillir le profit de l'imbécillité politique du maniaque qui s'appelle Napoléon III. A son aise elle prépare sa ruine, après l'avoir berné en tout temps et à toute occasion, lui, sa domesticité de séides, ses généraux de parade et de boudoir.

C'est surtout aux Allemands que profitent les enseignements dont nous faisons les frais. Ils ont constamment applaudi et ne manqueront jamais d'applaudir à toutes nos sottises. Guerres d'Afrique, de Crimée, d'Italie, de Chine, du Mexique, du Dahomey, de Madagascar, toutes entreprises sans objet sérieux, ni intérêt appréciable, nous valent des encouragements de la part des Allemands. Le benêt Jules Ferry et son ambassadeur à Berlin sont des jouets dans leurs mains. Ces deux parfaits nigauds ne soupçonnent pas un seul instant le traquenard que recèle la politique coloniale, poursuivie à l'instigation et dans l'intérêt exclusif de l'Allemagne.

Cette puissance pouvait-elle concevoir ombrage et jalousie d'expéditions dont elle savait la vanité et le néant ? Est-ce que la stratégie et la tactique avaient rien à y voir ? Les Allemands n'avaient garde de se préoccuper de guerres où la science militaire était absente, uniquement remplacée par la routine et l'instinct belliqueux plus ou moins développé chez nos officiers (1). Au rebours de la France constamment dévoyée, l'Allemagne ne prend

(1) L'expérience de la guerre acquise en Algérie, en Chine, au Mexique, expéditions dont le troupier était si fier, fut d'un maigre profit dans la lutte avec l'Allemagne. On vit alors, que les promenades militaires transatlantiques n'avaient produit qu'une routine assez peu utile de la petite guerre, tout en portant une armée, jadis si brave, si aguerrie, à devenir outrecuidante, à contracter l'habitude de la négligence, du laisser-aller, voire d'une complète incurie. Grâce aux victoires faciles remportées sur des hordes indisciplinées, elle en était venue à s'étonner de rencontrer une résistance sérieuse, un adversaire procédant avec logique et rigueur. Aujourd'hui encore, c'est à peine si elle est revenue de sa surprise !

part à aucune guerre, mais donne toute son application à son organisation militaire, à la stratégie et à la tactique. Aussi devenue supérieure en ce genre, hors de pair entre toutes les nations, remportera-t-elle les trophées de 1866 et de 1870-71.

Tandis qu'en France sévit la rage des expéditions lointaines, que la folie des aventures coloniales demeure incurable, les maîtres de l'Alsace-Lorraine n'ont garde de se hasarder ou de compromettre une parcelle des ressources matérielles de leur pays, encore moins de risquer leurs forces morales ou militaires dans des régions reculées où il n'y a ni lucre, ni lustre à recueillir. Qu'on nous dise donc les millions et les combats que nos formidables voisins ont engagés dans des affaires aussi décevantes et improductives que le Dahomey et Madagascar? L'Allemagne est trop sensée, trop prudente, pour tomber dans un guêpier de ce genre où notre étourneau du quai d'Orsay est toujours prêt à donner tête baissée. Il suffit à cette puissance d'y pousser ses rivaux, particulièrement la France. A cet égard, n'est-elle pas toujours servie à souhait, avec la succession de quadruples crétins dont l'action irréfléchie, turbulente, n'aboutit qu'à faire une lanterne magique du caravansérail du quai d'Orsay ?

Les Allemands n'ont garde de s'aventurer dans des champs de colonisation aussi incommensurables qu'indéterminés. S'ils prennent pied quelque part, c'est tout au plus pour mettre au service de leurs nationaux l'autorité et la force du gouvernement impérial. Aussi circonspects qu'avisés, sans vues ni projets autres que ceux suggérés par un esprit pratique et rassis, ils ne céderont jamais à un fol engouement, à un entraînement quelconque. Rien, par exemple, ne les déterminera à venger des injures puériles, à poursuivre le redressement de griefs futiles, la réparation de dommages insignifiants. Surtout ils savent s'arrêter, quand ils reconnaissent qu'ils font fausse route, qu'ils s'exposent à des sacrifices sans compensation. Aux Anglais et aux Allemands de recueillir les bénéfices de nos extravagantes expéditions : à la France le fardeau, les charges, les déceptions, jusque-là qu'elle y rencontre consomption ou ruine. En fait, à l'heure actuelle nos ressources se trouvent engagées dans toutes les parties du monde. Avec nos immenses possessions, notre domaine colonial aussi précaire que ruineux, follement administré qu'il est, même insuffisamment gardé par quelques poignées d'hommes, qu'on songe à notre situation le jour où éclatera une conflagration européenne ? Et encore doit-on réputer improbable le soulèvement général de populations frémissantes, incomplètement soumises ou indomptables ? De toutes les perspectives néfastes ouvertes devant nous, celle-là assurément n'est pas la moins vraisemblable. Le gouvernement républicain n'a pas son pareil pour amasser contre lui des trésors de colère et de haine.

Des publicistes plus ou moins autorisés avancent que la puissance militaire de l'Allemagne ne comporte pas d'autre accroissement. Selon eux, elle aurait atteint l'apogée, ses limites extrêmes, déterminées par la logique et la force des choses, au delà desquelles les masses mises en action perdent de leur valeur et sont plus nuisibles qu'utiles. En fait, il est incontestable que plus elles sont nombreuses, plus il est difficile de les alimenter, de les mouvoir, de les faire combattre. L'Allemagne s'acheminerait, alors, vers cette « innombrable et inoffensive cohue de bourgeois boutiquiers » entrevue par von der Goltz, dans un avenir plus ou moins rapproché où, à augmenter immodérément ses effectifs, une armée perd plus qu'elle ne gagne. En d'autres termes, la force militaire de cette puissance serait-elle arrivée à ce point où la marche en avant devient fatalement régressive ?

Il est hors de doute que, dorénavant, les difficultés financières deviendront toujours plus graves pour l'Allemagne. Mais avec la ténacité et la force de caractère qui caractérisent Guillaume II, on peut conjecturer que l'empire allemand trouvera encore longtemps l'argent nécessaire au développement de son armée et de sa marine. A cela nous ne voyons d'autre obstacle que celui contre lequel se heurte impuissante toute volonté humaine : le manque d'hommes pour le service militaire. Mais il ne semble pas devoir se produire de si tôt avec une population en progression constante, du fait d'une natalité exubérante, qui oblige le pays à déverser quantité d'émigrants dans toutes les parties du monde. Une diminution de ce chef, voire un simple ralentissement, ne paraît pas devoir l'atteindre de longtemps (1).

(1) « Si le nombre seul était appelé à décider en souverain ressort dans les guerres de l'avenir, notre puissance militaire devrait par avance renoncer à jamais à marcher de pair avec celle de l'Allemagne. Sa population en effet dépasse la nôtre de 14 millions d'habitants et la disproportion ne peut qu'aller toujours

Quant au ressort moral, spécialement l'esprit militaire, l'Allemagne ne saurait davantage concevoir d'appréhensions. Ce ne sont pas les Allemands qu'avait récemment en vue le maréchal Wolseley, commandant en chef de l'armée anglaise, quand, dans une allocution aux officiers des volontaires britanniques, il émettait l'opinion qu' « une nation sans esprit militaire et sans considération pour son armée est à deux doigts de sa perte ». On a dit, non sans apparence de raison, qu'il s'agissait de la France, où l'esprit militaire va toujours en déclinant pour la plus grande et la plus irremédiable décadence de notre armée. Et comment pourrait-il en être autrement après l'acte monstrueux, véritablement scan-

s'accusant à notre désavantage. La moyenne des naissances s'y maintient à 380 par 1.000 habitants, tandis qu'elle tombe en France au-dessous de 250. C'est ainsi que, pour une période de quatre années de 1886 à 1889, l'augmentation de population pour l'Allemagne a atteint 2.296.260 individus, tandis qu'elle se chiffre pour la France à 237.570, soit près de dix fois moins.

« Mais outre que le nombre n'a que la valeur relative que lui donnent les circonstances, il n'acquiert d'importance militaire, aujourd'hui surtout, qu'en raison des ressources de toute nature dont dispose une nation : ressources morales découlant de son éducation patriotique et de sa force gouvernementale ; ressources matérielles résidant principalement dans la bonne administration de ses finances et dans la richesse de son crédit » (*Revue des Deux-Mondes*, 15 déc. 1896, p. 303). — Nous devons ici faire observer que, pour ce qui est « des ressources de toute nature dont dispose une nation ; ressources morales découlant de son éducation patriotique et de sa force gouvernementale ; ressources matérielles résidant dans la bonne administration de ses finances » ; l'Allemagne se trouve aujourd'hui dans des conditions bien autrement favorables que celles de la France, placée qu'elle est à tous les points de vue à un niveau au moins vingt fois supérieur à celui de notre pays.

daleux, du conseil de guerre de Trianon, souscrivant avec son président le duc d'Aumale à une commutation de peine en faveur de Bazaine ? On a pu dire à juste titre que c'était signer du même coup l'arrêt de mort de l'armée.

En raison de ses passions envieuses et niveleuses, de son aversion instinctive pour le talent et les capacités, de sa haine furieuse du mérite et des supériorités, le régime républicain est incompatible avec une armée vraiment nationale, fortement organisée, rigoureusement disciplinée sous un chef expérimenté et hors ligne. Le empérament démocratique ne s'accommodera jamais que d'une milice désordonnée, sans esprit de corps ni hiérarchie. Ce qu'il lui faut, par communauté de sentiments et de vues, c'est une soldatesque effrénée, une cohue révolutionnaire aux mains d'un Henriot, d'un Rossignol ou d'un Eudes. On sait, au surplus, que la France militaire n'existe pour les républicains que depuis 1789 : elle n'a commencé pour eux qu'à la prise de la Bastille.

Certes, nous ne voulons pas dire qu'une bonne constitution de l'armée soit inséparable du régime autocratique, pas davantage que le despotisme soit favorable à l'esprit militaire. N'a-t-on pas vu sa défaillance sous la Rome impériale ? En France, son éclipse complète, sinon son abolition, a été l'œuvre de Napoléon III, avec sa sélection d'officiers domestiqués, sa pseudo-hiérarchie de militaires d'antichambre. Dès la guerre d'Italie, à bout de déportements, ce potentat usé était déjà tombé dans l'abrutissement moral et intellectuel de Vitellius, duquel en 1870 il reproduisit visiblement les traits tels que, sous le ferme burin de Tacite, nous les a conservés l'histoire : *contemptior in dies segniorque* ; « de jour en jour plus méprisable et plus indolent (1). » Le conspirateur émérite allait bientôt recevoir le châtiment dû au parjure, vérifiant une fois de plus la loi providentielle : *nemo unquam imperium flagitio quœsitum bonis artibus exercuit*; « à l'exercice du pouvoir obtenu par le crime jamais on ne vit présider la vertu » (2). Mais ce devait être encore la patrie qui ferait funestement les frais de la leçon, avec son lustre militaire terni et la France outrageusement découronnée par la défaite.

Le jour où, réveillée de son cauchemar, tirée de sa léthargie par des désastres sans nom, la nation excédée rompit violemment avec le régime dégradant de l'empire, on vit dans l'armée nombre d'officiers faire montre d'ardeur et de bonne volonté en vue d'une régénération reconnue nécessaire. Mais quand l'ordre renaissant commença à se dégager du bouleversement général ; quand l'esprit de réforme et de rénovation dut prendre une allure réglée et calme, le corps des officiers retomba dans l'ornière d'où il était à peine sorti. Il revint à ses procédés surannés, à ses errements mécaniques, à ses habitudes de routine. Aujourd'hui l'expérience est faite. Il en coûte à constater que les épreuves de 1870-71 n'ont pas amené de transformation radicale. Le vainqueur a recueilli le profit des enseignements : le vaincu est demeuré réfractaire à la leçon, si bien qu'au sentiment des

(1) *Hist.*, 11, LXXXVII.
(2) *Ibid.*, 1, XXX.

gens éclairés on peut à bon droit le réputer désormais incorrigible.

Des revers à nous infligés par l'Allemagne ressortait en premier lieu l'évidente infériorité professionnelle de nos officiers, d'où la nécessité de donner une vigoureuse impulsion à l'instruction des cadres. En même temps s'était révélée l'importance du nombre dans les guerres à venir. De ce chef, une reconstitution de l'armée était indispensable. Il n'était pas moins essentiel de restaurer l'esprit militaire qui, bien avant la dernière guerre, s'en allait toujours davantage à la dérive.

Quand on se trouve dans un milieu d'officiers français, ce qui frappe tout d'abord, c'est une très visible lassitude chez les uns et une grande incertitude chez les autres. Les premiers, en général, sont les survivants de l'ancienne armée. Ils ont perdu la fougue d'antan et l'ardeur généreuse qui les animait à la mise en œuvre du nouveau mécanisme militaire. Maintenant qu'il fonctionne à peine, les voilà déjà fatigués, si non rebutés. Ils ne peuvent plus fournir à la somme d'activité qu'il nécessite. De là à le trouver défectueux, à regretter qu'il ait été établi, enfin à faire opposition au système tout entier, la pente était glissante, fatale : on n'a pas manqué d'y verser. A la suite des anciens du métier, les jeunes ont été ébranlés par les critiques de leurs aînés. Ils ont fini par épouser leurs préventions, leur parti pris, même par s'associer à leurs regrets. De là parmi nos officiers un manque général de foi, de résolution et de zèle ; et, sous le couvert commode d'une opposition théorique aux principes de la nouvelle organisation militaire, sont venus se réfugier les mauvaises volontés, les hostilités politiques ou sociales, la routine, l'inertie, toutes les défaillances de l'esprit militaire (1).

Cela est si vrai que, lorsqu'on recherche les causes de l'insuccès des réformes militaires opérées dans l'armée depuis 1871, on est amené à les rapporter en grande partie à l'indolence, à l'incurie, au mauvais esprit, même à l'hostilité de ceux qui avaient charge de les appliquer. Bon nombre, contrairement à leurs obligations naturelles, se sont même montrés les plus déterminés adversaires des réformes. S'ils ne s'étaient pas dérobés moralement à leur tâche, à leurs devoirs ; s'ils avaient prêté activement et sincèrement leur concours, sans arrière-pensée, sans opposition latente et sournoise, on peut hardiment affirmer que, à peu de chose près, le pays aurait vu se réaliser ses légitimes espérances.

Un officier allemand d'une indiscutable compétence a mis le doigt sur le véritable point faible de notre armée. « Les militaires français, dit-il, ignorent l'importance des réserves, qui sont le centre de gravité du système. » Ce qu'il porte au compte de l'ignorance, nous estimons, nous, qu'il faut l'attribuer plus encore au mauvais vouloir et à la négligence, pour ne pas dire à une hostilité avérée.

Dès lors, quel encouragement ou stimulant le conscrit et le réserviste peuvent-ils trouver dans l'indolence, l'insouciance et le laisser-aller des cadres ? Systématique ou non, l'indifférence de l'officier français pour les hommes

---

(1) *Pourquoi la France n'est pas prête*, p. 158.

placés sous son commandement est un des vices les plus inquiétants de notre armée : car c'est surtout chez nous que le soldat est impressionnable, sensible. Il ressent vivement la froideur de ses chefs. Or, sans lien moral entre l'officier et le soldat, pas de cohésion, partant pas d'armée homogène et consistante. Combien en France trouverait-on d'officiers qui, dans une intention patriotique, aient sincèrement entrepris d'exercer une salutaire influence sur l'esprit des réservistes et d'entourer de leur sollicitude les éléments civils de l'armée ? Sans doute ces multitudes de jeunes hommes sont fatalement imprégnés de l'égoïsme bourgeois, mais pas au point d'avoir perdu le fonds du vieux tempérament français où sont en germe toutes les vertus guerrières ? Ce n'est peut-être pas l'opinion de von der Goltz, pour qui les « Français sont un peuple de bourgeoisie enrichie, bornée, prête au moindre revers à croire que tout est perdu (1) ». Cela peut être vrai des « personnalités hébétées et grasses », dont on a dit qu' « elles composaient le dessus du panier en province » ; et encore de « la bourgeoisie abâtardie, dégénérée, corrompue », qui a souscrit à Bordeaux l'ignominieuse paix de Francfort ; celle-là dont un préfet, pleutre insigne et couard avéré, n'avait que des fourches à mettre aux mains des pauvres cultivateurs égarés par ses proclamations aussi idiotes qu'intempestives, quand lui-même, désertant son chef-lieu, courait à travers champs se réfugier dans une ville voisine, de toute la vitesse de ses jambes, avec une vé-

(1) Cité par M. le général Derrécagaix, dans sa *Guerre moderne*, t. I, p. 475.

locité qui, dit-on, excita l'étonnement et la jalousie des lièvres de la campagne.

Et, d'un autre côté, rendons justice aux officiers qui ont su se montrer à la hauteur de leur mission. A ceux-là il n'a pas été difficile de subjuguer l'esprit de nos civils, en leur offrant l'imposant aspect d'hommes élevés par leurs idées et leurs sentiments fort au-dessus du vulgaire, étrangers à nos discordes politiques et sociales, aussi supérieurs par leur mérite professionnel que par la noblesse de leur caractère. Signalés pour leur droiture, l'élévation de leurs sentiments, la correction de leur tenue, leur existence est vouée sans réserve à la grandeur et à la sécurité de la patrie.

A méconnaître le rôle important dévolu aux réserves, il y a lieu de craindre qu'en raison de leur nombre prédominant elles ne fassent prévaloir leur esprit particulier dans l'ensemble de l'armée. Si les officiers négligent de cultiver les aptitudes naturelles des réservistes, abandonnés à eux-mêmes, ils *embourgeoiseront* l'armée. Pour parer à ce danger, il faut que l'esprit des forces actives domine et s'impose avec une autorité et une uniformité inflexibles. C'est là, sans doute, une tâche délicate et laborieuse : mais il n'est pas admissible que ceux qui en sont plus spécialement chargés s'y dérobent. Elle exige de l'intelligence, du zèle, des efforts, parfois une aptitude particulière. Mais enfin, elle n'est pas au-dessus des moyens et des capacités d'un officier de bonne volonté et consciencieux.

Constants dans leur aversion pour tout ce qui est issu de la nouvelle organisation militaire, des officiers de l'armée active ne voient pas sans ombrage leurs collaborateurs de la réserve. Leurs plus vives antipathies sont généralement pour ceux qui, prenant goût aux choses militaires, font preuve d'entrain et d'ardeur. C'est surtout à cet article qu'on a dénoncé, non sans fondements, les préventions invétérées des survivants de l'ancienne armée contre la nouvelle.

Il en est tout autrement en Allemagne.

Dans ce pays, où chaque sujet a en lui-même un levain de vocation militaire, le fonds de la réserve est excellent. Les officiers ont suffisamment conscience de leur réelle valeur pour sentir et se dire que leur prestige n'est nullement atteint ou amoindri par le mérite de leurs collègues de la réserve. Aussi s'emploient-ils avec zèle à la propagation de l'esprit militaire et de la discipline morale de l'armée dans le corps des officiers de réserve. Dans les milieux bourgeois où les uns et les autres se rencontrent, ils font preuve des mêmes tendances et apportent les mêmes habitudes. Ils professent ouvertement le culte de l'armée et de la patrie ; et, en toute occurrence, ils ne manquent jamais de se faire les apôtres de l'esprit militaire. En cela ils offrent un saisissant contraste avec nos officiers, pour qui l'essence même de cet esprit semble consister à tenir les éléments civils dans l'ignorance et l'éloignement de tout ce qui concerne les intérêts militaires du pays.

Que conclure de ces agissements et habitudes, sinon que la majorité des officiers français est hostile à l'organisation actuelle de l'armée ? Peut-on nier qu'ils n'en entravent le fonctionnement, autant qu'il dépend d'eux?

Il saute aux yeux que l'officier se refuse moralement à travailler à la fusion de l'armée active. C'est pourtant là le but suprême de nos nouvelles institutions militaires. C'est en effet de cette culture, de ce milieu de collaboration, qu'on s'attendait à voir éclore et s'épanouir la nouvelle puissance française. Entretenir par mauvais vouloir ou inertie une sorte d'antagonisme entre les deux éléments constitutifs de l'armée, qu'est-ce autre chose, sinon travailler sciemment à faire avorter ou rendre vaines les réformes entreprises en vue du relèvement du pays ?

Avec le décours de l'astre des Napoléons et le déclin précipité du second empire, l'esprit militaire des officiers alla toujours s'affaiblissant. Dans les rangs supérieurs de l'armée, on n'était pas sans s'en émouvoir. « L'état de l'armée n'est pas sain », écrivait à ce sujet un officier supérieur (1). Le régime impérial, avec son appareil et ses oripeaux, ne produisait plus d'autre effet qu'un décor de cirque, qu'une exhumation de vestiaire. En mettant en relief l'incapacité, l'incurie, les rivalités, l'indiscipline des généraux, la guerre contre l'Allemagne allait lui porter le coup de grâce. Au premier choc, la brillante façade de l'édifice chancelant s'écroula, ne laissant derrière elle que le vide, l'inanité de sa structure intérieure.

C'est que depuis longtemps, tout en exerçant largement leurs prérogatives, les chefs dégénérés de l'armée n'accomplissaient plus de leurs devoirs que les moins sérieux, pour ne pas dire les plus futiles. Ce n'étaient

---

(1) *La puissance française*, par un ancien officier. p. 17.

plus des militaires, mais de simples commis d'administration. Etudes de guerre, éducation et instruction du soldat, discipline des esprits, armement, technique, tout ce qui est d'obligation pour des hommes de guerre pénétrés du sentiment de leurs devoirs était étranger à leurs préoccupations. Affichant durant la paix des allures martiales, voire des mœurs belliqueuses sans profit pour l'Etat et qu'il eût mieux valu tenir modestement en réserve, ils ignoraient le recueillement studieux et le labeur infatigable qui préparent les triomphes à venir. Il en allait différemment de l'autre côté du Rhin. Le zèle éclairé et laborieux des officiers allemands les maintenait dans la saine tradition de l'esprit militaire, qui chez nous dégénérait en jactance vaine, en rodomontades puériles. Au jour d'épreuve, ce fut naturellement le fonds qui l'emporta sur la forme. Le vrai et solide mérite eut raison de la parade, de l'ostentation décorative, l'esprit militaire de bon aloi de son similaire frelaté et faux.

Nous avons dit l'afflux d'intentions généreuses, même de bonnes dispositions, qui, au lendemain de la guerre, alla jusqu'à l'effervescence. Il en coûte d'avoir à dire que bien peu d'officiers persévérèrent dans cette patriotique, mais éphémère ardeur. La légèreté et la frivolité française reprirent vite le dessus. On ne tarda pas à revenir aux habitudes de nonchalance et d'incurie des temps passés, même on en renoua hâtivement la chaîne. Aujourd'hui encore trop d'officiers oublient ou méconnaissent les leçons d'un passé importun ; et, ce qui est tout à fait incroyable, ne craignent pas de reporter leurs regrets sur les temps de l'empire, qui a tout fait pour les avilir et les déshonorer. L'œuvre de la réorganisation de l'armée française n'a pas suffi pour les remettre dans la voie âpre et salutaire du véritable esprit militaire. Ceux-là ne veulent pas entendre parler de réformes : ils se cramponnent en désespérés à la routine, à des traditions surannées, à des méthodes condamnées, à des pratiques absurdes dont les faits et l'expérience ont démontré le néant et les dangers.

Enfants perdus d'un régime jugé en dernier ressort, tombé sous le poids de ses débordements et les stigmates de son origine criminelle, finalement enseveli dans le sang et la boue, ils ne veulent ni reconnaître leurs défauts ni répudier des habitudes et des pratiques qui n'ont pu résister à l'expérience de la dernière guerre. « Dans la lutte qui vient de finir, remarque judicieusement Renan, l'infériorité de la France a été surtout intellectuelle : ce qui nous a manqué, ce n'est pas le cœur mais la tête. Le manque de foi à la science est le défaut capital de la France. Nous doutons trop de ce que peuvent la réflexion, le calcul, les combinaisons savantes. Notre système d'instruction a besoin de réformes radicales (1). » La critique est foncièrement applicable à l'armée française, où un surcroît d'activité intellectuelle est indispensable, vu sa médiocrité générale, ses non-valeurs, le nombre de sujets de faible vocation tout au plus bons à reléguer aux grades inférieurs. Au domaine militaire, l'amélioration et les progrès réalisés depuis vingt-cinq ans sont à peine sensibles. Il en va là comme au civil. Au surplus, dans

---

(1) *Réforme intellectuelle et morale de la France*, p. 39.

tous les champs de culture, scientifique ou littéraire, nous avons rétrogradé et nous continuons à rétrograder dans une mesure indicible. Et même on ne saurait dire si, en quelque branche de connaissances que ce soit, notre infériorité par rapport aux autres peuples s'arrêtera jamais. Dans tous les cas, au sentiment général, l'on ne saurait prévoir quand elle aura son terme.

La démocratie française qui, par ignorance et idiosyncrasie, est foncièrement, déterminément hostile à l'élection de l'élite, devrait bien faire son profit de l'expérience qui a coûté si cher à Louis-Philippe. De lui elle a hérité un travers particulier, qui lui vaudra un sort identique. Ce prince, remarquablement doué sous beaucoup de rapports, avait un défaut ou, si l'on veut, un talent qui, un jour ou l'autre, ne pouvait manquer de lui devenir funeste. Il excellait dans l' « art d'user les supériorités sur les infériorités ». Ce fut le principe de sa ruine, le corrosif destructeur de son établissement monarchique. La démocratie a encore étendu, même généralisé, le procédé : elle y trouvera semblablement sa perte. Rien de plus vrai que le mot de Gœthe : « Si les nombres ne gouvernent pas le monde, ils apprennent du moins comment le monde est gouverné. » Dans une grande nation, l'immense majorité se compose nécessairement d'esprits obtus : elle ne saurait donc marcher sans l'action prédominante d'une poignée d'hommes doués de facultés supérieures. Mais ces hommes, particulièrement ceux de direction et d'impulsion, sont partout en infime minorité. Sous une république, ils sont tout à fait à l'état d'exception, parce qu'il n'y a pas de chef qui, comme un roi ou un empereur, soit intéressé de toutes les manières à s'entourer d'hommes dont le cortège lui donne un surcroît de lustre et flatte son amour-propre. Le régime républicain a un penchant invincible pour les médiocrités, à l'exclusion des individualités d'ordre supérieur, qui, par leur mérite lui portent naturellement ombrage et l'offusquent. De là vient que, sciemment ou insciemment, il s'achemine chaque jour au suicide. Un témoignage probant entre bien d'autres de ce résultat, c'est l'impossibilité actuelle d'aboutir dans l'œuvre d'organisation d'un état-major et l'impuissance absolue à l'article de l'institution d'un grand commandement militaire, lequel existe chez toutes les autres nations, même aux Etats-Unis d'Amérique. D'où, pour la démocratie française la nécessité de n'avoir d'autre armée qu'une armée privée de tête, ou plutôt de se passer d'armée au risque de son anéantissement par l'étranger.

Dans la nôtre, brave par tempérament et par tradition, il y a dépérissement de la discipline, absence d'abnégation, de dévouement, de goût du métier et de l'étude, manque de capacité chez les généraux, d'instruction chez les officiers et les soldats. Il en résulte l'affaiblissement de la confiance réciproque des uns dans les autres, l'impossibilité d'union intime et des autres qualités qui, dans leur ensemble, constituent la valeur réelle d'une armée. La sélection des officiers y est revenue à cette médiocrité qu'à si juste titre on relevait déjà avant la guerre. Les écrivains militaires de l'étranger en relatent périodiquement des preuves convaincantes, des témoignages irrécusables, par exemple, le nombre d'officiers de valeur insuffisante jusque-là même d'ignorer les éléments rudimentaires de leur métier. Ils font remarquer que d'autres n'exercent leur commandement que d'une façon médiocre, tout au plus passable. Quand on a demandé aux officiers de cavalerie des efforts sérieux, sinon pour égaler, du moins pour approcher du niveau élevé des autres cavaleries de l'Europe, on s'est heurté à une résistance presque insurmontable. Certes l'on n'attendait pas d'eux qu'ils rivalisassent avec la cavalerie allemande, corps accompli, possédé du feu sacré, avançant toujours dans la voie du progrès, comme il avance toujours sur le champ de bataille. Celle-là se souvient de la devise de son chef le plus signalé : « La cavalerie constamment en avant avec Blücher ! » De fait, c'est bien à elle que l'armée allemande est redevable des coups imprévus, foudroyants, qu'elle a portés dans la dernière guerre, grâce à ses reconnaissances incessantes, à son infatigable activité.

Au domaine militaire, à comparer l'ardeur des Allemands à ce qui se passe chez nous, l'on ne se douterait guère qu'ils sont les vainqueurs et nous les vaincus. Ce n'est pas en demeurant figée dans l'esprit d'immobilisme ou plongée dans la torpeur, que notre apathique armée se rendra redoutable à un ennemi sans cesse appliqué à accroître et à perfectionner sa puissance militaire. Lui ne s'arrête jamais : sa sphère d'activité n'a pas de limites, son champ d'action pas de bornes. Même il s'intéresse à nos affaires militaires beaucoup plus que le commun de nos officiers. Effrayante sollicitude : plaise à la providence qu'elle ne tourne pas à mal pour nous dans la future guerre ! L'Allemagne ne voit dans la paix qu'une préparation à la guerre. Nous en trouvons la preuve authentique, irrécusable, dans un livre d'une de ses notabilités militaires, à une recommandation topique d'une nature toute particulière. « C'est au grand état-major, dit le général Blum, qu'il appartient d'étudier, dès le temps de paix, tous les éléments de la puissance militaire des Etats qu'on peut avoir à combattre ; et ses études doivent s'étendre jusqu'à la personne des généraux eux-mêmes (1). »

D'après l'opinion commune, il semblerait que l'art de la guerre soit chose incommutable et que tout aille à souhait du moment que l'on ne sort pas des voies antérieurement frayées, autrement dit de l'ornière. Cet art a pourtant subi déjà bien des transformations : il en est même qui ne datent pas d'hier. Par exemple, au XVIIIe siècle, Montecuculli, un grand capitaine, constatait que « les choses de la guerre ne relèvent plus de la fortune, mais de la science, de l'intelligence et de la bonne organisation des armées (2) ». C'est une vérité qu'on a bien de la peine à faire accepter en France. Sous ce rapport encore nous sommes aux antipodes des Allemands. Tandis que le

---

(1) *Stratégie*, p. 34. A l'état-major général de Berlin, l'on met périodiquement à jour un casier où figurent les notabilités militaires de tous les pays. Nos officiers supérieurs y sont envisagés, étudiés, discutés sous toutes les faces. Esprit, caractère, nature physiologique, intellectuelle et morale, tout y est relevé. C'est un répertoire de faits, d'observations et de particularités dont l'état-major prussien compte évidemment tirer parti au cas d'une nouvelle guerre.

(2) *Mém.*, t. II, p. 127.

moindre de leurs sous-lieutenants a des données nettes, exactes, sur notre pays, ses forces, son armement, ses moyens d'action, ses procédés de guerre, qu'il dévore avidement toutes les publications qui y ont trait, il est peu d'officiers chez nous qui se tiennent au courant de l'état militaire des autres pays. Il semble que ce soit sans intérêt pour eux.

Et qu'on ne suppose pas que le mépris du labeur intellectuel si commun parmi eux soit compensé par un surcroît d'ardeur guerrière, d'esprit d'abnégation et de discipline. Le désœuvrement où ils vivent, la monotonie et l'insignifiance de leurs préoccupations, la répétition constante des mêmes exercices sans un effort soutenu vers le progrès, les amènent insensiblement à des mœurs, à des habitudes, à un train de vie, d'un caractère foncièrement bourgeois, même à certains égards dépourvu du sentiment viril. Leur état finit par être à leurs yeux une position sociale à l'unisson des autres, laquelle ne comporte qu'une tâche invariable, à remplir mécaniquement, sans travail de tête ni aptitudes spéciales. Le relief plus ou moins marqué des troupes, leur esprit, leurs progrès n'intéressent que faiblement l'officier français. Par exemple, dans l'exécution des mouvements il n'exigera que très rarement l'ensemble, la précision, même la régularité que, dans une répétition au théâtre, un directeur de scène imposera à une troupe de figurants recrutés au hasard.

Il est un trait de mœurs que nous n'aurons garde d'oublier, car il a une signification des plus nettes : c'est la répugnance de nos officiers pour leur uniforme. Elle a été portée à ce point que, pour la régulariser, il a fallu une circulaire ministérielle. Elle témoigne irréfragablement de leur irrésistible penchant à se considérer de plus en plus comme de simples fonctionnaires, à se désintéresser sur tout ce qui donne à leur profession cachet, lustre et prestige. Du jour où la regrettable circulaire du général Thibaudin leur a octroyé officiellement l'option entre le port de l'uniforme et le costume civil, ils se sont décidés avec un ensemble qui en dit long pour ce qui n'est pas militaire. L'uniforme a-t-il donc si peu de prix à leurs yeux ? Comment ne pas s'alarmer d'un tel symptôme ? Si l'habit militaire n'est plus endossé que dans le service, il ne tardera pas à prendre place à côté de celui des maires et des sous-préfets. Alors le fier emblème de la plus mâle des fonctions sociales descendra au rang de banal insigne d'un emploi secondaire. Résignons-nous donc à rabaisser la crête au coq gaulois, jadis symbole de vigilance, d'ardeur et de vaillance.

En France les esprits prévoyants s'inquiètent à bon droit de la faiblesse persistante des effectifs. Ils se demandent avec anxiété comment une armée permanente en état d'anémie, presque de squelette, pourra faire prévaloir son esprit et agir moralement sur les réserves. L'autorité militaire a dû y songer, aviser aux moyens de remédier à un état de choses si fâcheux. Mais, en pareille matière, comment sa volonté pourrait-elle avoir de l'effet, amener des résultats, sans l'acquiescement et le concours empressé des officiers ? En dernière analyse, c'est à eux qu'il appartient de résoudre la question délicate des indisponibles. Cependant cette plaie qu'on leur signale, que seuls ils peuvent guérir, ils sont les premiers à l'entretenir, à en étendre la sphère et l'acuïté. C'est qu'au point de vue où ils se placent par habitude, elle leur procure de sensibles avantages. Avec son effectif disponible ordinaire, le régiment ne forme plus qu'un bataillon, le bataillon qu'une compagnie. Il s'ensuit que, sur le champ de manœuvres, la présence d'un quart des officiers du régiment est seule nécessaire. Les trois autres quarts se gardent bien de faire du zèle. On sait les effets de cette pernicieuse coutume de réunir plusieurs compagnies sous le commandement d'un seul chef et de ne former qu'un seul bataillon de tout le régiment. Ils ont été partout signalés, mais plus particulièrement en Allemagne. Dans la première partie de cette étude, nous avons rapporté la magistrale critique de von der Goltz à ce sujet.

Si cette détestable pratique subsiste toujours, à qui la responsabilité ? Incontestablement aux officiers du régiment qui, loin de réagir contre ses causes et ses mobiles, la perpétuent et semblent même l'autoriser. En effet, ils se dispensent d'aller aux manœuvres, de figurer auprès de leurs hommes, de veiller à ce qu'aucune cause secondaire n'en diminue encore le nombre déjà si restreint. Si donc, sur les champs de manœuvre, l'on est réduit à recourir à un expédient fatal à l'instruction des hommes, subversif de l'étroite communion d'esprit qui devrait exister entre eux et leurs chefs, incompatible avec la discipline intellectuelle et morale du régiment tout entier, il faut s'en prendre à la déperdition des effectifs, laquelle provient de causes d'ordre exclusivement personnel, tout particulier.

La compagnie du régiment d'infanterie à 4 bataillons fournit, chez nous, un effectif normal d'environ 66 hommes. C'est là, sans doute, un chiffre peu imposant. Cependant si, diminué seulement de cinq à six hommes véritablement indisponibles, l'effectif total se présentait sur le champ de manœuvres, il fournirait un noyau suffisant pour que le régiment pût s'exercer avec de faibles unités certainement, mais enfin avec toutes ses unités commandées par leurs officiers. Mais le nombre des indisponibles est tel, que le noyau ne peut être maintenu. Les officiers contribuent donc, et pour une part exorbitante, à la déperdition des effectifs.

Il suit de là que la présence de nombre de soldats au régiment a moins pour objet le service du pays que celui des chefs. C'est même ce qui donna lieu de dire que l'armée française se composait d'officiers et d'ordonnances. Est-ce pour imposer l'esprit militaire au soldat que le capitaine lui fait écurer sa vaisselle ou fourbir ses chenets ? Est-ce davantage pour cette destination que l'Etat, arrachant le conscrit à sa famille, à son foyer, l'appelle sous les drapeaux ?

Etant donnée la foule des causes qui diminuent les effectifs, l'officier devrait se faire un cas de conscience, même un point d'honneur, de ne pas les amoindrir encore par des raisons uniquement d'intérêt personnel. Ordonnances, serviteurs, servants de toute espèce, c'est-à-dire des hommes indisponibles dans la majeure partie des cas, voilà ce que les compagnies fournissent non seulement à leurs officiers, mais aux chefs de bataillon, aux adjudants-majors, aux lieutenants-colonels, aux généraux, même aux médecins et officiers sans troupes. Il faut en outre comprendre dans cette catégorie d'indisponibles les hommes employés en ville au service des particuliers, avec l'autorisation de leurs officiers, mais — nous aimons à le croire — à l'insu de leurs colonels. Le hasard nous en a mis sous les yeux un curieux exemple dans un soldat travaillant en boutique, comme garçon perruquier, avec la permission de son capitaine. Quelqu'un de notre connaissance en a constaté un cas plus original encore en la personne d'un élève en pharmacie de Paris, qu'il ne fut pas médiocrement surpris de rencontrer, avec la même qualité, livré à des manipulations chimiques dans l'officine d'un apothicaire de province.

Il existe de ce chef une série d'abus que les circulaires ministérielles ne parviendront jamais à refréner. Les officiers seuls peuvent tarir cette source, couper court à toutes ces situations irrégulières, mettre un terme à un état de choses auquel plus que tous les autres ils ont contribué. Dans la question des indisponibles, les colonels peuvent beaucoup pour amener leurs subordonnés à une plus juste appréciation de leurs devoirs. Tout en donnant le bon exemple, il leur incombe de ne pas se relâcher d'une surveillance active et de sévir impitoyablement contre les officiers réfractaires à la plus impérieuse de leurs obligations. Bien répréhensibles sont ceux qui causent un préjudice sérieux à l'armée de ce chef, en aggravant encore par des pratiques abusives les défauts inhérents à son organisation déjà si défectueuse (1).

(1) Dans son rapport sur le budget de 1893, le député Cochery s'exprime ainsi : « Les effectifs utiles de nos compagnies fondent à vue d'œil. De cent vingt-cinq hommes présents sur les contrôles, ils descendent à soixante, cinquante, si l'on déduit perruquiers, cuisiniers, bottiers, tailleurs, ordonnances, armuriers, cantiniers, hommes de service, en congé, à l'hôpital, en détention, détachés de toute sorte. Le nombre des non-valeurs est énorme.

Le rapporteur du budget de 1897, à son tour, déclare que la plaie des indisponibles s'étend de plus en plus, comme la tache d'huile. Elle envahit et ronge l'armée française. Elle finira par la réduire à rien, ou peu s'en faut. « On a remarqué, dit-il, les accommodements avec les rigueurs du service militaire que trouvaient ébénistes, sculpteurs, peintres, musiciens, et autres artistes, à la condition de mettre leurs talents à la disposition du régiment où ils servaient. Il y a mieux aujourd'hui. Il est avéré que, dans certains corps, il existe de véritables usines typographiques et lithographiques avec leurs accessoires obligés : ateliers de brochage, de reliure, etc. Combien d'escouades l'on pourrait former avec des soldats ainsi détachés !

Au rapport est annexée la lettre d'un général où se lit ceci : « En temps de paix, les officiers prennent des ordonnances pour faire leur ménage, promener les enfants, etc. ; et il est d'usage de leur donner des vêtements civils et de les faire coucher chez soi. Le règlement porte cependant qu'il ne sera mis à la disposition des officiers qu'un nombre très faible d'hommes pour l'entretien de leurs vêtements et de leurs armes. Mais tout le monde est d'accord pour dissimuler et étendre ces abus, qui enlèvent à la manœuvre une dizaine d'hommes par compagnie. De temps à autre, en vue de réprimer cette fâcheuse tendance, le ministre donne bien des ordres ; mais il arrive qu'on les transgresse, même dans son entourage. »

Après avoir dit que les indisponibles atteignent les *deux tiers* de l'effectif, le général ajoute : « En Allemagne, l'effectif de l'armée est fixe et invariable. Tout homme qui disparaît est remplacé sur le champ, de sorte qu'on a toujours le nombre

Nous venons de signaler la propension fâcheuse de nos officiers à n'apporter dans le service de leurs fonctions que le zèle strictement indispensable. Ils ont bien d'autres manières de dénaturer leur profession. On a vu que, tout en se refusant à être des hommes d'étude, ils se montrent hommes d'action médiocres, rien moins que doués de zèle, d'alacrité et d'ardeur. Leur laisser-aller général engendre une atmosphère malsaine pour les sentiments qu'implique virtuellement la carrière militaire. Aussi s'est-il produit chez eux une dépression marquée. L'étroitesse de leur esprit, la mesquinerie de leurs vues, leurs préoccupations matérielles, leur façon de comprendre les prérogatives et les obligations de leur état en fournissent des preuves qu'on a maintes fois dénoncées.

Songe-t-on à la revanche parmi eux? Y pense-t-on

de soldats réglementaires. En France, le chiffre donné est toujours fictif et comprend, en outre, un grand nombre d'hommes n'ayant du soldat que le nom : services auxiliaires, pénitenciers, intendance, contrôle, gendarmerie, etc. D'un côté, on a voulu avoir la force réelle ; de l'autre, on ne s'est soucié que de l'apparence et des effectifs sur le papier. »

Ainsi, d'après ce témoignage irrécusable, officiel, les *cinq cent cinquante mille hommes de l'armée allemande constituent une force réelle* ; *les cinq cent cinq mille hommes de l'armée française ne sont qu'une apparence*. Il faut réduire ces cinq cent mille hommes de plus de la moitié, des deux tiers peut-être, pour se rendre compte de notre force réelle.

En résumé, nous payons pour avoir sous les armes cinq cent mille hommes recevant l'instruction militaire : nous en avons deux cent mille. Le reste, c'est-à-dire près des deux tiers de l'effectif, constitue une non-valeur et ne sera d'aucune utilité au moment de la guerre.

souvent? La désire-t-on ? A entendre leurs conversations d'où ce sujet brûlant est généralement banni, on ne le croirait guère. A cet égard l'observateur attentif est conduit à les partager en deux classes. Les uns sont délibérément pessimistes et ne croient pas à un retour de la fortune ; les autres, vaguement optimistes, évitent de se prononcer ; et au fond n'estiment pas qu'il convienne d'aller au devant de l'épreuve. Bien peu sont animés de ce désir fervent et de cette volonté de vaincre, qu'on s'accorde généralement à reconnaître comme facteurs moraux de la victoire. De toute leur manière d'être et de penser se dégage visiblement une secrète prédilection pour la paix. Il y a là une sorte d'aveu : on ne saurait s'y méprendre. Le commun des officiers français a foncièrement conscience qu'il n'est guère en état de rendre au pays les services qu'il attend d'eux en si grave occurrence. Une tâche si laborieuse, si pesante, si redoutable, ne saurait sourire à des hommes qui bornent leurs efforts à l'accomplissement de la besogne matérielle du jour. Le sentiment de n'avoir pas su assurer le succès d'une nouvelle guerre, les conduit nécessairement à l'envisager comme inutile et dangereuse. C'est ainsi que s'affermit en eux la disposition naturelle à se préoccuper beaucoup plus des avantages de leur position sociale, que de leurs devoirs patriotiques de soldats français. Leur souci à peu près exclusif est d'obtenir de bonnes notes pour leur avancement, en conservant tant bien que mal le vieil esprit de corps avec ses traditions d'honneur et de bravoure. Chez l'officier la fibre guerrière s'est manifestement amollie, émoussée. Elle semble bien déchue de sa trempe antérieure, belliqueuse et vibrante. Les rêves de gloire, le fanatisme du drapeau, les sentiments héroïques ne font pas plus battre son cœur qu'ils n'illuminent son visage de clartés rayonnantes.

L'armée française a complètement dévié des principes du véritable esprit militaire. Pour rentrer dans la bonne voie, il lui manque des qualités essentielles et du côté de l'entendement et du côté du caractère. Avec le désarroi intellectuel et moral, la disposition au dévouement et à l'abnégation de soi-même subit de terribles assauts, de dangereuses atteintes. Le fait que le sentiment du devoir n'est pas assez puissant pour refréner le penchant à l'indolence, qu'il est même insuffisant pour maîtriser des préventions et des préjugés contraires à l'intérêt du pays, constitue un état inquiétant dont il est impossible de mesurer les conséquences.

En dernier lieu, avec le second empire agonisant, on a vu éclater au grand jour la désorganisation sourde et latente à laquelle tous les corps de l'armée française étaient en proie. On a constaté chez nombre de ses chefs l'absence de toute discipline, l'oubli complet de la solidarité et de la fraternité militaire. Les choses ont heureusement changé depuis. Dans notre armée actuelle, la majorité est saine, éprouvée, excellente. Le soldat est intelligent, brave, docile, rempli de bonne volonté. Au moyen d'une éducation militaire complète, intensive, avec lui on formerait un ensemble incomparable de combattants. Mais les troupes sont négligées par les chefs, mal commandées, insuffisamment ou inégalement instruites. Les réserves ne sont presque jamais l'objet des soins que réclament leur situation particulière et l'importance de leur rôle dans l'organisation nouvelle. Réduite à l'état de corps sans cerveau, notre armée demeure dépourvue de ressort, incapable d'action sérieuse, presque paralysée. Il lui manque un esprit qui l'anime, lui donne l'impulsion, le mouvement et la vie.

Manquée sur certains points, inachevée sur d'autres, la réorganisation de nos forces militaires est une œuvre à reprendre de fond en comble. La législation sur laquelle repose la constitution de l'armée française ne lui a donné ni la qualité désirable, ni la quantité nécessaire. Il en est résulté un amalgame de nature composite, un ensemble d'éléments disparates, hétérogènes. C'est un mélange de parties mal assorties, inégalement ajustées, un amas de matériaux juxtaposés sans liaison ni cohésion, par conséquent sans consistance véritable.

En l'état présent de la science et des progrès de l'art militaire, avec le perfectionnement ininterrompu des engins de guerre et la puissance formidable de l'armement, le nombre est désormais appelé à exercer une action prépondérante sur les champs de bataille. Or, le service obligatoire pour tous est seul en état de fournir à une armée le chiffre de combattants dont elle a besoin pour lutter sans désavantage contre une armée établie sur les mêmes bases. A notre époque, une armée permanente de soldats professionnels serait dans l'impossibilité de se recruter en nombre suffisant pour sa tâche. D'ailleurs, dans notre milieu social, elle constituerait un élément discordant. A égalité d'armement, elle n'atteindrait jamais à une valeur intrinsèque capable de compenser la supériorité numérique chez des ennemis également instruits, disciplinés et braves.

A la rigueur les soldats fournis par le service obligatoire n'ont pas besoin de l'ensemble des qualités des soldats de carrière. Peu d'années suffisent pour leur donner une éducation et une instruction en rapport avec la nature et la destination des armées actuelles. L'essentiel est que les troupes qui les composeront reçoivent une instruction complète et d'égale durée. Elles formeront ainsi des masses homogènes plus redoutables qu'une armée active permanente, même au cas d'offensive.

Devant la perspective d'une lutte nouvelle, dans les conditions désavantageuses où se trouve actuellement la France, un homme de guerre expérimenté, M. le général Cosseron de Villenoisy a poussé le cri d'alarme ; et à sa suite, un écrivain militaire autorisé a pu écrire ces lignes désolantes. « Cédant à des théories décevantes, oubliant les leçons du passé, porterons-nous l'aveuglement jusqu'à laisser péricliter irrémédiablement notre état militaire ? A ce compte il serait préférable de ne pas accepter la lutte avec l'Allemagne. Nous n'aurions qu'une chose à faire : donner à nos ennemis d'avance et sans compter toutes les satisfactions d'argent et autres qu'ils pourraient réclamer ; enfin nous résigner au seul rôle qui nous convînt, celui d'une nation usée, dépourvue de tout ressort, qui n'a plus qu'à finir dans la décrépitude, à disparaître de la scène parce que son heure a sonné (1). »

(1) *Attaque et défense de Paris*, 1884, dans le *Journal des*

On a cru faire merveille, pourvoir à tous les besoins, à toutes les nécessités du haut commandement, en plaçant chez nous, à côté du ministre de la guerre, un conseil supérieur de guerre, composé de sommités militaires, groupant en un faisceau compact les lumières de l'armée. A procéder de la sorte, on n'a pas vu qu'on ne faisait qu'aller à l'encontre des moyens de s'assurer le bénéfice de l'expérience de ces consultants. Ne valait-il pas mieux utiliser leurs lumières et leur savoir au champ d'action que d'arriver à leur déperdition certaine dans de vains et stériles conciliabules en chambre ? L'œuvre d'une constitution judicieuse de notre armée n'a jamais pu aboutir faute d'un homme dont la situation, les antécédents militaires, le mérite incontestable et incontesté, le talent hors ligne, auraient été les garanties assurées d'un patient et fructueux labeur. Au domaine militaire surtout, le chef est tout : point de chef, point d'armée. Napoléon l'a dit avec la double autorité de ses études et de son expérience. « Ce n'est pas l'armée romaine qui a soumis la Gaule, mais César ; ce n'est pas l'armée carthaginoise qui faisait trembler la république, mais Annibal ; ce n'est pas l'armée macédonienne qui a été sur l'Indus, mais Alexandre. » On oublie constamment que c'est grâce à la supériorité transcendante de direction des armées allemandes, à l'impulsion donnée par les officiers du grand état-major prussien au grand commandement, que Guillaume Ier a pu voir rouler à ses

sciences militaires, et nombre d'articles du même de 1880 à 1884.

pieds, dans le sang et la fange, un simulacre d'empereur s'imaginant, lui et son entourage de même valeur, qu'avec les Allemands, il suffirait encore de *jouer à la bataille*, comme on avait toujours fait. Mais même de la part de cette sélection de généraux d'une impéritie tout à fait exceptionnelle, pouvait-on s'attendre au raffinement d'ineptie de 170,000 Français répartis en cordon contre 440,000 Allemands concentrés ? Pour leur ouvrir les yeux et leur faire toucher au doigt l'incroyable bévue stratégique de leurs forces dispersées sur un front de 250 kilomètres, il ne fallut pas moins que les effroyables écrasements de Forbach et de Frœschwiller. Dès lors, à porter à l'actif de leur guerre d'enfants, il ne leur resta plus que la ridicule affaire de Sarrebrück (1).

(1) Il faut savoir reconnaître et apprécier à leur valeur les mérites des Allemands. « Leur création propre, leurs progrès sur Napoléon même, sont dans l'organisation du commandement, dans sa répartition à tous les échelons, dans l'initiative et la responsabilité à attribuer à chacun, en un mot, dans le service d'état-major.

« Napoléon, stratège incomparable, avait de mauvaises méthodes de commandement. Son génie léonin n'a jamais fait la part des autres. Dans la grande armée, il procédait par ordres directs, précis, individuels, adressés à chaque corps d'armée. Tout le monde attendait son impulsion, et quand son seul génie n'a plus suffi à animer les masses, comme en 1812 et 1813, tout a été de travers.

« M. de Moltke et son roi ont été plus méthodiques, plus avisés, plus pratiques. N'ayant ni l'un ni l'autre le génie créateur, ils y ont suppléé par une organisation s'inspirant principalement de la raison et des principes, par la division du travail, par l'énergie et le développement de l'initiative à tous les degrés de la hiérarchie, enfin par l'institution d'une *école de commandement*, qui est l'Académie de guerre de Berlin, pro-

Aujourd'hui, nous le demandons à toute personne sensée, peut-on prendre au sérieux le Conseil supérieur de guerre présidé par M. Faure ? Suffit-il vraiment d'être président de la république pour posséder les aptitudes, l'autorité, le prestige, nécessaires à l'effet de marquer le pas aux militaires ? S'est-on seulement proposé d'affubler de ridicule notre auguste exécutif ? Est-ce que l'empereur d'Allemagne s'est jamais ingéré de présider le grand état-major prussien ou l'Académie de guerre à Berlin, cette grande école du commandement, cette pépinière inépuisable d'hommes de guerre pratiques ? Si baroque imagination a-t-elle davantage hanté la cervelle du tzar ou du souverain de l'Autriche-Hongrie ? Il n'y a véritablement que la France pour se donner le passe-temps de pareilles comédies. Après cela qu'on s'étonne que, dans les académies de guerre de Saint-Pétersbourg et dans les écoles de Vienne, on fasse des gorges chaudes de notre conseil supérieur de guerre, appelé à une transformation radicale le jour où la France aura recouvré son bon sens.

Dans l'enseignement et la pratique de nos écoles spéciales, la stratégie et la tactique ont heureusement repris la place et le rang que, pour notre malheur et notre confu-

---

longée par le grand état-major. C'est là que les généraux allemands ont appris à élaborer les ordres d'armée, larges directives suffisant à orienter chacun, en lui laissant sa sphère d'activité propre.

« C'est cette institution qui nous a vaincus. Il faut chercher à l'implanter chez nous autant que nos mœurs politiques le permettent » (*Le grand état-major,* par le capitaine Gilbert, dans la *Nouvelle Revue,* mai 1890, p. 49).

sion, nous avions eu l'imprévoyance de laisser si longtemps vacants. Avec les progrès de l'art militaire, spécialement de la technique, comme l'emploi des feux d'artillerie au préalable de tout engagement, nous sommes sous le coup de perpétuelles transformations qui ne permettent pas de nous désintéresser un seul jour de la connaissance des méthodes, des procédés, des innovations de nos adversaires. Tout a été renouvelé ou perfectionné. Il ne faut plus songer aux agissements du passé. Autrefois, par exemple, les distances séparant les armées belligérantes obligeaient à manœuvrer pour se rapprocher de l'adversaire. Désormais le contact sera pris dès le début. Il exclura, ou peu s'en faut, les grandes manœuvres d'approche et produira la concentration dès la première heure. Aussi conviendra-t-il de tenir compte plus que jamais de cette recommandation de Napoléon : « Il est de principe qu'une armée doit toujours tenir ses colonnes réunies de façon que l'ennemi ne puisse pas s'introduire entre elles. »

Il ne sera plus question maintenant d'opérations d'avant-garde. Étant données les conditions de la guerre contemporaine, l'avant-garde n'a plus d'objet. Celle d'autrefois ne saurait jouer un rôle qu'au titre de tête de colonne.

On sera aux prises dès l'ouverture de la campagne. La concentration des belligérants aura lieu presque en même temps, et l'intervalle qui les séparera sera à peine appréciable. La soudaineté du choc deviendra l'ordinaire. « Lors de la dernière guerre, dit le général Lewal, les belligérants n'étaient guère éloignés les uns des autres :

ils le seront encore moins dans la prochaine. La phase de rassemblement, la mobilisation et le transport prendront peu de temps : on en viendra aux mains sans l'emploi de grands mouvements et de manœuvres. Les deux parties auront le même but, le renversement de l'adversaire, et l'attaque comme dessein commun. Le combat s'ouvrira à la descente des wagons : il y sera même préludé par les troupes de couverture. En arrivant sur le champ d'action le gros des forces ne servira guère qu'à amplifier la lutte entreprise (1). »

Les réunions de chacun des corps des armées adverses, improprement nommées concentrations, auront lieu de chaque côté de la frontière mitoyenne, à très peu de distance l'une de l'autre. Chacun se portant en avant, le trajet se trouvera abrégé d'autant. La rencontre sera forcément inévitable à brève échéance. Il est donc présumable que tout grand choc se produira du deuxième au quatrième jour, après l'arrivée des troupes aux points de débarquement. Il est possible qu'il ait lieu plus tôt. Les opérations commenceront à très courte distance : on se trouvera à proximité de l'ennemi, en contact presque immédiatement. De part et d'autre on sera préparé, prêt au combat, si bien que la surprise semble dorénavant impossible. La bataille de rencontre, si longtemps réputée l'exception, deviendra l'ordinaire. La guerre future ne comportera plus les combinaisons profondes, les manœuvres développées, les coups imprévus, foudroyants. Les premiers actes seront surtout des coups droits, vi-

---

(1) *Stratégie de combat*, p. 55.

goureux. On ira de l'avant avec énergie. Le but étant de briser l'adversaire matériellement et moralement, s'il se retire après le choc initial, on le poursuivra à outrance, de manière à rendre sa réorganisation impossible. Alors, mais alors seulement, l'échiquier pourra s'élargir. L'espace grandissant, il deviendra possible de se livrer à des manœuvres plus étendues (1).

A supposer que chaque journée coûte la vie à une vingtaine de mille hommes, l'épuisement viendra vite. Alors, par la force des choses. la lutte subira un temps d'arrêt. Quoi qu'on ait dit et écrit à ce sujet, nous estimons que trois jours consécutifs de lutte, comme à Leipzig, seront le maximum d'énergie et d'efforts possible de la part des combattants et des états-majors.

Les grandes mêlées que jadis l'on désignait sous le nom de batailles rangées deviendront naturellement de plus en plus rares, en raison de la fréquence des engagements partiels. Sur un front d'opérations d'une excessive étendue, on verra se produire nombre d'engagements plus ou moins sérieux, d'après le plan du généralissime ou du fait de sous-ordres trop ardents, téméraires ou malhabiles. La prévoyance et la vigilance du grand commandement seront le plus souvent impuissantes à prévenir ces sortes de rencontres accidentelles ou collisions inattendues. Aussi sera-t-il essentiel que chaque armée ou groupe d'armées ait parfaite connaissance du rôle particulier qui lui est affecté, dans la poursuite du but principal. De ce moment, chacun ne devra plus perdre

---

(1) *Stratégie de marche*, par le général Lewal, p. 12.

de vue la mesure dans laquelle il doit participer et concourir à la réalisation de l'objet capital. Il s'ensuivra pour tout commandant de corps l'obligation de se rattacher, de subordonner étroitement ses mouvements à la direction générale. En dernier résultat, le succès demeurera à celui des deux adversaires dont l'attaque sera la mieux ordonnée, la plus irrésistible par l'élan, la supériorité numérique, l'emploi bien calculé de l'artillerie et des feux.

Préconiser quand même l'attitude offensive ne signifie donc plus rien : elle n'est possible ni partout ni toujours. Celui qui a confiance dans sa supériorité de nombre, ou qui, autrement, l'emporte par les forces morales, se lance résolûment à l'attaque. A supposer que les deux adversaires se trouvent dans les mêmes conditions, l'avantage disparait et la défensive momentanée se produit comme l'offensive. Mais, d'une façon générale, qu'on se dise bien que la passivité est la pire des attitudes, car elle est toujours un indice de faiblesse, de découragement, sinon de démoralisation. Il ne faut pas que la défensive dégénère en apathie ou en inertie sur place. Plus le défenseur sera mobile, dispos, alerte, moins il se se croira rivé à sa position, plus il sera fort et en mesure de porter des coups décisifs. A la guerre, l'activité et la vigueur décident le plus souvent du succès : ce sont les éléments mêmes de la force.

Large préparation par l'étude, vaste savoir, profondes méditations, connaissance parfaite des choses, moyens et procédés qui facilitent la direction des masses, c'est seulement quand on possède tout cela qu'on est digne d'exercer le commandement d'une armée. Ce n'est pas qu'il faille nécessairement un génie à sa tête : le major-général de Moltke en est la preuve. Mais, comme stratège et tacticien, c'était du moins un homme de guerre accompli. Reconnaissons toujours que la tâche de généralissime est la plus ardue qui puisse incomber dans le commandement, surtout à notre époque, où les corps d'armée d'autrefois feront place à de véritables armées. Napoléon, en son temps, n'estimait aucun de ses lieutenants capable de tenir cet emploi à souhait. « Ma présence, dit-il, était indispensable partout où je voulais vaincre : c'était là le défaut de ma cuirasse. Pas un de mes généraux n'était à la hauteur d'un grand commandement indépendant. » Plusieurs, comme Masséna, Saint-Cyr, Davoust, Suchet, étaient pourtant des hommes de guerre qui avaient fait leurs preuves. Quant au plus grand nombre, on doit convenir que l'empereur ne s'était jamais beaucoup soucié de les former au maniement et à la direction des masses : il avait éteint ou paralysé en eux toute initiative. Aussi, en dernier lieu et dans de pressants besoins, investis par lui de commandements supérieurs, s'ils ne surent pas toujours s'en tirer à son gré, ce fut sa faute et non défaut de leur part de bonne volonté et de courage. Napoléon avait eu constamment le tort de les mener trop étroitement à la lisière. Il l'expia finalement par un désastre complet avec Grouchy, se laissant jouer à Wavres par Thielmann, quand la partie décisive allait se décider à Waterloo. Ce fut donc de son fait que, pour rétablir sa fortune compromise à la suite de tous ses excès, Napoléon ne trouva pas alors un second Desaix, comme autrefois à Marengo.

En somme, rectitude de jugement, coup d'œil sûr, prompte décision, alacrité, vigueur physique, intellectuelle et morale, telles sont les qualités essentielles indispensables au généralissime. Au surplus, ni l'art de la de la guerre, ni l'art en général, ne sont subordonnés à des règles immuables. Dans aucun cas, la théorie et la connaissance des règles ne sauraient suppléer le talent et l'expérience. Mais qu'on retienne bien que l'âge avancé doit être une cause d'exclusion absolue de l'exercice d'un grand commandement militaire. Ce n'est pas à dire qu'il y ait obligation de faire généralissime, ni même généraux, des officiers de vingt-cinq ans. Mais qu'on veuille bien passer en revue les grands capitaines qui ont triomphé sur les plus mémorables champs de bataille, on reconnaîtra qu'à très peu d'exceptions près, la plupart n'avaient pas même atteint l'âge mûr. C'est encore un fait de constatation historique que, même à la guerre, la fortune a une prédilection marquée pour les jeunes. Et, à ne considérer que le même homme, qu'on rapproche ses débuts des actes du déclin de sa carrière. Comparons Bonaparte, général de l'armée d'Italie, avec Napoléon en 1813, dans sa dernière campagne d'Allemagne. Quel contraste du chef plein de mobilité et d'alacrité avec l'empereur alourdi, sujet à mainte défaillance, au physique, à l'intellectuel et au moral (1) !

(1) Radetzki et M. de Moltke, si souvent invoqués, n'infirment en rien notre thèse. Il est bien vrai que, commandant en chef à 82 ans, Radetzki remporta une éclatante victoire. Mais on

C'est Napoléon qui a dit : « Il ne peut manquer au soldat français que des chefs pour le conduire. » Ces chefs, de son aveu, lui ont souvent manqué à lui-même, et pour nombre de raisons dont beaucoup ne sont pas à son éloge. Son autocratie jalouse et son humeur despotique s'accommodaient mieux des médiocrités que des hommes d'un talent supérieur, comme Lecourbe, Bernadotte et Jomini. C'est que si son génie était grand, son âme était petite et mesquine. Dans ses succès, il ne sut jamais faire équitablement la part qui revenait à chacun

oublie la part principale qu'y eut Haynau, son habile chef d'état-major, chargé discrétionnairement de l'exécution du plan de campagne et de la conduite des opérations. Quant à M. de Moltke, exerçant de fait le grand commandement sous l'autorité nominale du roi de Prusse, et même le plus souvent donnant ses directions loin du théâtre des événements, tout d'abord nous répondrons que tout le monde n'est pas M. de Moltke, et ensuite qu'alors même que nous aurions à notre disposition un homme de guerre de son envergure nous ne serions pas beaucoup plus avancés, en l'absence de son cortège de collaborateurs instruits et formés à l'Académie de guerre de Berlin et composant un état-major d'une trentaine d'officiers d'élite, *tous capables, livrés à eux-mêmes, d'exercer un grand commandement.* Avec la connaissance qui leur avait été donnée du plan général et de ses grandes lignes au fur et à mesure que se déroulaient les événements, le grand commandement pouvait, dans l'exécution, pour l'objectif du jour, s'en remettre absolument — et c'est ce qu'il faisait — à leur initiative. N'étaient-ils pas même autorisés à apporter aux ordres et instructions du major-général telles modifications qu'ils jugeraient indispensables ? Avons-nous beaucoup d'officiers supérieurs auxquels on pût laisser pareille latitude ? Qu'on songe un peu à ceux de 1870-71, incapables de toute spontanéité, ne sachant pas même, en l'absence d'ordres, se résoudre à prendre un parti quelconque dans les conjonctures les plus critiques !

de ses lieutenants. A vrai dire, Napoléon ne fut un génie que comme organisateur et homme de guerre. Et même en tant qu'homme de guerre, Littré place au-dessus de lui Wellington, et, aux raisons qu'il donne de sa préférence, tout juge impartial reconnaîtra qu'il est malaisé de trancher la question. En fait, comme capitaines, tous deux remportèrent des triomphes éclatants, et, par contre, commirent des fautes énormes. Voilà pour l'intellectuel et l'art militaire. Quant au moral, Wellington fut incontestablement supérieur à Napoléon. Rien de plus juste que le mot de Goëthe sur le grand empereur : « On peut être un génie au point de vue intellectuel et l'être le plus borné sous le rapport moral. » C'est bien là Napoléon. Aussi, à plus juste titre que lui, Frédéric II, roi de Prusse, a-t-il mérité le surnom de grand. C'est qu'à ce dernier la Providence avait départi une qualité native qu'elle avait absolument refusée à l'autre, la mesure en toutes choses : la mesure, cette faculté maîtresse sans laquelle toutes les autres sont de peu d'utilité, quand elles ne sont pas foncièrement pernicieuses. De mesure en quoique ce soit, Napoléon n'en eut pas seulement un éclair dans toute sa vie. Cela le conduisit à la finir pitoyablement sur le rocher de Sainte-Hélène, sans dignité ni grandeur, dans le rôle de comédien qu'il avait constamment joué au cours de son existence de consul et d'empereur. Le pape Pie VII ne s'y était pas trompé : son exclamation de *Commediante, commediante*, à Fontainebleau, atteste à quel point il avait pénétré le fonds naturel de son persécuteur.

Bien autrement encore qu'à l'oncle les généraux de valeur ont manqué au pseudo-neveu. Il était d'ailleurs facilement pronostiquable qu'aussi bien que le conquérant de génie, le conspirateur à l'esprit borné et sans rectitude de jugement aboutirait fatalement aux abîmes. Metz et Sedan étaient en germe dans le 2 décembre, et l'on peut dire que, du commencement à la fin, le second empire n'en fut que le développement. Aussi bien, pour qui sait l'interpréter sainement, sans parti pris, le passé projette sur l'avenir des clartés qui tiennent lieu d'une divination surnaturelle. En effet, comme Vico le fait judicieusement remarquer, « l'humanité tourne dans le même cercle et les mêmes faits se reproduisent périodiquement avec leur physionomie générale. » Avec de la perspicacité, ou même seulement du bon sens, l'on peut lire dans l'avenir.

Craignons à notre tour que les généraux habiles ne nous manquent aussi, du fait de l'oligarchisme opportuniste, avec sa tourbe de faiseurs et de charlatans. Veillons à ce que le domaine militaire ne soit pas envahi, accaparé par lui, comme l'ordre civil où, passé à l'état de phagédénisme, l'opportunisme ne discontinue plus d'infecter et de ronger notre malheureux pays.

A donner d'en haut l'impulsion aux groupes d'armées, à les mouvoir sans embarras ni encombre, à se préoccuper uniquement de la direction générale, en laissant aux échelons inférieurs le soin des détails, le commandement supérieur a déjà fort à faire. Il ne doit être astreint qu'à prescrire le nécessaire, sans avoir à fournir quotidiennement des instructions, à renouveler des recommandations, à rappeler des obligations, à parfaire l'instruction militaire de ses subordonnés et leur apprentissage de la guerre. Les collaborateurs du généralissime devront posséder à fond les parties fondamentales de leur emploi, que le général Dragomirow a excellemment résumées en ces termes : « Le caractère propre à l'accomplissement du service militaire consiste dans la ponctualité et la promptitude à exécuter les ordres basés sur un dévouement sans bornes et soutenus par le fonctionnement le plus actif de l'intelligence. Toutes ces conditions sont indispensables pour la guerre, puisque le succès y dépend du concours unanime des masses dans l'exécution de la pensée et de la volonté d'un seul. » En d'autres termes, l'on doit y apporter un grand esprit d'ensemble et de centralisation des forces, surtout se garder de toute divergence dans l'exécution. C'est que l'initiative également a ses inconvénients, voire ses écarts. Le plus à redouter, c'est que le subordonné ne substitue ses idées à celles de son chef et n'agisse en conséquence. C'est alors le gâchis et, par suite, la défaite.

Tout d'abord le généralissime doit adopter un bon dispositif et s'y tenir inflexiblement depuis l'ouverture jusqu'au terme de la campagne. Les troupes vaudront ce que vaudront les chefs. Quelles que soient leurs qualités manœuvrières, il y aura toujours avantage à les engager de prime abord. Le général Blum en donne une raison topique, irréfutable. « C'est, dit-il, surtout à l'ouverture d'une campagne que la supériorité assurée par l'offensive est sensible. Il n'est jamais plus facile qu'au début d'une guerre d'obtenir la supériorité qui résulte de l'initiative. »

La prochaine guerre offrira un caractère nouveau, ce trait particulier, qu' « elle ne sera une surprise pour aucune nation, puisque toutes s'y préparent avec une ardeur qui n'est surpassée que par la grandeur et l'éclat des préparatifs. Armement, nombre des combattants, organisation militaire et administrative, points de concentration indiqués par les quais de débarquement, tout est connu (1) ». Jamais préparation n'aura été tenue moins secrète. Ensemble et détails, rien qui n'ait été exposé, discuté, approfondi.

Rappeler qu'en toute opération de guerre il faut d'abord savoir ce que l'on veut et par quels moyens on compte atteindre au but, semble à première vue un lieu commun, un aphorisme prud'hommesque. Il n'est cependant que trop vrai que ces conditions ne sont pas toujours remplies, qu'elles sont même souvent négligées, voire tout à fait omises de la part de chefs insuffisants ou ineptes. Ainsi, en 1870, le second empire déclare la guerre à la Prusse sans plan arrêté, sans détermination fixe d'envahir le territoire allemand ou de se tenir sur la défensive. Tout d'abord il reste perplexe et flottant. Ce n'est qu'avec les événements, après avoir reconnu qu'il s'est mépris sur la force de l'armée allemande et la coopération à attendre des États du sud, qu'il s'aperçoit qu'il lui faudra se tenir sur la défensive. Le désarroi se produit alors forcément dans l'armée. Les têtes se troublent jusqu'à l'effarement. Tergiversations, mouvements contradictoires, dispositions décousues, incohérentes, se

(1) *Éléments de la guerre*, par le colonel Maillard, t. 1, p. 122.

succèdent : on ne sait plus où donner de la tête. Pas un seul officier qui songe au parti qu'on peut tirer des propriétés défensives qu'offre la frontière et le couvert assuré de la chaîne des Vosges. C'est qu'on n'avait pas prévu qu'on pût jamais être obligé d'y recourir. En aurait-il été de même, si on n'était parti en guerre qu'après un plan soigneusement étudié, mûrement élaboré, tenant compte de l'imprévu, des accidents et éventualités de toute nature ? Rien du reste de moins surprenant de la part d'un rêveur qui, dans toutes ses entreprises et guerres antérieures, n'avait jamais marché qu'à l'aventure, au gré de ses caprices, suivant l'impulsion du moment. Qui donc, dans sa promiscuïté de valets de cour, était en état de lui faire comprendre que, sur toutes choses, la guerre exige raisonnement, décision, persistance. De fait, c'est surtout sous les armes qu'on ne saurait rester, fût-ce seulement une heure, sans un but nettement déterminé, sans un objectif constamment en vue, à l'esprit toujours présent.

Se peut-il spectacle plus navrant qu'un belligérant de cette encolure jetant sans préparation le gant à la Prusse, pour disséminer ensuite follement ses forces sur un front démesurément étendu, de telle façon que ses corps d'armée seront dans l'impuissance à peu près absolue de se soutenir entre eux, et, en cas d'attaque, de se prêter un appui réciproque? C'était le fait d'un aliéné, qu'un ministère composé autrement que d'étourneaux n'eût pas laissé partir en guerre, sans préalablement examiner s'il n'y avait pas lieu de demander aux Chambres son internement.

Des errements de cet insensé qu'on rapproche maintenant la magistrale concentration des Allemands sur la rive gauche du Rhin, leur offensive avec des forces supérieures contre l'aile droite de l'armée française complètement isolée, le refoulement de l'aile gauche sur Metz, son enveloppement et finalement son annihilation, la continuation de la marche sur Paris, la conversion à droite sur Sedan, toutes opérations réalisées suivant l'impulsion première du chef d'état-major de Moltke. Aujourd'hui il faut bien reconnaître que, profondément combinés et supérieurement exécutés, tous les mouvements stratégiques et tactiques des Allemands ont été à peu près impeccables d'un bout à l'autre de la campagne. Quand il leur est arrivé de se tromper ou même de commettre des erreurs de direction, ils ont toujours su les redresser à temps. Leurs prévisions s'étaient étendues à tous les cas ; leur prévoyance avait embrassé l'imprévu même. Pas un seul de leurs généraux n'a besoin que l'état-major lui rappelle que lorsqu'on entre en campagne, ce n'est pas pour éviter la lutte, mais pour attaquer l'ennemi ; que s'il ne vient pas ou se dérobe, il faut le chercher, le terrasser coûte que coûte. Autant de principes passés à l'état de banalités dans l'armée allemande, mais absolument ignorés de Bazaine, de Mac-Mahon, et autres hommes de guerre de l'empire *ejusdem farinae.*

Dans cette désastreuse guerre franco-allemande, un trait caractéristique des officiers allemands à la différence des nôtres, c'est leur extrême activité cérébrale. Ils sont, qu'on nous passe le mot, toujours à leur affaire,

Jamais on ne les prend au dépourvu, à court de moyens, dans n'importe quelle conjoncture. Il semble que la direction supérieure du grand état-major soit une sorte de superfétation, avec ses *directives* presque toujours devancés ou avantageusement suppléés dans l'exécution. Les généraux allemands savent prendre leur parti et s'y tenir. Jamais on ne surprendra chez eux l'ombre même d'hésitation. L'irrésolution, la perplexité leur sont absolument étrangères. C'est une maxime qu'ils tiennent de Frédéric II et qu'ils n'ont garde d'oublier, que « l'indécision est le pire des défauts chez un homme de guerre ». Visant avant tout au renversement, à la destruction de l'adversaire, ils ne regardent pas aux moyens. Si l'enjeu en vaut la peine, ils ne reculeront pas devant les opérations les plus audacieuses. C'est ainsi qu'ils ont été fréquemment conduits à employer les mouvements tournants et les manœuvres débordantes : des deux côtés à Sadowa, d'un seul côté à Gravelotte et à Amanvillers ; de toutes parts, et en quelque sorte par étouffement, à Sedan. Avec un objectif toujours en vue et le but à atteindre toujours présent à la pensée, ils devaient nécessairement battre et ont battu des adversaires irrésolus, perplexes, hésitants, en somme souverainement impuissants faute de fonds intellectuel et moral, de plan et de méthode.

Il ne faudrait pourtant pas que le procédé des mouvements tournants ou enveloppants, pratiqué avec tant de hardiesse et de succès par les Allemands, obsédât outre mesure l'esprit de nos généraux. Aussi bien, à en étudier le mécanisme, à calculer exactement ses conditions et sa portée, on arrive à reconnaître que, foudroyante et décisive à première vue, cette stratégie n'a cependant rien qui puisse déconcerter des dispositions judicieusement prises par un adversaire de sens rassis, sachant prendre son parti à propos, résolûment. Nos ennemis ont été redevables de la réussite de leurs manœuvres excentriques, d'abord à leur excessive hardiesse, ensuite à « la discipline qui a su faire des corps allemands les troupes les plus maniables, les plus rapides dans leurs mouvements à notre époque (1) ». Pratiqué contre un belligérant doué des mêmes capacités manœuvrières, ce système fait courir à l'exécutant des dangers multiples : il l'expose même à des risques dont il est impossible de prévoir et de mesurer l'étendue. En effet qui tourne peut être tourné, qui enveloppe court grand risque d'être enveloppé. Point lieu de s'autoriser de la bataille d'Amanvillers où nous avons été tournés, non plus que de celle de Sedan où nous avons été enveloppés, même étreints dans un cercle de feux et de fer ! C'est que les bévues alors commises de notre côté furent prodigieuses, de celles même qui ne se produisent qu'au titre de phénomènes exceptionnels dans les fastes militaires des nations. Ainsi à Metz, Bazaine se prête, sinon en traître, du moins en niais consommé à l'exécution du plan des Allemands qu'un simple sous-officier eût déconcerté. Conçoit-on en effet une ineptie comme la sienne: se laisser couper de Verdun ? A Sedan, Mac-Mahon, type accompli d'honnêteté et de bravoure, mais comme capa-

(1) *Mémoire sur la défense de Paris*, par Viollet-le-Duc, p. 140.

cité militaire au-dessous d'un simple capitaine, pousse l'ignorance de la stratégie et de la tactique jusqu'à abandonner à l'ennemi des hauteurs qui dominent de toutes parts sa position ; et, par surcroît d'ineptie, il amoncelle dans un entonnoir des troupes en telle quantité qu'il lui deviendra impossible de les mouvoir, même au prix d'efforts désespérés au sein d'une confusion inextricable. Il fallait en vérité que le pauvre maréchal eût perdu la tête pour s'engouffrer comme il le fit dans un véritable cul-de-sac et donner tête baissée dans les rets des Allemands (1).

L'attaque tournante offre sans doute l'avantage de surprendre, voire de troubler l'adversaire, dont on menace les communications ou la retraite ; mais aussi qu'on réfléchisse aux risques qu'affronte l'exécutant ! Huit fois sur dix il arrivera que, tandis que le corps chargé de l'opération sera en marche pour gagner le point d'où il devra partir pour déborder l'ennemi, celui-ci, s'il a conservé

(1) « A Sedan, en opérant avec la moitié seulement de ses troupes, le maréchal avait les mêmes chances de tenir tête à l'ennemi, avec la certitude en plus de réduire considérablement ses pertes. » (*Communication particulière* de M. le colonel X..., fait prisonnier à Sedan). Rappelons à ce sujet que la stratégie et la tactique sont choses absolument distinctes. La stratégie est l'art de *conduire une armée* avant, pendant et après la bataille. La tactique est l'art de *ranger* les combattants et de leur faire employer le mieux possible leurs moyens d'attaque et de défense. Dans la circonstance, la stratégie *inepte* de Mac-Mahon consista à laisser les Allemands occuper les hauteurs qui le dominaient, et sa tactique, non moins *inepte*, à amonceler son armée dans l'impasse de Sedan, où il lui serait impossible d'exécuter un mouvement quelconque pour se dérober aux étreintes de l'adversaire.

son sang-froid, prendra hardiment l'offensive pour culbuter les tronçons épars de l'assaillant. Même dans les mouvements tournants de petite envergure, une résistance inattendue ou un obstacle imprévu peut paralyser la manœuvre et faire avorter piteusement le plan.

Si elle emprunte l'ampleur des grands mouvements, cette stratégie est à plus forte raison souverainement périlleuse surtout quand elle s'effectue là où se rencontrent des accidents de terrain, enfin quand l'exécution de l'opération est confiée à des chefs de capacité médiocre ou ne disposant que de troupes de qualité inférieure. En effet au commandant du corps chargé d'opérer le mouvement tournant incombe une tâche particulièrement aléatoire et hasardeuse. Sans connaissance exacte des forces de l'adversaire, il ne soupçonne pas ce qui l'attend communément, à savoir la mésaventure de l'homme qui, cherchant la trace du lion, trouva le lion lui-même. Alors, subitement aux prises avec un ennemi autrement en forces qu'il n'avait supposé, il lui sera impossible de rompre le combat. La déconvenue aboutira à son anéantissement même.

On oublie trop qu'à la guerre les excentricités manquent rarement de recevoir leur châtiment parfois exemplaire. A se borner au mouvement débordant, à la double attaque sur une aile, avec une ligne bien liée, on peut prononcer un effort considérable, même décisif, sans courir les énormes risques du mouvement tournant. Ici, l'ennemi succombe nécessairement avec l'arrivée des réserves et leur accumulation au point où la lutte sera particulièrement intense. C'est ce qui aujourd'hui explique

que Bronsart von Schellendorf, si compétent en la matière, soit loin de partager l'engouement de ses compatriotes à l'endroit des mouvements tournants et enveloppants. De fait, ils ont singulièrement perdu de leur valeur aux yeux des meilleurs stratégistes et tacticiens allemands.

Aux prises avec des ennemis disposant de troupes aussi solides que maniables, au plus haut point expertes dans l'art des manœuvres, nous ne saurions trop pratiquer la défensive agressive. Notre constante préoccupation doit être l'offensive tactique habilement, opportunément employée à détruire en détail les Allemands. Quant à la défensive pure, elle aboutirait encore à nous faire anéantir sous des feux convergents. Nous enlaçant dans les mailles de ses filets où il nous enfermerait progressivement, notre ennemi nous réduirait derechef à la nécessité de mettre bas les armes. Demeurer passivement sur place, le laisser manœuvrer librement avec ses corps mobiles et alertes, serait concourir au succès de ses plans. Car, après les résultats que lui a procurés ce système, il ne faut pas s'attendre à ce qu'il y renonce aisément. Nous avons plus d'un moyen de le déjouer, même d'infliger des corrections exemplaires à ses plus habiles et infatigables exécutants. Sachons attendre patiemment, épions le moment propice de prendre l'offensive quand les corps d'armée allemands seront engagés dans d'imprudentes et téméraires évolutions qu'ils ne seront pas maîtres de suspendre. Les contraindre de faire face à une attaque inopinée, vigoureuse, avec la supériorité du nombre, est un moyen infaillible de les désorienter, de déconcerter leurs calculs, de retourner contre eux leurs plus savantes combinaisons.

De la France et de l'Allemagne, celle-là des deux puissances qui aura sensiblement devancé l'autre dans sa mobilisation et ses concentrations, aura l'avantage de prendre à son choix l'offensive ou la défensive. Or, à l'article essentiel des concentrations, leur rapidité dépend du nombre de voies de communication disponibles, nommément des chemins de fer se dirigeant directement, sans emprunt réciproque, de l'intérieur du pays sur la frontière. Le réseau ferré idéal serait celui qui offrirait une ligne à double voie et indépendante dans chaque région de corps d'armée. Il serait alors possible d'amener en moins de trois jours, toutes les forces de l'armée active sur le théâtre indiqué ou présumé des opérations.

L'examen de la carte des chemins de fer de l'Allemagne permet de constater que le réseau allemand réunit, ou peu s'en faut, ces conditions (1). Quatorze lignes absolument indépendantes les unes des autres, orientées

---

(1) « Le système des Allemands en fait de chemins de fer stratégiques est très simple. Il consiste à multiplier les voies ferrées arrivant aux régions de concentration, à les multiplier également entre ces régions de concentration, afin de rendre faciles les déplacements de troupes dans le sens du front de bataille.

» Les travaux de chemins de fer en cours d'exécution ou projetés de l'autre côté des Vosges démontrent bien que la préoccupation constante de l'état-major allemand est d'obtenir *une puissance et une rapidité poussées aux dernières limites dans les moyens de communication reliant Berlin aux provinces d'Alsace et de Lorraine*. Pour atteindre ce but, aucun sacrifice ne sera épargné. Toute courbe un peu prononcée dans la situation

de l'est à l'ouest, parallèles entre elles, et communiquant par des transversales, conduisent de l'intérieur de l'empire au Rhin qu'elles traversent sur autant de ponts. De l'autre côté du fleuve, elles sont prolongées par un même nombre de lignes, qui mènent directement au point choisi de concentration. D'où pour l'armée allemande l'extrême facilité de se transporter par les voies ferrées les plus courtes, dans le minimum de temps possible, sans encombre ni confusion (1).

générale d'un chemin de fer sera remplacée par une ligne droite. *coûte que coûte.*

» *Etre prêts avant les Français, arriver sur eux avec la rapidité de la foudre afin de choquer leurs armées et de les désorganiser avant l'achèvement de leurs concentrations*, tel est l'objectif de l'état-major allemand ; telle est la raison du soin extrême apporté par les Allemands dans la constitution du réseau de leurs voies ferrées. Ils sont bien convaincus que, dans une guerre nouvelle contre la France, la supériorité dans la rapidité de mobilisation et de concentration sont un gage presque assuré du succès.

» Si les Français ne veulent pas laisser leur pays exposé à une ruine certaine et complète, ils doivent absolument imiter les Allemands dans le perfectionnement militaire de leurs voies ferrées et organiser *à tout prix* un réseau de lignes ferrées plongeant jusqu'aux extrémités de la France et aboutissant à la frontière allemande. *C'est là un armement de première urgence, sans lequel les places fortes organisées dans le voisinage de la frontière et les 600 millions dépensés chaque année pour l'armée pourraient bien être de faible utilité.*

» Tant que ce réseau n'existera pas, les Français seront envahis et subiront la guerre dans des conditions désastreuses, puisqu'elle se fera sur leur territoire » (*Les chemins de fer allemands et les chemins de fer français*, par le major X***, p. 16).

(1) Voir le livret intitulé *Eintheilung und stand quartiere des deutschen Heeres*, à la disposition du public en Allemagne, au prix de 1 mark (1 fr. 25).

Avant le sixième jour, soit cinq jours après le commencement des transports, chacun des corps allemands se trouvera en état de livrer bataille. Trois jours après la mobilisation, l'Allemagne sera en mesure de jeter sur la frontière lorraine 155,000 hommes, en Alsace 37,000, et, après trois autres jours, derechef en Lorraine 290,000 hommes, en Alsace 90,000, soit huit jours après le commencement des transports 480,000 hommes en Lorraine et 150,000 en Alsace.

Tandis que concentrées à une ou deux journées de marche de la frontière française, ces forces colossales seront prêtes à la franchir, deux autres corps d'armée, dix-huit divisions de réserve auront déjà commencé leur débarquement au milieu d'elles. Le nombre croîtra progressivement jusqu'au jour où les 1,280,000 combattants, qui doivent constituer l'armée de première ligne, auront effectué leur rassemblement intégral (1).

A la différence du système allemand le réseau français affecte la forme de toile d'araignée et converge vers Paris ; ou, si l'on veut, c'est de Paris que rayonnent vers le nord, l'est, l'ouest et le sud-ouest, toutes nos grandes lignes ferrées. Envisagé stratégiquement, il offre à l'envahisseur de notre territoire toutes facilités pour une rapide concentration de troupes sur Paris. Il n'est donc rien moins que favorable au prompt rassemblement de nos forces en vue de la défense nationale. Avec le tracé actuel des grandes lignes, presque tous nos corps d'armée sont obligés à se rendre d'abord à Paris, subsé-

(1) *Etudes sur le réseau ferré allemand* (*Revue d'infanterie*, Paris, 1890).

quemment à la frontière. C'est pour la plupart un détour énorme. De là perte de temps, risques de confusion et d'accidents, surtout à Paris, nœud central, où se croiseront les trains et s'effectueront des débarquements innombrables.

Depuis 1871, on a bien cherché à remédier à ces inconvénients, au moyen de l'établissement de nouvelles voies stratégiques. Elles se divisent en deux classes : 1° les lignes qui relient les garnisons de troupes, les dépôts, les établissements militaires d'une certaine importance aux lieux de rassemblements respectifs, en arrière de la frontière allemande ou latéralement à celle-ci ; 2° celles avec lesquelles on effectuera, au cours même des opérations, le déplacement de masses considérables. Mais des critiques autorisés affirment que les lignes transversales de création nouvelle sont en nombre insuffisant et d'un très faible rendement. Leurs pentes seraient trop fortes, leurs courbes d'un rayon trop court : elles pécheraient encore en ce qu'elles ont des tronçons communs avec les grandes artères qui divergent de Paris. Autant de causes d'encombrement nombreuses, inévitables.

Par contre, en raison de la situation exceptionnellement avantageuse des bassins et des côtes de France, on s'accorde à reconnaître qu'au point de vue des facilités de ravitaillement, nos chemins de fer sont supérieurs à ceux de l'Allemagne. En effet, appuyé à trois mers sur lesquelles sont situés de grands ports, le réseau français est admirablement constitué pour assurer en peu de temps l'approvisionnement et la subsistance de tous les corps d'armée. Si le service est bien organisé, nous obtiendrons sous ce rapport une célérité et une régularité dans la fourniture des vivres et du matériel de campagne que l'Allemagne ne connaîtra pas de sitôt. En outre, son réseau stratégique traverse des contrées pauvres, médiocrement fertiles, où les ressources naturelles n'abondent pas comme dans nos opulentes vallées de la Seine, de la Loire et du Rhône. La mer Baltique en raison des glaces, celle du Nord à cause des brumes ne sont pas d'un accès facile en certaines saisons. Avec nos cités industrielles et les grandes places maritimes, nous avons des facilités bien supérieures à celles des Allemands pour l'approvisionnement et les ravitaillements de toute espèce.

Par suite des lenteurs forcées de la mobilisation et des rassemblements de troupes, l'offensive de notre part ne serait pas seulement périlleuse : avec nombre de militaires éclairés, nous estimons qu'elle serait mortelle. Ses partisans invoquent en sa faveur l'argument très spécieux qu'elle est particulièrement appropriée au tempérament français, en harmonie avec l'élan impétueux qui est notre qualité maîtresse. Ils font valoir l'avantage moral qui résulterait pour nous d'un premier succès à l'ouverture de la campagne. Le général Boulanger, excellent militaire, l'a surtout préconisé. Néanmoins, nous ne croyons pas qu'aujourd'hui elle compte un grand nombre de partisans parmi les hommes de guerre. Nous concédons volontiers qu'à la guerre on voit s'accomplir des événements qu'ailleurs on aurait justement réputés impossibles. Donnons donc, ici, nos raisons et discutons une hypothèse qui, après tout, pourrait se réaliser, encore qu'elle soit fort improbable.

Supposons que, par suite de circonstances heureuses, nous soyions prêts les premiers, qu'au début l'Allemagne n'ait pas la supériorité du nombre, ou que, grâce à la valeur de nos soldats et à l'habile direction de leurs chefs, elle essuie un ou plusieurs revers. Voilà notre ennemi arrêté dans sa marche, tenu en échec sur toute la ligne. Nous n'avons plus qu'à prendre et à poursuivre vigoureusement l'offensive. Maintenant apparaissent les difficultés et elles sont considérables. Aux Allemands mis en déroute la chaîne des Vosges assure une protection suffisante et, de plus, elle ne se prête pas à des opérations entreprises avec de grandes unités. Les voies ferrées qui s'arrêtent aux pieds des Vosges sont disposées d'une façon avantageuse pour nos ennemis. Elles leur permettent d'amener aux débouchés des vallées les troupes nécessaires pour opposer à l'envahisseur de leur pays une résistance obstinée, dans les conditions les plus favorables.

Au sud des Vosges, la trouée de Belfort offre bien une route commode ; mais son débouché en Alsace deviendrait trop excentrique. Pour suivre une route d'invasion naturelle, nous serions obligés de descendre le Rhin au moins jusqu'à Strasbourg, afin de nous rapprocher d'un objectif que nous aurions pu atteindre plus facilement en passant par la Lorraine. Mais, sur cette frontière, la place de Metz menace les flancs d'une armée qui entreprend de se jeter sur l'Allemagne. Et Metz aujourd'hui n'est plus la place mal fortifiée jadis en notre possession : c'est une place de guerre de premier ordre, pourvue de toute espèce de moyens de résistance, protégée par des défenses naturelles et des fortifications redoutables.

Si puissant que soit l'obstacle, il n'est cependant pas insurmontable. D'ailleurs il n'y a pas probabilité que les Allemands y enferment des forces importantes. Empruntant leur système, nous pourrions avec trois divisions paralyser l'action de la place et passer outre, comme ils ont fait dans la précédente guerre.

Mais de ce pas nous allons nous heurter à la ligne de défense du Rhin qui, depuis Bâle jusqu'à la frontière hollandaise, n'offre que des passages difficiles. Les voies ferrées de la rive droite permettent aux Allemands d'effectuer rapidement des transports de troupes sur les points immédiatement menacés. Les ponts des chemins de fer sont défendus par des tours armées de canons, par des forts munis de coupoles cuirassées et encore par des forteresses. Admettons que, multipliés outre mesure dans ces dernières années, les ponts puissent être facilement détruits, il n'en faut pas moins tenir cette ligne du Rhin pour une barrière formidable. Elle est renforcée par les grandes places de Strasbourg, Mayence, Coblentz, Cologne, pourvues de forts détachés, et par quatre autres moins importantes, il est vrai, mais encore redoutables : Neuf-Brisach, Radstadt, Gemersheim et Wesel. En somme, pour l'armée allemande battue, le Rhin constitue une imposante et solide défense. Sous son couvert, elle pourrait aisément se réorganiser, au cas où elle serait forcée d'évacuer l'Alsace-Lorraine (1).

Cependant la fortune des armes a continué de nous sourire. Nous avons franchi le Rhin, rompu la barrière, brisé tous les obstacles. Nous n'avons plus qu'à suivre les vallées du Mein et de la Saale pour arriver à Berlin, comme Napoléon en 1806. Mais de ce moment il nous faut affronter les chances de la guerre sur de nouveaux champs de bataille. Il est en effet immanquable que nous

---

(1) Paris est à 300 kilomètres de notre nouvelle frontière, Berlin se trouve à plus de 1,500 kilomètres de cette frontière, avec des fleuves importants en avant, sans compter les massifs montagneux qui forment d'excellentes lignes de défense.

Les Allemands ont choisi le Rhin pour ligne de défense, non pas comme la plus voisine de la frontière, mais la plus puissante. La chose allait de soi, eu égard à la distance où se trouve Berlin. Ils ont par suite déclassé les petites places de Marsal, Phalsbourg, la Petite-Pierre, Lichtenberg et Schelestadt.

Cette barrière du Rhin est constituée par :

1º Quatre camps retranchés : Cologne, Coblentz, Mayence et Strasbourg ;

2º Par un camp retranché plus petit : Radstadt ;

3º Par quatre points de passage fortifiés : Wesel, Dusseldorf (Hamm), Germersheim et Neuf-Brisach.

En outre, l'espace nécessaire pour le déploiement stratégique en avant de cette ligne, entre les Vosges et la Moselle, est couvert par la place formidable de Metz, avec Thionville et Sarrelouis pour défendre les passages de la Moselle et de la Sarre, et Bitche comme place d'arrêt.

En arrière de la ligne du Rhin, pour couvrir Berlin capitale, les Allemands auraient encore à leur disposition la ligne de l'Elbe avec les points d'appui de Torgau et de Magdebourg, enfin Spandau, au milieu des étangs et des marécages que forment la Sprée et le Havel.

aurons plus d'un combat à livrer à l'armée allemande en rase campagne. Mais avec la désolante infériorité de notre cavalerie en regard de celle des Allemands, un revers est toujours en perspective. Or, en cas de défaite, même partielle, un retour offensif de l'armée allemande serait pour nous désastreux. Nous joncherions les plaines de nos corps d'armée disloqués, de nos soldats en pleine déroute, irrémédiablement démoralisés. C'est une éventualité dont la plus vulgaire prudence nous commande de tenir compte. Car n'oublions jamais que, si l'élément offensif est vigoureux chez les Français, par contre, une défaite les abat, les paralyse, les rend même craintifs à l'excès (1).

Au début d'une guerre, ce qui caractérise l'offensive, c'est l'invasion du pays ennemi, tandis que le caractère de la guerre défensive c'est la résistance à l'invasion. En principe il n'est pas contestable que, toutes les fois qu'on est supérieur ou égal en forces à son adversaire, il faut agir offensivement. Nous reconnaissons donc pleinement qu'il vaudrait mieux entrer sur le territoire des Allemands que de les attendre l'arme au bras en France: car ainsi nous leur ferions supporter les premiers frais de la guerre, au lieu de les subir. Mais pour cela il faudrait être prêt avant eux. Si, avant que notre mobilisa-

(1) C'est un fait dont, au XVIe siècle, Machiavel fut frappé. Au surplus, pour n'avoir pas été faite en termes aussi incisifs, l'observation ne datait pas de lui. Voyez le livre III des *Discours sur la 1re décade de Tite-Live*, au curieux chapitre intitulé : « Pourquoi les peuples de la France ont eu et ont encore la réputation d'être plus que des hommes au début du combat et ensuite d'être moins que des femmes ? »

tion soit achevée, ils réunissent leurs forces les premiers et franchissent la frontière française, nous sommes contraints de rester sur la défensive. Et cette situation durera jusqu'à ce qu'une victoire nous ait prouvé que nous sommes redevenus plus forts qu'eux et que nous pouvons marcher de l'avant sans inquiétude. C'est que l'offensive qui n'a pas son fondement dans une supériorité réelle, matérielle ou morale, n'est qu'une fanfaronnade, une démonstration vaine et puérile. Il est impossible de s'y maintenir longtemps ; et comme nous l'avons appris en 1870 à notre confusion et à nos dépens, elle est le plus souvent un précurseur de terribles défaites. C'est ce qui est arrivé à notre armée follement dispersée sur un front de 250 kilomètres par un nouveau « Silvanus, sans activité dans la guerre, consumant en paroles les jours où il fallait agir » ; *Silvanum, socordem bello et dies rerum verbis terentem* (1). Au demeurant, en matière de stratégie militaire, il n'y a pas de méthode absolue. On doit opérer offensivement ou défensivement suivant ses moyens d'action, ses ressources, enfin d'après la situation matérielle ou morale où l'on se trouve.

Cette question de l'offensive et de la défensive vis-à-vis de l'Allemagne a été traitée en dernier lieu par M. le capitaine Gilbert, stratégiste et écrivain militaire de haute valeur. Le lecteur ne pourra que nous savoir gré de placer sous ses yeux les conclusions topiques et lumineuses de son étude.

« Chez les Allemands, dit-il, les deux extrémités de la

---

(1) Tac., *Hist.*, III, L.

base sont appuyées à une place forte et aux montagnes ; en arrière, les voies ferrées transversales permettent, à un moment quelconque de la concentration, de déplacer le centre de gravité des armées en le portant sur l'un ou l'autre des côtés de l'équerre. Partant de Metz, leurs masses principales nous acculent aux Vosges, si elles sont victorieuses. Partant des Vosges, dont elles possèdent virtuellement tous les débouchés jusqu'à Sainte-Marie, elles nous refoulent au Nord en nous séparant de nos lignes de retraite naturelles vers Troyes et le centre de la France.

« De notre côté, au contraire, un succès remporté sur la Seille rejette l'ennemi vers Sarreguemines ; vainqueurs sur le front Blamont-Baccarat, nous le poussons sur Strasbourg ; vainqueurs sur notre aile gauche, nous le poussons sur Metz et le pays de Trèves. Dans tous les cas, les Allemands sont refoulés sur leurs lignes de retraites naturelles, vers le cœur de leur pays.

« Tout progrès, de notre côté, a pour effet de rompre la soudure de nos deux fronts, de faire diverger nos lignes d'opération ; chez eux, au contraire, les mouvements en avant entraînent une action convergente et augmentent leur liaison.

« Ce sont là les propriétés stratégiques inhérentes à cette base en équerre que les Allemands se sont intentionnellement réservée par le traité de Francfort ; c'est l'avantage que M. de Moltke entendait s'assurer en exigeant Metz.

« Au printemps de 1897, les quatre première classes de l'armée allemande, soit l'armée permanente de

600.000 hommes et les deux plus jeunes classes de réservistes (hommes âgés de moins de 25 ans) donneraient un total de 1 million 100.000 hommes exercés. Défalcation faite de 100.000 hommes cédés par l'effectif de paix aux dépôts et formations diverses, il restera aux troupes actives de campagne 1 million d'hommes, soit au pied de guerre 22 corps d'armée disponibles et 19 divisions de cavalerie indépendantes.

« 22 corps à 32 bataillons, 19 divisions de cavalerie, un million d'hommes, soit une masse double de celles que Napoléon en 1812 et de Moltke en 1870 réussirent à peine à manier dans leur entrée en campagne : voilà l'armée de première ligne.

« Et tous ces hommes auront moins de 25 ans, c'est-à-dire qu'un bien petit nombre sera établi, un moindre nombre encore marié et chargé d'enfants. Ainsi se réalise le vœu du souverain.

« Et, dans les armées combattantes, la proportion de ces réservistes de 23 à 24 ans aux hommes de l'activité est exactement de 2 à 3, c'est-à-dire l'inverse de ce qu'elle est chez nous : dans la compagnie d'infanterie, 100 réservistes pour 150 hommes du pied de paix.

« Des hommes jeunes, âgés de moins de 25 ans, exempts de charges sociales et de famille, les trois cinquièmes sous les drapeaux, les autres y revenant comme des semestriers, la fleur d'une nation robuste obtenue par une sélection rigoureuse, tel est le pur métal dont est forgé l'instrument de l'offensive allemande, la lame de l'épée d'Arminius.

« A cette lame une poignée bien adaptée, une pointe de trempe spéciale.

« La poignée, c'est ce cadre de 78,000 sous-officiers rengagés que l'on recrute à grands frais en multipliant les écoles, en instituant des primes d'ancienneté. C'est encore et surtout le cadre d'officiers dont Rüchel disait qu'il était « toute l'armée allemande ».

« La pointe, on en devine la direction. Dans un délai de vingt-quatre heures, deux fortes divisions de cavalerie, deux corps d'armée mobilisés presque au complet et trois divisions mobilisées aux deux tiers peuvent être dirigées sur la frontière française. Après un délai de quatre jours, nécessaire pour le rassemblement des équipages, c'est une armée d'avant-garde de trois corps et demi, soit 100,000 hommes, appuyant toute la cavalerie allemande. Le rôle de cette avant-garde sera de hâter et de fixer la concentration de nos troupes et de rapprocher, dans le temps et dans l'espace, l'échéance et l'emplacement des actions décisives. »

A tous les avantages matériels à porter à l'actif des Allemands, il convient d'en ajouter un autre d'ordre moral, mais également puissant. Étant d'essence militaire, une royauté ou un empire a le pouvoir d'émouvoir une armée fortement, bien autrement que ne peut le faire une république. Chez nous ils sont bien passés, et pour ne plus revenir, les temps d'enthousiasme de la première. A moins d'être exclusivement pétri de candeur, qui donc aujourd'hui en douterait un instant? Au moral, la banqueroute de la république est irrémédiablement consommée. L'ochlocratie a fait tomber trop de têtes et couler trop de sang, engendré trop de turpitudes et de scandales impunis pour ne pas être à jamais discréditée.

A un autre point de vue, les Allemands n'ignorent pas qu'ils ont affaire à un adversaire nerveux, impressionnable, sujet à perdre tout sang-froid au premier mécompte. Sous le rapport politique, ils se disent assurés que, sapée dans ses fondements, répudiée des honnêtes gens, en butte au mépris général pour son Panama et la multiplicité de ses autres débordements, la république n'a plus de racines en France. A leur avis, il ne sera pas même besoin de lui asséner le coup de grâce : l'approche de la cognée suffira à son renversement. Et ils ne craignent pas de prophétiser qu'à la première nouvelle de l'entrée sans coup férir de leur armée à Nancy le personnel opportuniste disparaîtra soudain de la scène, comme le pître de baraque foraine s'évanouit dans la trappe.

Disposant d'un mécanisme éprouvé, encore perfectionné, duquel tous les rouages sont familiers à ses administrations civiles et militaires, pleine de confiance dans ses formidables armements et la qualité hors ligne de ses troupes, joignant à la supériorité numérique une supériorité intellectuelle et morale indéniable, l'Allemagne est autrement que nous en mesure de prendre l'offensive. Aussi a-t-elle préparé de longue main un plan d'agression mathématiquement calculé. Mais, inscrit qu'il est sur le sol même, il ne saurait présentement prendre à l'improviste personne.

Les Allemands nous attaqueront simultanément à l'est par l'Alsace-Lorraine et au nord par la frontière belge, sans se soucier de la neutralité de la Belgique. Chacune de leurs colossales armées recherchera la lutte incontinent. Elles ont tout intérêt à se porter les premières en avant, à précipiter la lutte, en vue d'un dénouement immédiat.

Si, comme on l'assure, le haut commandement, qui n'est même pas organisé chez nous, a l'œil et la main faits au maniement des masses, toujours est-il qu'il n'a encore eu occasion de donner sa mesure que dans des manœuvres intermittentes de portée fort contestable. Réputée la nation sous les armes dans son intégralité, l'armée française ne peut avoir encore en elle-même cette confiance absolue, inébranlable, que rien n'étonne ni ne rebute, qui aborde sans broncher tous les obstacles et soutient sans fléchir toutes les épreuves. La grandeur du péril, l'importance de l'enjeu, la certitude qu'à l'issue de la lutte est attachée l'existence même de la patrie enflammeront sans doute les âmes, élèveront les cœurs, exalteront les courages. Le premier enthousiasme est assurément capable de donner la victoire ; mais il se peut aussi qu'il soit impuissant à conjurer la défaite. N'a-t-on pas à redouter une réaction violente dans les cœurs de jeunes soldats sans consistance ni cohésion, aussi accessibles et prompts au découragement qu'ils auront été de prime abord portés au comble de l'enthousiasme ? A la guerre, les âmes bien plus que les armes garantissent le succès. On l'a bien vu avec les Abyssins, quand, pour la défense de leurs foyers, ils ont écrasé de leur force morale les Italiens, qui s'imaginaient en avoir facilement raison avec leurs engins de guerre plus ou moins redoutables.

Tout au moins au début, il convient donc que nous gardions la défensive, mais la défensive agressive. Elle s'impose à nous dans les conditions et les circonstances les plus favorables, quand même la concentration de nos forces serait aussi accélérée que celle de l'Allemagne.

En assurant le commandement sur les suites d'un échec, moins fâcheuses sur un terrain préparé d'avance que sur un champ de bataille d'aventure ou de rencontre, la défensive-agressive procure au généralissime la liberté d'esprit nécessaire pour observer, reconnaître, déjouer les desseins de l'envahisseur. Et puis, par une défensive énergique et opiniâtre, arrêter court le premier élan de l'armée allemande, n'est-ce pas déjà un heureux augure ? En confondant sa présomption et sa témérité, s'il ne suffit pas à la faire douter d'elle-même, ce résultat aura pour nous l'avantage de lui donner à réfléchir. Il autorisera les autres nations à mettre en question sa supériorité surfaite. Il nous vaudra des sympathies, voire des encouragements, en attendant une assistance directe.

L'intérêt suprême du pays commande de prolonger la lutte coûte que coûte, de la traîner indéfiniment en longueur, en dépit de tous les maux, de tous les obstacles. Sachons nous résigner d'avance à toutes les souffrances, à tous les sacrifices. Dans cette voie, l'Allemagne est hors d'état de pousser la persévérance aussi loin que nous. Matériellement et moralement, elle n'a pas les moyens d'atteindre aux dernières limites. Sous peine d'avortement de son plan, de la ruine de ses visées, il lui faut la victoire complète, immédiate (1).

La défensive-agressive à pratiquer est celle qui, vigilante, active, alerte, se réserve de passer à l'offensive en toute occurence propice ; celle, qui, sur un échiquier suffisamment étendu, conserve tous les moyens de manœuvrer à son gré et à son aise suivant le temps et les lieux. Ainsi procéda Napoléon en 1813. Obligé de rester sur la défensive, il continue néanmoins à prendre l'offensive tactique jusqu'à la dernière minute. Il y a loin de celle-là à cette autre défensive contre laquelle on ne saurait trop s'élever et prémunir les généraux, qui consiste communément à opérer sous le couvert et à proximité des grandes places. Redisons donc que les fortifications ne sont pas faites pour enchaîner l'action ou régler les mouvements du commandant d'armée. Il doit savoir s'en servir à propos, mais seulement comme adjuvant et aide. Ce n'est qu'à cette condition qu'elles lui prêteront un appui utile et pourront lui fournir des ressources pour revenir à propos à l'attaque.

En vue d'arriver rapidement au terme de la campagne, il importe aux Allemands de conquérir le plus de terrain

---

(1) « La Prusse, remarque judicieusement M. Laveleye, souffrirait plus qu'un autre pays d'une guerre prolongée, parce que étant naturellement pauvre, le capital péniblement amassé chez elle par l'épargne fondrait vite dans les crises d'un conflit européen. La guerre de 1866 n'a pas dépassé six semaines. Cependant la gêne et la misère qu'elle a engendrées durent encore ! Les Etats nouvellement annexés souffrent de plus en plus des charges si lourdes que leur impose l'honneur d'être incorporés à la monarchie de Frédéric II. »

possible. Notre intérêt au contraire est de gagner du temps en résistant pied à pied, en ne rétrogradant que lentement, en accumulant sous les pas de l'envahisseur les achoppements, les obstacles, les empêchements de toute nature. Sur les lignes intérieures d'opérations, nous devrons donc multiplier les retours offensifs, les attaques contre les corps isolés, les diversions, les entreprises de toute sorte, sans discontinuation ni relâche. La guerre de coups de main, d'usure, de consomption devra remplacer la grande stratégie que nous ferons bien de laisser aux Allemands. Intercepter les convois, couper les communications, ruiner les ressources de l'ennemi, rendre sa situation intenable de toutes les manières, voilà ce que nous avons manqué de faire autant que nous le pouvions dans la précédente guerre. Avec des histrions et des faiseurs à la tête des affaires, tant à Paris qu'en province, notre malheureux pays a fourni une campagne où le sang a été glorieusement, mais inutilement versé, où d'abondantes ressources ont été gaspillées en pure perte.

Il ne peut manquer d'arriver que des armées surchargées de matériel comme celle des Allemands ne soient tôt ou tard cernées, enveloppées en bloc ou fractionnellement, si nous avons à notre tête des chefs expérimentés, actifs et vigilants. Pour peu qu'ils s'attardent dans la retraite, ils peuvent à leur tour se voir réduits à subir de désastreuses et déshonorantes capitulations. La fortune des armes tient en réserve de glorieux dédommagements pour les nations persévérantes. Mais elle demeure sourde aux appels des désespérés, surtout elle tourne le dos aux pusillanimes. *Audentes fortuna juvat* ; « à ceux qui osent la fortune vient en aide. » Elle n'a absolument rien à faire avec ceux que le découragement amène à lâcher pied à la guerre.

Le plus sûr moyen d'avoir raison de l'envahisseur est de lui infliger des pertes répétées, incessantes, dans des combats acharnés, continuels, au cours d'une défensive agressive à outrance. Notre frontière une fois franchie par les Allemands, considérons comme de nulle importance le terrain perdu. Mais abreuvons-le de leur sang, jusque-là de les contraindre à reculer sous le coup de pertes épuisantes. Le but doit être de détruire l'ennemi en détail, sans se préoccuper des moyens de le vaincre.

La situation respective commande aux Allemands une guerre de marche et d'occupation, à nous une **guerre d'extermination** par l'extinction graduelle et la démoralisation de l'adversaire. Nous y arriverons certainement avec les coups redoublés, indéfiniment prolongés, d'une résistance toujours vivace et renaissante. Ne songeons qu'à le miner, à le mâter, à le mettre sur les dents. Il faut l'amener à la conviction de l'inutilité de ses efforts, au sentiment de son impuissance, non par le terrain reconquis sur lui, mais par les flots de sang qu'il aura été forcé d'y répandre.

En recommandant cette guerre d'anéantissement contre notre irréconciliable ennemi, nous ne nous dissimulons pas tout ce qu'elle comporte de résignation chez les populations, d'abnégation et d'héroïsme dans l'armée et ses chefs. Nous n'ignorons pas qu'une ténacité indéfectible, ici la première condition du succès, n'est pas notre qualité maîtresse. Eh bien, si elle nous manque, il faut l'acquérir. L'œuvre n'est ni au-dessus de nos forces physiques, ni de nos facultés intellectuelles et morales. L'histoire atteste l'étonnante souplesse, la merveilleuse aptitude des Français à s'assimiler des habitudes et des procédés auxquels on aurait pu jusque-là les croire absolument réfractaires. Aussi, tout en reconnaissant que, par tempérament et caractère, nous sommes un peuple éminemment offensif, particulièrement apte aux conquêtes, il est néanmoins certain, nonobstant les assertions contraires, que, suivant l'occasion, nous savons nous plier aux exigences de la défensive, quand nous avons à notre tête des chefs habiles et énergiques.

Clausewitz a magistralement formulé la méthode et les procédés de cette défensive agressive, intelligente, vigilante, active, toujours aux aguets pour tomber à propos sur les flancs de l'envahisseur, tout en lui résistant de front. Confiante et sûre d'elle-même, elle a pour elle toutes les probabilité du succès. « Pour nous figurer la défensive telle qu'elle doit être, dit-il, il faut nous la représenter avec ses préparatifs achevés, une armée bien dressée en vue de la guerre, un commandant en chef qui attend l'ennemi non dans les angoisses de l'irrésolution, mais en épiant avec calme l'occasion de frapper un coup décisif; avec des forteresses qui ne craignent pas un siège et une nation saine qui ne tremble pas plus que l'adversaire. Dans de pareilles conditions, le défenseur n'a pas un rôle aussi ingrat qu'on le croit communément : c'est qu'à tort on attribue toujours à l'attaque la vigueur et la rapidité, à la défensive l'impuissance et l'hésitation. »

La guerre défensive jointe à une offensive prise à propos a été bien des fois le salut des empires. A cet égard les témoignages abondent dans l'histoire. C'est ici le lieu de rappeler encore cette judicieuse observation de notre auteur, que « la vraisemblance du succès ne décroît pas toujours pour la défensive en raison des batailles qu'elle perd, des villes et des provinces qui lui sont enlevées ; car c'est souvent au cœur du pays envahi que le défenseur devient le plus fort et peut à son tour prendre la plus vigoureuse offensive, quand, à bout d'élan et de forces, son adversaire a atteint le point extrême de pénétration qu'il ne saurait désormais franchir » (1).

La défensive qui, sans doute, n'est pas exempte d'inconvénients, ne laisse pas que d'offrir d'inestimables avantages. Elle n'a besoin que de troupes médiocrement instruites et de cadres de qualité inférieure. A la rigueur, le soldat peut avec elle n'être qu'une machine. On lui assigne sa place, une tâche bien définie. On lui demandera rarement d'agir par lui-même, d'avoir du coup d'œil, de l'initiative. Il suffira que quelques-uns des chefs possèdent ces qualités pour lui. Mais aussi le commandement doit être celui d'un Davoust, intraitable, inexorable, surtout à l'article de la discipline. De là vient que la guerre défensive excelle à tirer parti d'armées médiocres, de masses hâtivement levées, de troupes de valeur moyenne, incapables d'exécuter une autre

---

(1) *Théorie de la grande guerre*, I, XVII.

œuvre, par exemple, un coup de main, de tenter une attaque un peu vigoureuse. La différence entre ces emplois est si tranchée que, dans l'un et l'autre rôle, les mêmes combattants deviennent parfois méconnaissables. Incidemment, rappelons ici qu'entre tous les enseignements de la précédente guerre, il en est un topique et pour nous réconfortant, de nature à nous faire beaucoup espérer de l'avenir. La bataille de Coulmiers, cette éclaircie si courte dans un ciel sombre, a mis en relief ce fait que, dans les armées contemporaines, des soldats jeunes et insuffisamment exercés, peu ou même point aguerris, mais énergiquement commandés, appuyés par une artillerie mobile et bien servie, sont capables de battre de vieilles troupes aguerries, quand il n'y a pas disproportion excessive des forces.

Napoléon a dit : « Tout l'art de la guerre consiste dans une défensive bien raisonnée, extrêmement circonspecte, ensuite dans une offensive audacieuse et rapide (1). » Dans la guerre défensive, on n'est donc pas fondé à voir un désavantage marqué de nature à préjuger de l'issue d'une campagne. Dans les trois dernières années de la guerre de Sept Ans, Frédéric II resta constamment sur la défensive. C'est à elle qu'il dut de sauver l'État prussien d'une ruine imminente. Cependant le roi de Prusse peut à bon droit passer pour celui de tous les hommes de guerre qui, avant Napoléon, a le plus affectionné la forme offensive.

Et c'est encore Napoléon qui, par ses guerres offensives

(1) *Lettre à Joseph*, 28 juil. 1806.

et rapides, a fait prévaloir de son temps l'opinion que l'attaque était de tout point préférable à la défense. Avec les perfectionnements que les engins de guerre ont reçus et ne discontinuent plus de recevoir, le contraire semble aujourd'hui bien établi. C'est même ce qui nous porte fortement à croire que, dans la prochaine guerre, l'offensive que prendra l'Allemagne n'aura d'autre importance qu'un effet purement moral.

Les progrès inouïs de l'artillerie moderne et de la balistique, particulièrement pour les bombes, la puissance prodigieuse de destruction des nouvelles poudres et de nombre d'explosifs ont mis en lumière les avantages supérieurs de la défensive-agressive. Avec elle, par exemple, le belligérant que les circonstances ou sa situation oblige à s'y tenir peut, au moyen des nouveaux projectiles, balayer à plus de mille mètres de distance le terrain en avant de ses lignes. Il faut que l'assaillant traverse une zone horriblement meurtrière, dix fois plus étendue qu'à l'époque des armes à feu d'autrefois. Avec la défensive, le belligérant utilise l'abri qu'offrent les accidents de terrain et les positions dominantes, en même temps qu'il tire un parti avantageux des moyens multipliés et sûrs que fournit la fortification de campagne. Il est calme, en pleine possession de lui-même, prêt à essuyer l'attaque sans broncher. C'est que de ses bouches d'acier jaillit un jet continu de feux, tandis que l'assaillant est fréquemment obligé de suspendre les siens, pour continuer sa marche en avant dans des conditions défavorables. Avec le péril plus intense et des pertes plus grandes, il a encore la fatigue par surcroît.

Dans la défensive, tout est simple. Le commandement peut rester un dans les mains du généralissime, qui n'aura à ses côtés qu'un nombre restreint de collaborateurs. A se maintenir sur une ligne déterminée, il lui sera toujours loisible de pourvoir ses troupes de munitions, d'attendre ses réserves, de recevoir appui, aide et secours. Grâce à la défensive, on n'éparpille pas ses forces et l'on est certain de ne jamais s'enchevêtrer. Surtout l'on demeure à l'abri des risques de fausse direction, avançant là, reculant ici, comme il arrive quand on attaque. On évite une consommation inutile de forces et la fatigue au soldat.

Astreinte à de plus pénibles efforts, l'offensive subit nécessairement des pertes incomparablement plus fortes. Et à mesure que les événements se suivent, elle a contre elle ce désavantage marqué que sa force absolue décroît plus rapidement que celle de la défense. Si donc, dans la future guerre, on sait faire traîner les opérations en longueur, on prophétisera probablement vrai à avancer que, grâce à cette tactique, les rangs des Allemands s'éclairciront à vue d'œil. Ici le temps remplira son office accoutumé en notre faveur. Comme facteur principal d'une issue heureuse, faisons donc sur lui tout fondement.

On a soutenu qu'une armée victorieuse peut fort bien arriver à l'extinction par épuisement. La proposition n'a rien de paradoxal. Chefs et soldats se lassent de la guerre, même heureuse. Les peuples civilisés, plus encore que les autres, supportent impatiemment une situation anormale, incommode sous tous les rapports, telle que celle qui résulte de l'état de belligérants. Elle dérange les habitudes, déconcerte les plans, bouleverse les rangs et les conditions, trouble de toutes les façons le régime ordinaire. Ce n'est pas impunément qu'on change tout cela du jour au lendemain. Pour une nation comme pour un individu, rien de plus insupportable qu'un changement forcé d'existence, surtout si cet état doit durer longtemps, se prolonger même, sans qu'il soit possible d'en calculer approximativement le terme. Et si la lassitude physique et morale qui en résulte finit par excéder un peuple, combien ne se produira-t-elle pas plus intense, plus intolérable, avec l'évanouissement de l'enthousiasme guerrier ? C'est alors que se font plus vivement sentir les privations matérielles et morales, avant même les signes et préludes avant-coureurs, qui font présager avec certitude un changement de fortune.

L'Allemagne se flatte de mener à son terme la conquête de la France, de détruire sa nationalité, de paralyser à jamais son action dans le monde. Qu'adviendra-t-il de si ambitieuses visées ? Nul ne saurait le dire : mais au moins, l'histoire à la main, peut-on affirmer que

..... *Fors ingentibus ausis*

Rara comes (1).

« Rarement la fortune couronne les gigantesques entreprises. » Il en est le plus souvent des formidables agglomérations assaillantes comme de la neige amoncelée, qui fond au premier soleil du printemps. De nos jours,

(1) Stace, *Theb.*, X.

il y a sans doute moins à se préoccuper de la difficulté de vivre, qui autrefois causa la ruine des grandes invasions de fameux conquérants. Ainsi Tamerlan triomphe dans l'Asie Mineure, où il peut s'alimenter, mais il succombe en traversant les déserts qui le séparent de la Chine, parce qu'il y trouve le dénûment. Avec les voies ferrées et les transports fluviaux et maritimes, pareil empêchement a cessé d'être insurmontable. Mais le même résultat ne peut-il pas se produire différemment ? Nous en avons des témoignages probants dans les annales militaires de toutes les nations. On a franchi la frontière avec une armée considérable. A quelques mois de là, on n'a plus qu'un nombre restreint de combattants. Par exemple, en octobre 1805, Napoléon pénètre sur le théâtre décisif de ses opérations avec 200,000 hommes. Cependant, avec tout son art de ménager ses forces, il ne peut réunir plus de 80,000 combattants pour livrer la bataille d'Austerlitz. Or, à supposer qu'il entre en France trois millions d'Allemands, si la nation française fait preuve de ténacité et d'une indomptable énergie croit-on qu'il en restera beaucoup plus d'un million au bout d'un an ?

Inférons-en que le défenseur expérimenté et de sens rassis n'a pas lieu de s'émouvoir outre mesure du nombre excessif des assaillants. Pourvu qu'il dure, il en aura raison de façon ou d'autre. Qu'il sache seulement attendre avec patience, sans broncher, l'heure où il pourra transformer efficacement les rôles et prendre à son tour celui d'assaillant. C'est affaire de jugement, même de simple flair. Il est rare que le véritable homme de guerre s'y trompe, même à n'avoir d'autre guide que le bon sens ici légal d'une divination surnaturelle. Ainsi lors de l'extravagante expédition de Russie, l'anéantissement prochain de la grande armée et l'effondrement de la puissance de Napoléon purent être sûrement pronostiqués par Daru, Larrey et autres, tandis que, pour le gros de l'armée et son empereur infatué, tombé à l'état de déinent, de pauvre insensé, il ne devint perceptible qu'après que traînards et mourants eurent jonché de leurs cadavres les steppes de la Russie.

En dernier lieu, comme conclusion, nous ferons remarquer que, selon le côté dont on l'aborde et la face sous laquelle on l'envisage, le thème des avantages et des inconvénients de la défensive est inépuisable. Nous avons dû le traiter longuement en raison de son importance pour nous capitale. S'il se rencontre encore des esprits mal édifiés, peu ou point convaincus, peut-être se rendront-ils à une autorité autrement imposante que la nôtre. Si elle n'a pas raison de tous les dissidents, il est possible qu'elle en rallie un certain nombre. On en tombera d'accord, quand nous aurons nommé le feld-maréchal de Moltke, notre terrible et impitoyable vainqueur. Son sentiment ne saurait être suspecté de complaisance à notre égard, puisqu'il est demeuré notre ennemi acharné jusqu'au terme de sa longue et verte carrière. Voici donc le sentiment recueilli de sa bouche, tel qu'il a été authentiquement consigné dans une publication posthume : « Je suis convaincu que, par suite des perfectionnements apportés aux armes à feu, la défensive tactique l'emporte de beaucoup sur l'offensive tactique.

Sans doute, dans la campagne de 1870, nous avons toujours pris l'offensive : nous avons attaqué les plus fortes positions de l'ennemi, et nous les avons emportées ; mais au prix de quels sacrifices, Messieurs ! Il me paraît donc préférable de ne passer à l'offensive qu'après avoir repoussé plusieurs attaques de l'ennemi (1). »

Pouvions-nous invoquer une opinion d'un poids plus considérable, plus autorisée, que celle de l'homme qui, de nos jours, au domaine de la stratégie et de la tactique, a conquis le renom de praticien le plus consommé ? Sachons donc, sans lui en savoir autrement gré, faire notre profit des magistrales leçons qu'avant de descendre dans la tombe il a léguées à ses élèves, dans le but de les guider sûrement dans l'accomplissement de l'œuvre dont il n'a jamais désemparé de toute sa vie, celle de notre écrasement final. Après tout le mal qu'il nous a fait, c'est bien le moins que nous apprenions de sa bouche le moyen de nous tirer d'affaire dans notre duel mortel avec l'Allemagne. Ce n'est pas assurément dans cette intention qu'il professait alors devant ses élèves. O ironie du sort ! Il était loin de prévoir que, dans l'occurrence, il remplirait l'office de la lance d'Achille, laquelle, assure-t-on, guérissait les blessures qu'elle avait faites.

(1) *Thèmes tactiques et solutions critiques du feld-maréchal de Moltke* ; Berlin, trad. de Richert, p. 193.

CHAPITRE II

Nouvelle frontière militaire de la France. — Anarchie dans les bureaux de la guerre. — Divergence de vues sur la défense du territoire. — Adoption du système suranné de la fortification en cordon. — Répartition vicieuse des corps de l'armée française. — Déploiement stratégique et dispositif en équerre des Allemands. — Importance des rivières et des cours d'eau dans la prochaine guerre.

Pour sa sécurité intérieure et la protection de son territoire contre les entreprises de l'étranger, la France n'a pas, à beaucoup près, les avantages que la Russie tire de la vaste étendue de son empire et l'Allemagne de la formidable barrière du Rhin, ancienne frontière de la Gaule romaine (1). La configuration topographique et la fron-

(1) Le Rhin, frontière perdue sous les successeurs de Charlemagne, nous fut rendu sous Louis XIII et Louis XIV. Le traité de Westphalie assigna, comme limite à la France, le cours du Rhin entre Bâle et Lauterbourg.
En 1796, la première république assura l'intégralité de cette frontière.
Les traités de 1815, en nous enlevant les conquêtes de la république, ramenèrent la France à la frontière de Louis XIV, légèrement amoindrie.
A la suite des désastres de 1870-71, le traité de Francfort l'a dépouillée de l'Alsace et de la partie nord de la Lorraine. Il a tracé les limites suivantes :
Du col de Valdieu, la ligne suit la crête des Vosges jusqu'au Donon, s'étend ensuite au sud du plateau lorrain, coupe la Moselle au sud de Metz, s'annexant également les parties est du

tière militaire de notre pays ont reçu de graves modifications de la paix signée entre la France et l'Allemagne à Francfort. Aussi désastreuse qu'humiliante, elle a fait plus qu'enlever à la France ses limites antérieures, par la nouvelle délimitation géographique, l'Allemagne a maintenant les moyens de prendre contre nous l'offensive dans des conditions exceptionnellement avantageuses. Nous en avons ci-dessus dit un mot, à propos de l'étude du capitaine Gilbert. Il y démontre clairement la supériorité des bases que les Allemands se sont assurées en prévision d'une nouvelle lutte, avec l'inestimable avantage pour eux d'un dispositif en équerre.

En fait, à l'issue de nos lamentables désastres, avec une bourgeoisie pusillanime, égoïste et corrompue, on avait perdu en France tout sang-froid et réflexion. Dans l'affolement général, sous la direction autocratique de Thiers, devenu tout à coup le fétiche de la nation, l'on n'allait plus cesser de marcher d'aberration en aberration, principalement au sujet de la nouvelle frontière militaire. Pour tout esprit rassis, dans l'éventualité d'une agression de la part de l'Allemagne, une mesure

---

plateau de Wœvre sur la rive gauche de la Moselle, jusqu'aux frontières du duché de Luxembourg.

Bien que nous possédions encore la crête des Vosges méridionales, cette ligne défensive ne protège qu'imparfaitement l'accès du territoire. Au surplus, elle est prise à revers par le plateau lorrain, que les Allemands se sont annexé. En outre le camp retranché de Metz et les pentes d'accès du plateau de Wœvre, sur la rive gauche de la Moselle, étendent le champ d'action de l'Allemagne jusqu'à Verdun et Montmédy, au pied des côtes lorraines.

s'imposait avec évidence. C'était, dans le plus court délai possible, de procéder à l'établissement d'un vaste ensemble de voies ferrées qui permît de faire venir les troupes des extrémités les plus reculées du pays pour les concentrer rapidement au nord, à l'est, sur la Meuse et la Moselle. On s'assurait ainsi les moyens de prendre l'offensive, même de livrer les premières batailles sur la frontière. Du même coup l'on prévenait une nouvelle guerre d'invasion dans des conditions d'infériorité désespérantes. Nous avions donc l'obligation, ou plutôt le devoir, de consacrer toutes nos ressources à la construction d'un vaste réseau de voies stratégiques. L'œuvre était indiquée par le bon sens et les conjonctures mêmes. C'est à cette fin et sur ces bases que, personnellement, nous adressâmes alors un mémoire détaillé au gouvernement. Nous n'en eûmes pas même un accusé de réception. Il est sans doute encore enfoui dans les archives ou les cartons du ministère de la guerre.

A cette époque, actes et errements judicieux n'étaient guère de saison. Aussi, à l'exclusion d'un système naturel, découlant pour ainsi dire de la situation, préféra-t-on une conception absurde, surannée, partout abandonnée, aussi funeste à la défense du pays que dommageable à ses finances. Il en est résulté que, la guerre éclatant, tandis que l'initiative des opérations appartiendra à l'Allemagne, qu'elle pourra facilement déverser ses flots de combattants sur une frontière démantelée et un pays désarmé, nous aurons à faire notre mobilisation dans les conditions les plus désavantageuses. Force sera même de recourir à des expédients pour opérer nos concentrations sur les parties les plus immédiatement menacées de la frontière.

Déjà, avant 1870, on avait constaté qu'aucune des défenses de la France à l'est n'avait été mise au niveau des progrès de l'artillerie moderne. C'est bien autre chose aujourd'hui. Le traité de Francfort a comblé la mesure en nous mettant à la discrétion de l'Allemagne. De fait, le lendemain de l'évacuation de notre pays par les Allemands, il n'existait plus une seule ligne fortifiée par la nature ou la main de l'homme à l'abri de laquelle une armée de défense pût essayer de se former sans courir le risque d'être débordée, tournée, rompue, à la première rencontre. Des confins de la Suisse à ceux du Luxembourg, nous étions pieds et poings liés à la merci des Allemands.

Ignorante et ancrée dans son indécrottable routine, notre administration de la guerre ne vit alors rien autre chose à faire que des ouvrages de fortification pour protéger la mobilisation et les concentrations des forces actives de campagne (1). On crut ainsi parer complètement au danger : car Paris n'est qu'à 250 kilomètres des avant-postes allemands, tandis que Berlin est distant de 650 kilomètres des frontières de la France.

Nous avons dit plus haut la solution technique, naturellement indiquée du problème. Elle fut outrageusement méconnue du fait de l'ignorance et de la présomption

(1) *Mobilisation* : opération par laquelle en fait passer un corps sédentaire au service actif de guerre ; *concentration* : celle qui consiste à réunir des troupes sur un point déterminé du territoire.

de Thiers, qui n'eurent d'égal que l'impéritie du corps du génie. L'oubli des principes les plus élémentaires de la fortification présida à l'adoption du système qui prévalut. On fit absolument litière de la règle fondamentale qui veut qu'il y ait corrélation étroite, rigoureuse, entre la fortification et les principes de la stratégie militaire.

S'il est une vérité surabondamment démontrée, réputée même banale dans les grandes écoles de guerre, c'est qu'un « ouvrage ou système de fortification, quel qu'il soit, doit être disposé à la fois en vue de la défensive et de l'offensive. C'est un principe dont l'application s'impose d'une manière absolue et peut être justifiée aisément. En effet, lorsqu'on se prépare seulement à la défense, on ne se donne évidemment qu'une chance, tandis que si on se dispose en même temps pour l'attaque, on se met en mesure de parer à toutes les éventualités. D'ailleurs la défensive pure est condamnée par l'expérience : celui qui l'accepte de parti pris est à peu près certain de succomber finalement (1) ». Ceux de nos lecteurs qui, comme nous, ont eu ou auront occasion de visiter les fortifications des grandes places allemandes, se convaincront que cette double condition a toujours été remplie en Allemagne, témoins Metz et Strasbourg, pour ne citer que celles élevées le plus récemment.

Sous la monarchie de juillet dont, au titre de principal ordonnateur, il devait conduire la pompe funèbre, l'outrecuidance et l'infatuation de Thiers étaient déjà

---

(1) *Journal des sciences militaires*, 1883, t. X, p. 382.

proverbiales. A la Chambre des députés, de lui on disait communément qu'« il excellait à enseigner aux autres un peu de ce qu'il savait et beaucoup de ce qu'il ne savait pas ». Pareille bévue de sa part n'avait donc rien de surprenant. Mais, avec sa constante habitude d'agir à l'étourdie, il y joignit la précipitation. Or, un ancien l'a dit justement :

..... *male cuncta ministrat*

Impetus (1).

« En toutes choses, la précipitation est une exécrable ouvrière. » Elle ouvre la porte à l'erreur, à toutes les aberrations. Celle de Thiers dans la circonstance figurera certainement au premier rang des plus éclatantes, des plus irréfragables de l'histoire, en raison de ses conséquences à la fois ruineuses et désastreuses pour notre pays, comme on le verra clairement.

Avec une ignorance ou un oubli absolument incompréhensible, après les antécédents que nous dirons, ce lui parut une idée géniale d'établir plusieurs lignes de défense en état de se prêter un appui mutuel, de telle façon que, l'une étant forcée, il fût loisible à l'armée active de campagne de demander secours, aide et protection à la subséquente. Il estimait ainsi que, sous le couvert de chacune d'elles, l'armée française mise en déroute pourrait se rallier, se ressaisir, reprendre cohésion. Reposée et renforcée, elle se trouverait bientôt en

(1) Stace, *Theb.*, X.

état de revenir à la charge, de tenter de nouveau la fortune des armes, qui, comme on sait, est journalière à la guerre (1).

(1) Voici, ramenés aux termes les plus simples, les principes que Thiers fit prévaloir dans la réorganisation défensive de la frontière française :

1° Soustraire aux premières attaques de l'ennemi la plus grande partie possible du territoire, en maîtrisant près de la frontière les voies ferrées pénétrantes dont l'usage lui sera indispensable ;

2° Préparer quelques points d'appui aux troupes de couverture qui auront à faire face aux *raids*, courses et irruptions de la cavalerie allemande ;

3° Limiter les débouchés possibles de l'ennemi, pour l'obliger à révéler ses intentions dès les premiers mouvements ;

4° Constituer pour nos armées actives des positions centrales dont l'accès soit interdit à l'envahisseur et desquelles l'étendue soit suffisante pour couvrir la mobilisation et les opérations de concentration ;

5° Organiser une seconde ligne de positions défensives qui, en cas de revers, fournît des endroits de halte et, en même temps, de nouvelles et solides bases d'opérations.

Il crut avoir atteint son but avec l'établissement suivant.

La frontière, entre Longwy et Montbéliard, a été partagée en quatre secteurs.

Premier secteur ou *trouée* de la Meuse, entre la frontière belge et Verdun.

Il n'est pas fortifié, mais seulement impraticable en partie par la forêt de Wœvre. Et puis, ses meilleures routes, celles de Damvillers et de Sivry, viennent se buter sur la rive gauche de la Meuse aux fortes positions de Montfaucon.

Deuxième secteur, ou front de *haute Meuse*.

Celui-là, au jugement des Allemands, est une véritable *muraille de Chine*, reliant Verdun à Toul par les forts de Gémicourt, de Troyon, des Paroches, de Saint-Mihiel dit fort du camp des Romains, de Liouville et de Gironville.

Troisième secteur, ou *trouée de la Moselle*, entre les camps

Aujourd'hui une double ligne de séparation existe entre la France et l'Allemagne : 1° la frontière politique; 2° la frontière militaire (1).

retranchés de Toul et d'Epinal.

Il correspond à la direction d'un mouvement offensif de l'armée française vers la trouée de Sarrebruck. On ne l'a pas fortifié, en raison des nombreuses positions défensives qu'il présente. On l'a considéré comme suffisamment protégé en arrière par les forts de Bourlémont, de Pagny-la-Blanche-Côte et de Blénod-lès-Toul, établis vers la cinquième crête entre Toul et Neufchâteau.

Quatrième secteur, ou front de haute Saône, entre Epinal, Belfort, Montbéliard et le Lomont (frontière suisse).

Il barre les diverses vallées qui descendent des Vosges et la trouée de Valdieu. Il s'appuie sur les camps retranchés d'Epinal et de Belfort reliés par les forts d'Arches, du Parmont (Remiremont), de Rupt, de Château-Lambert, de Servance et de Giromagny. Il se prolonge jusqu'à la frontière suisse par les forts du mont Salbert, du mont Vaudois, de la Chaux, du mont Bart et du Lomont.

De ces quatre secteurs, deux sont défensifs : ceux de la haute Meuse et de la haute Saône ; deux sont ouverts : la trouée de la Meuse et la trouée de la Moselle.

En arrière de ces trouées, l'on s'est attaché à barrer les lignes directes d'accès à la capitale. Ainsi, en arrière de la trouée de la Meuse, entre la frontière belge et Verdun, on a fortifié la Fère et Reims ; en arrière de la trouée de la Moselle, les positions de crête, à Blénod-lès-Toul, à Pagny la-Blanche-Côte et à Bourlémont (Neufchâteau), afin de forcer l'assaillant à se dériver au sud, vers les fortes positions des Faucilles, entre les camps retranchés de Langres et d'Epinal.

(1) Voir les cartes d'état-major si détaillées, si complètes, si exactes, où non seulement sont représentés les moindres accidents de terrain, mais où on a soigneusement repéré la position de tous les ouvrages de défense. Elles permettent de se faire une opinion raisonnée à quiconque sait simplement voir et veut bien prendre la peine de réfléchir. Les Allemands,

La première, simple ligne douanière toute grande ouverte, forme une bande de territoire de 90 kilomètres de large en avant de la ligne de défense. A l'ouverture de la campagne, elle sera donc exposée à l'agression et aux ravages de l'ennemi. Il y trouvera un champ libre pour ses *raids* ou courses de cavalerie.

La seconde, plus en arrière d'environ deux journées de marche, constitue une ligne de défense formée par deux cours d'eau et une chaîne de montagnes, obstacles naturels renforcés de loin en loin par une série de places fortes et de forts d'arrêts destinés à barrer le passage à l'envahisseur.

Cette frontière militaire comporte trois solutions de continuité ou lacunes, chacune de deux à trois journées de marche, sortes de routes forcées que devrait suivre l'ennemi, s'il voulait se dérober aux atteintes des groupes fortifiés. Au nord, c'est le cours de la Meuse entre Verdun et Stenay ; au centre, la trouée de Vigneules entre le fort de Saint-Mihiel et celui de Troyon ; enfin au sud, le cours de la Moselle, de Pont-Saint-Vincent à Epinal. Dans les autres parties de cette ceinture de défense, les forts sont suffisamment rapprochés pour qu'il soit à peu près impossible de se frayer un passage sans essuyer leurs feux.

Mais, dira-t-on, la raison qui a déterminé le génie à laisser ces intervalles ou passages libres, en somme l'œuvre incomplète, inachevée ?

malheureusement pour nous, connaissent beaucoup trop ces cartes, que nos Français ne connaissent pas assez ou même pas du tout.

Un de nos officiers supérieurs fournira la réponse à la question.

« Si, dit le lieutenant-colonel Oméga, l'on nous demandait pourquoi, dans la ligne des places de la Meuse, il se trouve des trouées dégarnies à la fois de places fortes et de troupes, chemins ouverts par lesquels l'ennemi peut impunément passer par grandes masses sans avoir rien à redouter du cordon de forts d'arrêt qui nous a coûté si cher — 1,500 millions — nous répondrions que ces brèches dans notre frontière de l'est ont été volontairement laissées afin que, d'après les principes mêmes adoptés par la fortification moderne, notre ligne de défense offrit, à côté de forts redoutables, des points faibles par lesquels l'ennemi fût obligé de passer, sous peine d'efforts et de pertes considérables.

« Ce système, au sentiment du génie, avait l'avantage de donner à l'armée française de rase campagne un rôle actif et suffisamment important sur des champs de bataille prévus d'avance, avec l'appui aux ailes d'obstacles inabordables pour l'ennemi.

« Dans la circonstance, le corps des sapeurs faisait certainement preuve d'un désintéressement louable : car au lieu d'accaparer pour lui seul les bénéfices de la campagne, il appelait le reste de l'armée à les partager. A moins, peut-être, qu'il ne fût réellement convaincu qu'il fallait plus compter sur l'armée chargée de la garde du territoire, que sur les places édifiées pour sa défense.

« L'état-major de l'armée s'était reposé sur le génie du soin de nous faire une frontière inexpugnable, à l'abri de laquelle il pût à loisir et en toute sécurité mobiliser l'énorme contingent qu'il se proposait d'opposer à l'ennemi. « Avec vos forts détachés, lui disait-il, arrêtez seulement pendant six jours les Allemands à la frontière, nous organiserons sous le couvert que vous nous aurez ménagé une défense telle que nous répondons du succès ».

« De part et d'autre on se le tint alors pour dit. Chacun donc de son côté partit se mettre à l'œuvre.

« Le génie nous fit une frontière excellente, à la condition que notre mobilisation fût assez rapide pour devancer l'ennemi sur le théâtre des opérations, et l'état-major élabora un système de mobilisation qui serait parfait, admirable, si nos fortifications pouvaient arrêter le choc de l'envahisseur pendant six jours seulement (1). »

Une preuve de plus de la divergence de vues, des rivalités, du décousu, de l'incohérence qui sont l'apanage caractéristique du ministère de la guerre. Là tout est livré à la fantaisie de directeurs irresponsables, à la discrétion de comités anonymes, omnipotents, dits des armes spéciales, composés d'officiers incapables ou usés, impossibles à employer autrement. A la guerre, comme au surplus dans toutes les branches de l'administration française, le manque de responsabilité est l'une des plaies du pays. Ce n'est pas sur ce pied que fonctionnent les administrations allemandes. Là, dans sa sphère d'action et le cercle de ses attributions, chacun est effectivement responsable. En cas de manquement ou d'erreur, l'on sait positivement à qui s'en prendre. Placés dans des condi-

(1) *Défense du territoire français*, p. 18.

tions normales, personnes et choses vont régulièrement.

C'est tout le contraire en France où, surtout dans les ministères, le désordre et l'omnipotence marchent de pair, fleurissent sous toutes les formes. La responsabilité y est absolument inconnue. Sous ce double rapport, les bureaux de la guerre et de la marine brillent d'un vif éclat. Cependant ni l'un ni l'autre de ces deux ministères n'occupe le premier rang. Il appartient sans conteste aux pédants et aux cuistres, aux mandarins et bureaucrates malfaisants qui, chez nous, sont le fléau de l'instruction publique. Mangeant à multiples râteliers, ils n'en mettent pas moins à la portion congrue leurs subalternes, comme les pauvres maîtres répétiteurs, corvéables à merci, de tous les serviteurs de l'Université les plus méritants. Qu'on s'étonne ensuite qu'avec l'avidité, la routine, le favoritisme intéressé de ces insupportables parangons, le corps entier languisse ou plutôt croupisse dans l'ornière officielle et publique de l'enseignement !

L'anarchie dans les bureaux de la guerre ne s'est jamais accusée d'une façon plus patente, plus démonstrative, qu'à l'occasion du système de défense de la nouvelle frontière, au sujet de laquelle, dès 1871, deux courants opposés s'étaient formés au ministère, l'un favorable, l'autre déterminément hostile aux fortifications. Avec les rivalités et les tiraillements qui s'ensuivirent, la défense du sol français flotta longtemps incertaine. Même les travaux arrêtés en principe, on ne pouvait se décider pour aucun système : état-major et génie avaient des vues diamétralement opposées, et chacun tirait de son côté. Aussi, tandis qu'à cet article, l'Allemagne prenait délibérément son parti, il n'y avait en France ni unité de vues, ni concert, ni exécution suivie. Il en résulta l'œuvre dont nous ne crayonnons ici qu'un trait, parce que nous aurons occasion d'y revenir.

Quant à l'idée bizarre de barrer la frontière française par des forts d'arrêt, qu'on n'aille pas supposer qu'elle appartînt en propre à Thiers. Ce n'était pas une conception nouvelle, mais seulement la reproduction d'un système suranné, de la fortification dite en *cordon*, partout abandonnée et qu'on croyait disparue pour toujours. On appelle *cordon* le dispositif de défense qui consiste à protéger tout ou partie d'un pays par une rangée ou ceinture plus ou moins continue de fortifications ou de forces militaires.

Autrefois, quand la partie se jouait entre belligérants médiocres ou peu nombreux, ce genre de défense a pu trouver son emploi utile. Mais à présent, avec la nouvelle stratégie, les explosifs, les poudres perfectionnées et les projectiles brisants, il a cessé d'être de mise. Il est burlesque, matière seulement à raillerie, à sarcasmes plus ou moins désopilants. L'assaillant ne s'émeut plus de ces fortifications enfantines. Il n'a d'autre souci que de se pourvoir d'une artillerie capable d'abattre promptement l'obstacle, pour se donner la liberté des coudes et poursuivre énergiquement ses opérations offensives. De là vient qu'après les Allemands, on a appliqué à ce genre de protection défensive la dénomination de « muraille de Chine », par allusion au célèbre rempart de ce nom.

L'erreur de Thiers, rénovateur du système, a cela même d'inexplicable, que lui, historien de Napoléon, moins que tout autre il devait ignorer le sentiment de son héros, ou plutôt de son idole, à l'endroit des *cordons*, qu'il a condamnés en maintes occasions, et en dernier lieu dans ses *Mémoires* (1). Sa correspondance militaire en fait foi surabondamment. Ce lui sera, par exemple, l'occasion d'une verte leçon à l'un de ses généraux. « Prétendez-vous, lui mande-t-il, défendre toute une frontière par un cordon ? Vous êtes faible partout, car tout ce qui est humain est limité. Artillerie, argent, bons officiers, généraux habiles, tout cela n'est pas infini ; et si vous êtes obligé de vous disséminer partout, vous n'êtes fort nulle part (2). » Et en 1808, à propos d'une velléité de ce genre d'un de ses lieutenants en Espagne, par le canal de son major, il lui lavera à grande eau proprement la tête. « Qu'est-ce que ce projet ? est-ce qu'on a adopté le système des cordons ? Qui est-ce qui peut conseiller au roi (Joseph) de faire des cordons ? Après dix années de guerre, doit-on revenir à ces BÊTISES-LA (3) ? »

Si encore ce procédé défensif n'était que malencontreux : mais il est dangereux au possible. On l'a bien vu en 1712, au parti que Villars tira des lignes de Denain. Leur perte par le prince Eugène eut les mêmes conséquences qu'une défaite complète. Aussi doit-on être peu surpris de la sévérité avec laquelle il est jugé par les stratèges de renom et les plus éminents écrivains militaires. Jomini, entre autres, s'en explique sans ménage-

(1) « S'établir en cordon est le pire ordre défensif : l'on est faible partout » (*Mém.*, t. IV, p. 5).
(2) *Corresp. milit.*, t. X, p. 123.
(3) *Ibid.*, t. V, p. 409.

ment. « L'idée, dit-il, de ceindre de places fortes très rapprochées toutes les frontières d'un Etat est une calamité. Autant une forteresse ou un camp retranché construit pour servir de refuge momentané à une armée a d'avantages, autant le système de pareilles lignes est absurde. Quelque bien appuyées par des obstacles naturels que soient ces lignes, il est certain qu'indépendamment de leur grande étendue qui paralyse leurs défenseurs, elles seront presque toujours susceptibles d'être tournées. S'enterrer ainsi dans des retranchements où l'on peut être débordé, enveloppé ou autrement compromis, et où l'on est toujours forcé de front, lors même qu'on serait à l'abri d'être tourné, est une sottise manifeste, dans laquelle il faut espérer qu'on ne retombera plus. »

En dépit de tous les enseignements et de l'expérience, l'on y est pourtant retombé en France, avec Thiers et le corps du génie. Jomini est décédé à Passy en 1869. Que n'a-t-il vécu quelque temps de plus pour admirer le cas que notre émérite étourneau, prétendu historien national, faisait de ses magistrales leçons, de ses objurgations les plus salutaires ? Qu'on s'étonne après cela de la boutade de Locke, soutenant que, « par naissance une bonne partie de l'humanité est foncièrement incorrigible » !

Le système des cordons, qualifié de « calamité et de sottise » par Jomini, de « bêtise » par Napoléon, est précisément celui que Thiers a fait revivre avec le concours de son caudataire militaire, le complaisant général Seré de Rivières, alors directeur du génie, et, à ce titre, l'un des potentats irresponsables du ministère de la guerre (1). Voilà tout ce que ces deux infatués ont trouvé de mieux pour couvrir notre mobilisation et protéger nos concentrations, au cas d'une nouvelle guerre !

Attendre un service appréciable des forts et des camps retranchés établis à grands frais à notre frontière de l'est et du nord-est est une illusion dont il importe de s'affranchir au plus vite. Pendant les premiers jours, toutes nos forces actives devront être consacrées à la défense des ouvrages de fortification en laissant sans défense la frontière où il n'y a pas de forts. L'on aura de la sorte obtenu un résultat diamétralement opposé à celui qu'on cherchait. Au point de vue de la protection d'un pays ce système est donc plus nuisible qu'utile. Les fortifications de la haute Moselle n'auront d'autre avantage que de compenser dans une très faible mesure l'infériorité de rendement de nos voies ferrées de concentration. Si mince profit méritait-il qu'on l'achetât au prix de sacrifices exorbitants ? Si, comme nous le proposions, l'on s'était décidé à la construction d'un grand réseau stratégique, on évitait l'énorme dépense faite ici en pure perte. On atteignait à coup sûr le but, et l'on n'avait pas à craindre les mécomptes, voire les dangers d'une situation à laquelle il n'est plus possible aujourd'hui d'appliquer un remède topique.

(1) « Rappelons que toutes les décisions ont été prises par le conseil de défense sur la proposition du général de Rivières, alors directeur du génie au ministère de la guerre, et que les idées de cet officier général furent toujours adoptées par le conseil. » (*Géogr. milit.*, par le commandant Marga, t. 1, p. 201).

Qu'on retienne donc bien qu'un ensemble de forts isolés n'a de valeur que par la présence d'une armée de campagne. Si celle-ci y demeure rivée, elle court risque de se perdre en se laissant déborder. Si, au contraire, elle abandonne ces ouvrages à eux-mêmes, ou se trouve forcée de s'éloigner après une défaite, l'ennemi s'en rendra maître en peu de temps, s'il le juge utile. Or, il est certain qu'à s'emparer de nos forts, il y aura profit appréciable pour les Allemands. D'abord, ils y gagneront de s'ouvrir des lignes ferrées jusqu'au cœur de la France, et, de plus, d'établir à leur convenance des tronçons de raccordement pour éviter plusieurs places fortes. Avec les forts, ils captureront les garnisons. Ce serait de peu d'importance, car elles seront vraisemblablement très faibles. Mais, en outre, ils feront main basse sur le matériel qui y aura été déposé. Il en résultera qu'une fois arrivés dans la région de Paris, ils auront à leur disposition un outillage français de siège avant d'avoir attaqué une seule grande place. Tel sera l'infaillible effet de l'émiettement de nos moyens de défense en une série d'ouvrages aussi dommageables pour nous qu'inoffensifs pour les Allemands.

Nous ne saurions toutefois comprendre dans la même condamnation les fortifications qui, sur la haute Moselle, relient spécialement les places d'Epinal et de Belfort ; ce n'est pas qu'elles ne puissent être également annihilées, car si l'ennemi s'avisait de contourner Epinal, elles seraient promptement isolées, paralysées ou même enlevées. Mais de ce côté l'organisation défensive a sa justification en ce que, durant la première période des opérations, elle procurera une sécurité relative à la droite des armées françaises opérant sur la Moselle.

Au surplus, avec un front d'opérations aussi développé que celui de Belfort à Montmédy, il se rencontrera indubitablement des points plus faibles que les autres ou d'une force de résistance moyenne. Manœuvrant toujours à proximité des grandes places de Metz et de Strasbourg largement approvisionnées d'un matériel de guerre de toute espèce, les Allemands, outre les renforts, tireront de ces places une puissante artillerie qui leur ouvrira en quelques heures la porte d'entrée. Ce résultat obtenu, la ligne de défense ne tiendra plus : elle devra être immédiatement évacuée.

Un dilemme s'impose dans le système des cordons. Ou bien l'on ne fortifie qu'une partie de la frontière, alors rien n'empêche l'ennemi de tourner la position. Ou bien malgré son étendue, on la fortifie tout entière. Mais alors, on se heurte à l'écueil des cordons, qui est qu'on ne défend plus rien, en voulant tout défendre. Frédéric II l'avait bien dit antérieurement : « Dans la guerre défensive, celui qui veut tout couvrir ne couvre rien absolument. »

Il est vraiment surprenant qu'après avoir si allègrement débuté, Thiers et de Rivières se soient soudain arrêtés court. Ils n'ont pas poussé l'insanité jusqu'à garnir de leurs dispendieuses fortifications la totalité de la frontière franco-allemande. C'est, paraît-il, qu'au cours de ce gaspillage effréné les fonds sont venus à manquer. L'œuvre s'est trouvée ainsi abrégée par son ineptie même.

Allons jusqu'au bout. Supposons la frontière de Belfort à Montmédy intégralement fortifiée, de façon à interdire l'accès du pays à l'ennemi. La France pourrait-elle, alors, se considérer comme hors de danger ? Pas le moins du monde : car en violant la neutralité belge, l'Allemagne aurait toute facilité de déborder cette barrière sans solution de continuité. Si, par exemple, elle prenait le parti d'envahir la France par la Sambre et l'Oise, quel obstacle pourrait l'arrêter? De ce côté n'aurait-elle pas à sa disposition une trouée, celle de Chimay, entre la Sambre et la Meuse ? Ce n'est pas apparemment le fort d'Hirson qui ralentirait sa marche et gênerait ses progrès. Logiquement, de Belfort à Dunkerque, Thiers et de Rivières étaient tenus d'organiser une ligne de forts sans aucun intervalle de passage. Nos deux extraordinaires fortificateurs ont reculé, moins sans doute devant l'énormité de la dépense, que devant le ridicule dont l'accomplissement de l'œuvre les eût affublés.

A tous égards, le général de Rivières est souverainement blâmable, car lui, homme de guerre, il avait à remplir un devoir auquel il a manqué. C'était de faire observer à l'outrecuidant Thiers que, même avec des lacunes, sa fortification illogique, incomplète, exigerait pour sa défense, des forces considérables, cent mille hommes au bas mot. En l'état présent de cette frontière militaire, avec les ouvrages construits, notre personnel d'artillerie de forteresse est de tout point insuffisant. C'est pourquoi l'on frémit à la pensée que nos places frontières pourraient être surprises par la guerre avant qu'elles fussent dotées d'un personnel d'artillerie en état d'assurer la défense la plus énergique (1).

(1) « Il ne suffit pas d'accumuler les fortifications : il faut en-

Et avant que la concentration intégrale soit un fait accompli, qui défendra les routes laissées libres contre les tentatives de la première heure ? Les troupes qui les gardent sont-elles assez nombreuses pour refouler les masses que les Allemands sont en mesure d'y précipiter ? L'insuffisance de l'effectif frontière est notoire : et fût-il même triplé, il ne serait pas encore en état de suffire à la tâche. Ce qui rend le danger plus menaçant c'est la pénurie, l'absence même de places de seconde ligne dans la région et le bassin de la basse Seine. Il y a là un oubli inouï, un fait d'incurie réellement injustifiable.

Quant à la supposition que les Allemands viendront bénévolement s'enfourner dans des trouées qui seraient pour eux autant de coupe-gorges, l'on a pu, non sans fondement, alléguer qu'elle dénotait dans le corps du

---

core donner la vie à ces corps de pierre, les pourvoir d'armes, de munitions, de vivres, leur donner surtout une âme, c'est-à-dire un bon gouverneur. Les forteresses de Verdun, de Toul, d'Epinal, de Belfort et les forts indépendants immobiliseront pendant la guerre au moins une centaine de mille hommes. Déjà, dès le temps de paix, le prélèvement des bataillons affectés à leur garde pèse lourdement à l'effectif général de l'armée. Toute place, tout fort de première ligne aussitôt achevés, doivent recevoir les approvisionnements calculés sur le coefficient de résistance et constamment tenus au niveau des besoins du siège. Ce simple énoncé fait comprendre quel fardeau imposent, pendant la paix, ces fortifications si laborieusement et si chèrement construites, afin qu'elles puissent rendre au cas de guerre les services en vue desquels elles ont été établies. *Si l'on n'a pas donné suite au projet concernant Nancy, c'est que l'on a reconnu la surcharge. Le but a été dépassé.* » (*Journal des sciences militaires*, t. XXV, p. 356).

génie un état mental particulier. Au surplus son personnel n'a pas perdu sa peine : à l'œuvre il a même recueilli double profit. Car indépendamment des revenants-bons avec le béton et la main-d'œuvre gâchés, il a, au champ de la critique technique et militaire, récolté à proportion de ce qu'il avait semé en une abondante moisson de sarcasmes et de brocards. Von der Goltz lui-même, ordinairement si réservé, n'a pu s'empêcher d'y joindre sa contribution personnelle. Il n'est pas jusqu'à la caricature tudesque qui n'ait participé au concert avec son instrument particulier, la charge bouffonne. Ainsi elle a assimilé l'impression ressentie par les Allemands, à la vue des fortifications de Thiers, à la terreur qu'éprouvent les enfants devant les horribles dragons peints sur les paravents qui nous viennent de la Chine !

Voilà pourtant l'abîme que la France a creusé sous ses pas pour s'être aveuglément abandonnée, sans réflexion ni contrôle, à la direction de Thiers, un ambitieux sans vergogne, rivalisant ici d'impéritie avec les officiers du génie auxquels le maniement des grandes masses est inconnu et l'art d'adapter la fortification à la stratégie entièrement étranger. Ne savait-on pas du reste qu'ils n'ont que les vues rétrécies et bornées de leur métier ? Cette fortification en cordon n'aurait pas supporté deux minutes l'examen du moindre officier tant soit peu expert. Existe-t-il donc une seule école de guerre où l'on ignore que l'emplacement et l'emploi des fortifications sont essentiellement subordonnées aux calculs et aux combinaisons de la stratégie ? Un sous-lieutenant frais émoulu de Saint Cyr aurait appris à Thiers que l'objet principal des fortifications étant de favoriser les mouvements des armées nationales et d'entraver ceux de l'ennemi, le système des cordons est un parfait contre-sens ; qu'avec lui, on enfreint les principes rudimentaires de la science militaire et on méconnaît les procédés stratégiques et tactiques justifiés par l'expérience. Bref, par son application, l'on fait absolument litière des règles fondamentales, même des éléments primordiaux de l'art de la guerre.

Sans valeur comme ressource de protection, nos forts d'arrêt ne nécessiteront pas même de siège en forme : ils sont destinés à tomber, à s'annihiler d'eux-mêmes. En effet l'on a péremptoirement démontré que, prenant l'offensive, l'armée allemande en aura raison par des attaques de vive force, sans être obligée de recourir à aucun siège (1). D'autre part et pour ce qui nous concerne, ces forts recèlent un grave danger. Abandonnés à eux-mêmes, le spectacle de leur faiblesse peut suggérer à nos généraux la tentative de les soutenir avec des troupes de campagne placées en arrière ou dans les intervalles. Mais, dans une aide de ce genre, il est fort difficile de déterminer la juste mesure à garder. Une portion notable de l'armée active de campagne pourrait alors se trouver entraînée à assumer ce rôle. De ce

(1) Dans son *Traité des fortifications*, le major prussien Scheibert démontre péremptoirement que, prenant l'offensive, l'armée allemande aura raison de nos forts en les attaquant de vive force, sans qu'il soit nécessaire de recourir à des sièges en règle. Il fait, en outre, observer l'impossibilité matérielle de dégager en temps utile le champ de tir d'un grand nombre de ces forts environnés d'épaisses forêts.

moment, dans la bataille qui doit décider du sort de la France, l'armée allemande n'aurait plus affaire qu'à des forces sensiblement réduites, ce qui lui assurerait une supériorité de nombre prépondérante. Il lui serait alors facile de porter à notre pays le coup de grâce : du même coup elle nous achèverait.

Topographiquement placées dans des conditions défectueuses, les places fortes de l'est seront hors d'état d'opposer une résistance efficace parce qu'elles sont trop rapprochées de l'extrême frontière et que l'ennemi les surprendra en flagrant délit de mobilisation. Elles sont surtout périlleuses en ce qu'elles peuvent nous entraîner à une stratégie qui conduirait aux pires désastres. On ferait donc sagement de supprimer Verdun, Toul, Epinal même, en tant que camps retranchés. Nancy suppléerait avantageusement leurs défenses si, ce qui aurait dû être fait depuis longtemps, l'on se décidait à en faire une grande place de guerre. A elle seule, elle suffirait comme sauvegarde de la région entière du nord-est. A s'en tenir aux conditions actuelles, le maintien d'une garnison importante à Nancy constitue un grave danger. Ici, nous serons compris de reste par les militaires : quant aux autres, le patriotisme nous fait un devoir de nous arrêter.

Toul, Verdun, Epinal, Belfort, sont des camps retranchés qui, à la différence de ceux des Allemands, se mobilisent *à portée de l'ennemi* : loin de couvrir notre mobilisation, ils exigeront eux-mêmes des *forces de couverture*. Sur toutes les lignes de barrage de la Meuse, de la haute Moselle, de la trouée de Valdieu, nous trouvons vingt forts d'arrêt dont la garnison de paix est une faible compagnie. Avec la puissance de destruction des engins modernes, parcs de siège mobiles, tir plongeant, explosifs et projectiles à poudre brisante, surtout avec les pièces de gros calibre employées par les Allemands, immédiate ou plus ou moins prochaine, de toute façon la chute de ces défenses doit être considérée comme certaine.

En dehors des forts d'arrêt, qui forment la première ligne de défense, vient la seconde, à une distance de 65 kilomètres environ. Elle est constituée par les camps retranchés de la Fère, Laon, Reims, le petit fort de Vitry-le-François et les camps retranchés de Langres et de Dijon, par la forteresse d'Auxonne et le camp retranché de Besançon.

Paris enfin, principal objectif de l'envahisseur, a été fortifié de manière à pouvoir immobiliser les forces agglomérées de l'Allemagne, qui ne parviendront que difficilement à enserrer cette gigantesque forteresse. Pour se faire une idée de l'étendue et de la portée de ses nouvelles fortifications, il suffit de savoir que, si aujourd'hui une armée ennemie entreprenait de l'investir, il lui faudrait occuper une ligne double de celle gardée par les Allemands en 1870, soit 160 kilomètres au lieu de 83. En supposant la place défendue par 200.000 hommes de troupes mobiles, son blocus rigoureux, à raison de 2 1/2 hommes par mètre courant d'investissement exigerait un effectif de 400.000 hommes. « Or, dit M. le général Brialmont, il n'est pas à présumer que jamais armée envahissante puisse immobiliser un pareil effectif devant une place de guerre. Pour réduire par la famine des camps retranchés de cette importance, on devrait renoncer au blocus hermétique et se borner à intercepter les principaux convois de vivres (1). »

(1) Suivant M. le général Brialmont, dans son *Traité de la fortification des capitales*, l'impossibilité du blocus dépend uniquement de l'étendue de la ligne d'investissement. Si telle est la condition décisive, elle est sans doute acquise aux fortifications nouvelles de Paris, puisque leur développement n'est pas moindre de 122 kilomètres. Mais ne l'avait-on pas également attribuée aux anciens ouvrages, qui, assurait-on, garantissaient l'inviolabilité de la capitale ? Mais quel triste démenti l'événement a infligé à ces présomptions !

Dans un ouvrage publié en Allemagne sous le titre de : *Importance actuelle de Paris au point de vue stratégique, dans une guerre avec l'Allemagne*, l'auteur conclut que :

1º Malgré le développement du polygone de ses forts, la place de Paris pourrait être investie, même avec l'armée de campagne qui aurait l'imprudence de s'y enfermer ;

2º Les tentatives de percée faites par cette armée auraient le même sort que celles de 1870-71.

Dans son livre : *Places fortes et chemins de fer stratégiques de la région de Paris*, le major X... aboutit aux mêmes conclusions. Il estime que, pour bloquer efficacement une forteresse telle que Paris, il n'est pas indispensable d'en faire l'investissement hermétique.

En dernier lieu, en avril 1887, le *Journal des sciences militaires* a justifié cette thèse en ces termes :

« Si l'on envisage l'énorme consommation journalière d'une pareille agglomération, consommation qui ne peut se soutenir que par l'afflux incessant des approvisionnements et l'emploi des chemins de fer, l'on est fondé à croire que le but essentiel du blocus doit être l'occupation de positions interceptant les voies ferrées, ou les commandant d'une manière suffisante pour empêcher le rétablissement des portions qu'on aurait détruites.

« Dans l'histoire des sièges de Paris au moyen âge et au commencement de l'ère moderne, alors que les cours d'eau étaient les seules voies utilisables pour le transport lointain et

Le siège traînerait forcément en longueur, comme le reconnaît von der Goltz. Il constituerait alors une opération fort aléatoire, de longue et pénible haleine. D'un autre côté, cet écrivain militaire d'une indiscutable compétence en la matière, se demande, avec d'autres stratégistes, si ce genre de défense passive n'engagerait pas le pays à une défensive qui, si elle se prolongeait outre mesure, pourrait le conduire à la défaite et à la ruine.

De toute façon il faudrait compter avec les difficultés d'approvisionnement, les menées des partis, surtout en grandes masses des matières lourdes et encombrantes, on remarque que ce rôle de position obstructive a été rempli par Mantes ou Poissy, Meaux ou Lagny, Melun ou Corbeil.

« Des points de terrain convenablement choisis et fortifiés exerceraient sur les voies ferrées une action analogue à celle que les villes ci-dessus désignées avaient autrefois sur les cours d'eau. On pourrait donc se représenter la courbe d'investissement comme un chapelet de positions fortes, disposées selon les accidents du sol et le tracé des chemins de fer, susceptibles isolément d'une vigoureuse défense jusqu'à l'arrivée des corps voisins. Ce nouveau mode de blocus donnerait de l'élasticité à la ligne enveloppante de l'assiégeant : il armerait celui-ci d'un énergique moyen d'attaque contre les grandes et populeuses forteresses, qui ont moins à craindre un coup de force que la famine.

« Dès lors, il n'existerait plus de place qui ne pût être efficacement bloquée, à moins que, comme celle d'Anvers, elle ne fût protégée par un long obstacle infranchissable, interrompant la ligne de contrevallation. »

Cette conséquence infirmerait le principe absolu formulé par M. le général Brialmont, et autoriserait à douter de l'efficacité des nouvelles fortifications de Paris. Leur développement considérable n'offrirait plus l'*unique et suffisante garantie contre le blocus.*

avec les embarras résultant du moral d'une population impressionnable et turbulente. Mais le plus grave des inconvénients serait encore la nécessité de consacrer à la défense des fortifications de Paris un nombre considérable de combattants, qui seraient employés bien plus utilement aux opérations en rase campagne.

Aujourd'hui on se demande par quelle aberration l'espace compris entre la frontière et la capitale est encore démuni de fortifications, alors qu'avec quatre forts d'arrêt seulement, par exemple à Châlons-sur-Marne, Troyes, Sens et Montargis, l'on pourrait arrêter la marche de l'envahisseur sur tous les chemins de fer qui se dirigent sur Paris.

Au cas où l'ennemi forcerait notre frontière, la défense de la France reposerait entièrement sur l'armée active. Son sort dépendrait absolument du résultat des opérations de rase campagne. Mais répétons que les armes sont journalières. Aussi nous demandons-nous avec effroi ce qu'il adviendrait de nos soldats, après la perte d'une grande bataille, dans une retraite précipitée sur une étendue de 200 kilomètres d'un pays nu, découvert, sans possibilité de se rallier sous le couvert et la protection d'une place forte. En somme, avec les trois rivières qui convergent vers Paris, leurs vallées fertiles et sans obstacles naturels, les routes excellentes qui sillonnent le pays et les cinq voies ferrées qui les longent, le chemin s'ouvre lui-même à l'envahisseur, et, loin de l'éloigner, l'attire invinciblement vers la capitale.

Si, comme M. le général Pierron en fait la très judicieuse remarque, « au lieu de dépenser un milliard et demi pour la construction et l'armement des forts et des places qui constituent notre nouvelle frontière militaire, on s'était borné à grouper les fortifications dans la région où se livrera la bataille décisive, c'est-à-dire à la limite de la Champagne et de la Lorraine, en songeant surtout à protéger les flancs du déploiement stratégique ; si l'on avait consacré un milliard de francs à augmenter les effectifs de l'infanterie et de la cavalerie, ainsi que l'armement de l'artillerie, on aurait mis l'armée française en état de prendre l'offensive au début de la campagne. *La meilleure manière de protéger notre frontière, la plus efficace de toutes, c'était de nous assurer les moyens de porter la guerre chez l'ennemi.* Et l'on n'aurait pas aujourd'hui à faire l'aveu que ce milliard et demi a été dépensé en pure perte, depuis l'invention des obus-torpilles et des projectiles brisants, qui, avec les derniers perfectionnements, ont raison des fortifications les plus solides (1). »

C'est également l'avis de M. le général Derrécagaix, dans son œuvre magistrale « *La guerre moderne* ». « Le premier soin, dit-il, d'une nation qui veut organiser la défensive de ses frontières, n'est pas de s'envelopper d'une ceinture de places fortes, mais de couvrir son territoire de voies ferrées qui lui assurent la concentration la plus rapide (2). » Napoléon l'a dit avec raison : « C'est sur le champ de bataille que se décide le sort des forteresses et des empires (3). »

(1) *Méth. de guerre*, t. II, p. 307.
(2) *Guerre mod.*, t. I, p. 123.
(3) *Corresp. mil.*, 2 sept, 1809.

Au moins, en prévision d'une agression soudaine, imprévue, la répartition des corps d'armée en temps de paix a-t-elle été entendue sainement, établie judicieusement, en vue d'une prompte concentration des troupes à nos frontières ? Chacune d'elles est-elle observée par un ensemble de forces proportionné à son étendue et aux dangers auxquels sa situation l'expose ? En un mot, l'organisation de paix est-elle basée sur celle de guerre de telle sorte qu'au premier signal l'armée de campagne puisse arriver le plus vite possible sur les parties menacées, comme ont fait les Allemands dans la précédente guerre ?

Hélas ! non, et quand on jette les yeux sur la carte, à première vue l'on demeure confondu de l'ineptie qui a présidé à l'échelonnement ou plutôt à l'éparpillement des corps d'armée aux frontières. Il ne se pouvait imaginer rien de plus illogique, tranchons le mot, de plus absurde.

Pour des raisons peut-être administratives, mais en tous cas anti-militaires, dans cette répartition, on a adopté l'ordre mince ou cordon, avec ses graves inconvénients dont le moindre est de ne pas utiliser avec leur maximum d'effet les communications ferrées et autres perpendiculaires aux lignes probables de concentration. Par là on voue à un ralentissement sensible les premières réunions de forces sur les parties menacées et l'on rend toute résistance sérieuse impossible. On a pris juste le contre-pied de ce que fait l'Allemagne, qui, dans les emplacements de ses troupes de première ligne, accumule les masses sur les points présumés de son offensive.

A cet effet, les Allemands n'ont pas manqué d'adopter l'ordre profond dont la supériorité et les avantages sont ici incontestables.

La division régionale française n'est donc rien moins que favorable à une concentration accélérée : dès l'ouverture de la campagne, elle peut même amener des dislocations de corps d'armée. On n'a pas réfléchi que les territoires de corps ne doivent pas être découpés parallèlement à la frontière d'un pays, mais dans le sens des lignes de chemins de fer qui mènent à la frontière menacée. Aussi, pour avoir méconnu ce principe, au jour de la concentration doit-on s'attendre à la confusion et au désordre qui résulteront forcément des trains appartenant aux différents corps.

En raison de la perfection de leur organisation militaire, de leurs moyens rapides de mobilisation et de concentration, les Allemands auront longtemps, sinon toujours, une supériorité effective sur tous leurs adversaires. La concentration consistant à amener les unités mobilisées sur le théâtre d'action, ils les devanceront toujours dans ce préliminaire. En 1870, il ne leur fallut que onze jours pour mener à bien l'opération. Aujourd'hui ils sont certainement en mesure d'abréger sensiblement ce terme. Il s'ensuit qu'indépendamment de l'effet moral, toutes les chances de succès sont en leur faveur à l'ouverture de la campagne.

En résumé le système défensif de la France est défectueux sous trois rapports principaux :

1° Par l'insuffisance des voies ferrées de concentration vers la frontière du nord-est ;

2° Par les dispositions vicieuses adoptées dans la division régionale des corps d'armée ;

3° Par l'insuffisance et la qualité médiocre du personnel d'artillerie préposé à la défense des forteresses.

Ce qui nous fait le plus faute, c'est un réseau de chemins de fer en état d'amener avec une rapidité extrême toutes les forces vives du pays à la frontière du nord-est. C'est manque de cet armement, le plus puissant de tous, que la France sera derechef envahie et réduite à la défensive, alors qu'avec des gouvernants moins ignorants et plus soucieux de l'intérêt vital du pays, il lui était si facile d'assurer sa sécurité à moindres frais et, de plus, de se ménager le prestige et tous les avantages de l'offensive.

Si, comme tout le fait supposer, les Allemands traversent la Belgique par grandes masses, étant donnée la disposition générale des voies ferrées, les armées françaises ne pourront être concentrées à temps à la frontière. La place de Maubeuge, la première, se trouvera noyée dans le flot des assaillants.

Au nord de Maubeuge, avec le grand nombre de lignes ferrées pénétrantes et les facilités de détournement fournies par le terrain, il n'est pas possible d'établir des fortifications de quelque efficacité. C'est à Amiens et à Péronne, à la traversée de la Somme, que devront être organisés les moyens de résistance. La guerre de 1870-71 a prouvé que les places d'arrêt à cheval sur les vallées tourbeuses sont des instruments de manœuvre et d'action de premier ordre. Si donc le théâtre de la guerre s'étend à cette région, grâce aux leçons et à l'expérience du passé, nous serons loin d'être démunis de puissants moyens de résistance.

Après la déclaration de guerre ou, à défaut de cette formalité, à compter de l'ouverture des hostilités, défalcation faite de deux semaines pour la mobilisation et la concentration intégrale de ses forces, il restera encore à l'Allemagne deux mois au moins pour porter le coup de grâce à la France. Le but doit être atteint en deux mois et demi au plus, sinon il est manqué : car, dans l'hypothèse où la Russie entrerait en ligne, ses armées concentrées deviendraient un juste sujet de préoccupation, même menaçantes, pour Berlin et pour Vienne.

La nécessité où se trouve l'Allemagne d'en finir au plus tôt avec la France, à l'effet de se retourner contre ses voisins de l'ouest, est une raison de plus pour qu'elle fasse bon marché de la neutralité belge. A tous les points de vue, la violation du territoire belge s'impose inéluctablement aux Allemands. Dès le commencement de la campagne, il leur faut obtenir des succès éclatants, décisifs sur la France, pour avoir la libre disposition de la plus grande partie de leurs forces, s'ils ont à faire face à leur adversaire éventuel de l'est. Il est hors de doute qu'ils comptent sur la lenteur forcée de sa mobilisation et le retard de ses concentrations, pour s'épargner l'obligation d'engager simultanément de gros contingents aux deux confins de leur empire.

Si considérables que soient les armées des puissances centrales coalisées contre la France, si formidables que soient leurs moyens d'action, la situation de nos ennemis ne laisse pas que d'avoir ses côtés faibles. Et ils sont de nature à nous permettre d'attendre l'agression avec calme, même d'avoir confiance dans le succès final, si nous savons ménager nos chances et profiter des occasions que recèle une expectative raisonnée et prudente. D'abord, n'oublions jamais que le temps que nous gagnerons sur nos adversaires sera leur écueil principal. C'est même celui qu'ils appréhendent le plus, parce qu'ils font entièrement fonds sur notre emportement et notre fougue.

Autrefois, pour arrêter son plan de campagne, le général en chef attendait l'ouverture des hostilités. A procéder de la sorte aujourd'hui, il n'aurait pas même le temps de prendre des dispositions plausibles. Le plan d'opérations doit s'établir en temps de paix sur des hypothèses rationnelles, sur des données et des présomptions embrassant tous les cas, toutes les éventualités possibles. Le généralissime doit en arrêter les bases d'après la connaissance du caractère de l'ennemi, ses procédés habituels de guerre, l'importance de ses forces, les ressources du pays, les moyens d'attaque et de défense, l'aide et l'appui qu'on peut recevoir de part et d'autre. Un plan de cette nature doit avoir prévu tout ce que l'adversaire peut faire, et, dans son essence et sa compréhension, renfermer les moyens de déjouer sa stratégie et ses combinaisons quelles qu'elles soient. Mais élaboré sur ces bases, il est évident qu'il a un caractère essentiellement provisoire. Il ne saurait s'appliquer qu'à une période restreinte, celle du début de la guerre. Il est effectivement impossible de rien viser au delà de la première bataille. Son issue modifiera nécessairement la condition respective des belligérants, si même elle ne la transforme pas d'une façon radicale.

Napoléon enseigne à quelles conditions l'on réussit à la guerre. « Rien, dit-il, ne s'y obtient que par calcul. Dans une campagne, tout ce qui n'est pas profondément médité dans ses détails ne produit aucun résultat utile. Toute expédition veut être faite d'après un système préconçu : le hasard seul ne peut rien faire réussir. » Débarrassé de la foule des détails et des soins secondaires, qui ont l'inconvénient de paralyser sa pensée et parfois ses mouvements, le général en chef ne doit avoir d'autre rôle à remplir, d'autre préoccupation, que de diriger les opérations, de commander les grandes unités, de pourvoir aux besoins généraux du service.

Son plan une fois arrêté dans ses grandes lignes, son principal souci sera le choix d'un dispositif parfaitement approprié au champ d'action et aux circonstances. En effet, comme l'a fait remarquer le feld-maréchal de Moltke, avec la double autorité de ses lumières et de son expérience, « un emplacement vicieux des armées au début est une faute presque irréparable au cours d'une campagne ». Observation profonde dont nous avons vérifié la justesse à nos dépens, à l'ouverture de la dernière guerre.

N'allons pas oublier que nous serons encore aux prises avec un ennemi supérieurement organisé, admirablement outillé, régi par une même main, conduit par une seule tête, singulièrement prévoyant et ferme, habile et prompt à profiter d'une imprudence, d'un faux mouvement, surtout enclin à employer en toute occurrence favorable la tactique enveloppante. La prudence et le simple bon sens nous avertissent de ne pas nous exposer à être débordés, tournés, enveloppés, rompus, en prenant une position trop avancée ou trop étendue sur la frontière. N'allons pas nous laisser couper de nos communications, séparer du gros des ressources du pays. Ne courons pas le risque d'être pris en flagrant délit de concentration ou d'être battus en détail. Il conviendra d'effectuer notre concentration derrière des obstacles naturels ou artificiels, qui en garantissent le plein achèvement. Celle en *arrière* est pour nous infiniment préférable à celle *en avant*.

Sous la protection de la partie sud des Vosges dont le versant occidental nous reste, nous pourrons assurer la concentration de nos armées, empêcher l'ennemi de se jeter au milieu d'elles et de couper la France en deux parties. Nul doute en effet que les Allemands ne visent à gagner rapidement le cours inférieur de la Loire. Tout projet de concentration devra satisfaire à cette double condition : 1° prendre Epinal comme point d'appui de l'aile droite des corps d'armée ; 2° placer ces armées, coude à coude. Un système différent devrait être rejeté d'emblée, comme péchant par la base, en ce qu'il placerait deux flancs en l'air, alors qu'en faisant usage des fortifications de la Haute-Moselle et de Belfort-Montbéliard, il est facile de n'en avoir qu'un seul et le moins exposé. Avec deux flancs en l'air, les mouvements débordants seraient possibles aux Allemands, et les premières défaites de l'armée française pourraient avoir des conséquences désastreuses.

Un principe général veut que l'on se concentre assez loin de l'ennemi, pour qu'il ne puisse pas troubler l'opération en voie d'exécution. N'allons pas témérairement nous en départir. Une concentration suffisamment distante de la frontière est pour nous d'autant plus de mise que les Allemands seront prêts les premiers et gagneront sur nous un certain nombre de jours. Notre concentration s'effectuant loin de la frontière, l'ennemi devra venir à notre rencontre. Mais il nous trouvera *coude à coude*, non disséminés, en mesure de le recevoir. Il importe peu que nous abandonnions une grande étendue de pays. Nous devrons nous résigner à ne combattre les Allemands qu'après concentration complète, même au cœur du pays, si cela devenait nécessaire. Ce ne sera pas payer trop chèrement la certitude de les reconduire à coup sûr en Allemagne. Se concentrer sur la frontière même serait s'exposer de gaieté de cœur aux mêmes désastres qu'en 1870. De toute manière, il y aura urgence à hâter le mouvement de concentration dans la région voisine des Vosges, afin d'empêcher l'ennemi de nous en séparer brusquement en exécutant un mouvement tournant par le sud. Avec lui, il faut en tout temps s'attendre à une tentative de ce genre.

Napoléon a dit encore : « A la guerre rien d'absolu. » Il n'y a donc ni base ni dispositif auquel on doive donner une préférence exclusive. C'est affaire de circonstance, de tempérament, de coup d'œil chez le généralissime. Dans ses campagnes, M. de Moltke a toujours donné la préférence à la base en équerre. Le général américain Beauregard l'a hautement préconisée. En principe et sauf les cas exceptionnels, il n'est donc pas douteux que, toutes choses égales d'ailleurs, elle ne doive être adoptée. Elle procure la facilité de contenir l'adversaire de front, pendant qu'on se livre contre lui à des attaques de flanc vigoureuses et sur une échelle étendue. Elle permettra de passer rapidement de la défensive à l'attaque, quand les armées allemandes de première ligne franchiront la frontière, en laissant à celles de seconde ligne la tâche de bloquer les places.

Un axiome de guerre bien connu, c'est qu'il ne faut pas résister de front à l'envahisseur d'un pays : l'armée active, plus spécialement chargée de la défense, doit se placer résolument sur ses flancs. Cette manœuvre l'oblige à s'arrêter, sous peine de voir sa ligne d'opérations interceptée. Il n'a, dès lors, d'autre parti à prendre que de marcher à la rencontre de l'armée défensive. Cette dernière a pour objectifs les flancs et les derrières de l'armée ennemie. Manœuvrant perpendiculairement à la direction de ses lignes de communication, elle peut s'en saisir intégralement ou en partie.

Pour mémoire, notons que l'armée qui opère de flanc doit s'appuyer à de sérieux obstacles, tels que fleuves, rivières, chaînes de montagnes et surtout maintenir indéfectiblement ses communications avec le centre du pays. Grâce aux chaînes des Vosges, de la Côte-d'Or et du Jura, la configuration topographique de la France se prête admirablement à la guerre défensive-agressive.

Avec une branche perpendiculaire à la frontière et une autre branche parallèle, la défensive a derrière elle la plus grande partie du pays. C'est un fondement de sécurité, une garantie au cas de perte d'une ou plusieurs batailles. Elle évite en même temps d'être débordée à l'ouest, en conservant toute facilité de se porter en avant pour attaquer de front et de flanc l'envahisseur. Avec le dispositif *concave*, on atteindrait le même résultat en marchant concentriquement contre les Allemands pour les rompre sur le front et sur les deux flancs, avec toutes les forces réunies et convergentes.

Sans doute, au début des hostilités, le dispositif *concave* oblige à abandonner aux dévastations de l'ennemi une partie du territoire. Mais cet inconvénient est compensé, et au delà, par l'avantage d'adopter la forme la plus avantageuse pour passer, de la défensive à l'offensive. Et il faut se dire que l'armée française n'est ni l'armée de Nancy, ni même celle de Paris : c'est, avant tout, l'armée de la France. L'intérêt particulier d'une province doit céder à l'intérêt général du pays. Et puis, si nous remportons sur l'envahisseur une victoire décisive, non seulement nous récupérerons la partie du territoire que nous aurons momentanément sacrifiée, mais nous envahirons le sien à notre tour. La grande affaire est donc de se placer dans les meilleures conditions pour affronter le choc décisif. Une frontière convexe, remarque très bien M. le général Pierron, n'est pas défendable sur son seuil même, puisqu'elle expose le défenseur à être débordé sur une aile. Avant tout nous devons nous attacher à masser nos forces, à affirmir leur liaison, à les faire partir d'un arc concave ou d'une équerre, en les portant simplement en avant, droit devant elles. Il importera aussi de ne pas étendre outre mesure le champ des opérations, parce que nos forces se trouveront nécessairement limitées en regard de celles de la coalition des puissances centrales. Nous ne nous assurerons l'avantage qu'en les concentrant, pour en faire porter tout le poids sur un champ de bataille circonscrit dont nous puissions être entièrement les maîtres.

L'importance d'attendre que nos armées soient en mesure de donner simultanément, pour que l'ennemi ne puisse pas les battre séparément, est telle, que, si on avait lieu de craindre que l'envahisseur ne nous devançât sensiblement ou ne ruinât en un jour les forts d'arrêt avec la prodigieuse puissance des obus-torpille, il ne faudrait pas hésiter à reculer le déploiement stratégique des armées plus ou moins en arrière de la frontière. L'armée active, égide du pays, ne doit pas se sacrifier pour le salut des forts d'arrêt ni d'aucune place forte : ce sont les forts qui ont l'obligation de se sacrifier pour elle. N'oublions jamais que la victoire sur le champ de bataille décidera seule de l'issue de la guerre.

D'ordinaire les batailles décisives ne se livrent que sur un front peu étendu, qui dépasse rarement 12 à 13 kilomètres. Mais lorsque d'innombrables armées envahiront désormais un pays, pour qu'elles puissent subsister, il faudra nécessairement qu'elles se déploient sur une zone exceptionnellement étendue. Supposez donc le développement de tous les corps d'armée sur la même ligne, se concentrant sur l'une des deux ailes et s'y jetant en masse, l'adversaire pourrait écraser un corps sans qu'un autre distant seulement de 30 kilomètres eût le temps d'accourir à son secours. Un généralissime prudent se gardera donc de se développer sur une seule ligne : il pourrait lui en coûter cher en face d'un adversaire bon manœuvrier et entreprenant. Son principal soin doit être de bien calculer les distances, de disposer ses corps d'armée de façon à prévenir les surprises, surtout d'éviter de se faire battre partiellement.

Avec les masses de combattants qui s'ébranleront pour livrer le choc décisif, la répartition des corps d'armée acquiert une importance majeure. Elle est subordonnée à des facteurs et à des circonstances variables : aucune règle fixe ne saurait donc être formulée à cet égard. Tout au plus peut-on articuler que, supposé une armée répartie en six corps, trois ou quatre d'entre eux seront en première ligne. Avec quatre corps en première ligne, les corps du centre marcheraient à la même hauteur, sous un même commandement, pour former un tout unique.

En 1870, tant qu'ils ont eu lieu d'appréhender la rencontre de forces importantes, les Allemands ont marché sur deux ou plusieurs lignes, les premières couvrant les autres. Il est probable qu'ils ne s'écarteront pas de cette méthode. Le coup d'œil et l'à-propos dans les évolutions y trouvent également leur compte. A la guerre, la vraie pierre de touche est l'exécution des mouvements. C'est elle qui révèle de bonne heure la supériorité ou l'infériorité de la direction chez les chefs ; et, d'autre part, aux coups portés l'on apprécie vite la mesure de la technique et la valeur tactique des combattants respectifs.

Il est vraisemblable que les Allemands n'engageront l'action décisive qu'après avoir été rejoints par les troisièmes divisions de leurs corps d'armée. Débarquant en seconde ligne sur les quais de la Sarre, ces dernières assureront leurs communications en bloquant nos places. Sur le théâtre de l'action, elles formeront leur réserve. Obusiers, mortiers rayés de campagne, pièces de gros calibre, matériel de toute espèce sera utilisé par les Allemands. Il importe donc que, de notre côté, nous réunissions également une nombreuse artillerie de position de tous les calibres. Dans les places fortes du Nord et du Sud de la France, elle ne rendra jamais autant de services qu'à la limite de la Lorraine et de la Champagne, là où il semble bien que doive s'engager le choc décisif.

Encore une fois écartons toute pensée ou velléité d'offensive initiale : il sera loisible en tout temps de passer de la défensive à l'offensive. Pour cela on n'a pas besoin d'une préparation de longue main. Au contraire il est fort difficile de passer d'une guerre offensive à une défensive régulière, si l'on ne s'y est pas préparé depuis un certain temps. C'est seulement par une préparation méthodique et raisonnée que nous saurons rompre, nous retirer à propos et en bon ordre du champ de bataille, sans nous laisser entamer, en conservant sang-froid et liberté de mouvements. Cette stratégie est certainement l'une des plus difficiles, des plus laborieuses, entre toutes celles que la guerre a consacrées : mais elle n'est pas au-dessus de notre force morale et de nos facultés intellectuelles. C'est celle où Hoche a particulièrement excellé, dans son commandement de l'armée de la Moselle.

Il serait vraiment déplorable que, sous couleur qu'une expectative prolongée, une temporisation persistante, enfin une défensive obstinée, ne correspondent pas au tempérament français, l'on subit la pression aveugle de l'opinion publique. Aussi, dès à présent, doit-on envisager le cas où l'absence d'opérations décisives et la nécessité des mouvements rétrogrades, voire de retraites successives, viendraient porter le découragement dans la nation ou ébranler la confiance de l'armée dans son chef. Il importe de réagir énergiquement contre des dispositions de cette nature, si jamais elles se produisaient en France. Que tout le monde prenne donc tout d'abord confiance et demeure bien persuadé que les opérations défensives et les mouvements qu'elles détermineront ne sont que des moyens, et les plus sûrs de tous, d'avoir raison de l'ennemi. Dans ce plan, il ne saurait survenir d'échec, même de revers, dont on soit fondé à tirer un horoscope fatal ou à inférer une terminaison irrévocablement funeste.

Sans doute nous ne sommes pas en mesure d'entreprendre contre l'Allemagne une guerre résolument offensive : mais nous n'avons rien à redouter d'elle dans un système de guerre défensive-agressive. En 1870-71, nous avions assurément contre nous bien des éléments défavorables, voire des causes déterminantes d'insuccès. Mais la principale, sans contredit, a été l'absence d'un plan de campagne, le manque d'une direction raisonnée, judicieuse et tenace. A la suite de l'effondrement du second empire, un gonflé, avocat à loquacité débordante, et un mathématicien abstrus, dénué de rectitude d'esprit, sans expérience des personnes ni des choses, ont été les mauvais génies de notre malheureux pays. Qu'il est regrettable que des militaires de haute valeur aient pu condescendre à se faire les exécutants dociles des plans saugrenus, des conceptions insensées, de ces ridicules polichinelles ! Mais c'est malheureusement un fait trop commun que, par habitude routinière de la discipline, émasculation de la volonté, absence de caractère les militaires subissent facilement l'autorité de grotesques qu'ils devraient briser sans hésitation, alors que, pour eux comme pour tous les gens sensés, il saute aux yeux qu'ils n'occuperont la scène qu'en intrus comme des nigauds funestes, artisans de malheur et de catastrophes pour leur pays. Des fantoccini de ce genre, Gambetta, Jules Favre, Freycinet et autres, sont les types accomplis, dignes à jamais, avec ou sans piédestal, d'être proposés à la niaise admiration des bobèches.

Après nos premiers revers, pas n'était besoin d'une grande connaissance de la stratégie pour juger qu'il était expédient, même facile, de se refaire sous le couvert de la Moselle et des Vosges. Il suffisait de l'examen attentif et réfléchi de la carte, d'une dose médiocre d'intelligence, voire d'un éclair de bon sens. Et Bazaine, après avoir méconnu par crasse ignorance et impéritie le parti à tirer des défenses naturelles de la Moselle, pouvait-il, s'il n'avait pas été déterminément félon, ne pas voir la nécessité de rétrograder sur Paris, ou mieux encore sur le sud ? Mais, avec l'armée de Metz qu'il enlevait à la France, il poussait la sottise jusqu'à croire qu'il serait maître des événements. Cependant, devant l'incapable ou le traître, — on pouvait en effet choisir, car il cumulait les deux emplois, — pas un seul de ses divisionnaires ne fut capable d'une détermination patriotique et virile, pas même ce déplorable Canrobert, qu'on pressa inutilement de se saisir du commandement! Ce n'était pas seulement l'armée de Metz qu'on conservait à la France. En battant en retraite sur le sud, on se fortifiait de l'autorité et de l'appui du gouvernement existant, on ralliait des corps nombreux, on encadrait de nouveaux effectifs sous des officiers solides et expérimentés, on formait une nouvelle et formidable armée. La guerre continuait avec des alternatives de revers et de succès. Mais, à n'en pas douter, le pis qui pût arriver, c'était la conclusion d'une paix à des conditions plus ou moins onéreuses, mais à coup sûr sans perte d'aucune portion du territoire français.

En prévision d'une nouvelle lutte avec la France, tout a été disposé par les Allemands en vue de faciliter l'afflux de leurs troupes en Alsace-Lorraine et les opérations intérieures que pourrait exiger la défense de leur pays. Les forces massées au saillant de la Lorraine barrent l'entrée du Palatinat et celle de l'Alsace. Leurs ailes appuyées à droite à la Moselle, à gauche aux Vosges, sont arc-boutées par les deux grandes places de Metz et de Strasbourg. A six ou sept jours de marche l'une de l'autre, elles constituent deux positions de flanc de premier ordre étendant leur action, d'une part dans la vallée de la Moselle jusqu'à Nancy, d'autre part dans celle du Rhin jusqu'à la trouée de Belfort.

Concentrée aux sources de la Sarre, de la Seille et de la Nied, la grande armée allemande s'ébranlera en vue de l'occupation de Nancy : elle aura du même coup à compter avec les troupes françaises qu'elle s'attend bien à rencontrer plus ou moins massées dans le voisinage.

Il est probable qu'elle comprendra :

19 corps d'armée à 2 divisions d'infanterie ;

10 divisions de cavalerie ;

12 à 18 divisions de réserve.

Cette agglomération sera en état d'ouvrir la campagne à partir du treizième jour de la mobilisation. Les corps d'armée supplémentaires et les autres formations subséquentes ne pourront entrer en ligne que postérieurement au grand choc.

M. le général Derrécagaix établit la composition et les effectifs des armées allemandes de la façon suivante.

« Dès à présent, dit-il, l'étude de l'organisation des forces allemandes révèle la préparation de 21 corps d'armée de première ligne et leur répartition probable en un groupe de 4 armées composées de 5 à 6 corps d'armée et de 2 divisions de cavalerie chacune.

« Avec leurs rationnaires, les corps d'armée atteindront normalement 37,000 hommes. La garde ira à 40,000 hommes. C'est donc une première masse de 703,000 hommes, prête à inonder de nouveau nos départements de l'est. Derrière elle viendra une seconde masse organisée de 924,000 hommes exercés, qui seront chargés d'occuper les grandes places militaires, d'investir nos camps retranchés ou de garder les lignes d'étapes et les voies ferrées

« Il ne s'agit donc plus de 2 ou 3 armées, mais bien de 2 ou 3 groupes d'armée, qui concourraient à un vaste ensemble d'opérations sur un même théâtre de guerre (1). »

(1) *Guerre moderne*, t. 1, p. 107.

Il faut tenir compte de ce fait que la frontière franco-allemande n'a qu'une étendue juste suffisante pour permettre aux belligérants de se déployer convenablement. Les principes tactiques du jour auront beau exiger le dénouement le plus prompt, amener même dès le début de sanglantes batailles, la guerre n'en sera pas moins vraisemblablement une lutte pénible, prolongée. En suivant sur la carte les mouvements des armées, l'on constatera qu'elles n'avancent que lentement, et que, comparés aux distances à parcourir, leurs progrès sont minimes. Ce n'est qu'à la suite du déploiement suprême des forces des deux adversaires et de l'épuisement inévitable de l'un d'eux, que la marche des événements deviendra plus précipitée. « Une chose certaine, dit von der Goltz, c'est que la future guerre ne paraîtra pas aussi accélérée que l'ont été nos précédentes campagnes (1). »

Comme indices positifs du déploiement stratégique des Allemands, nous avons les quais militaires qu'ils ont construits en Alsace-Lorraine et l'organisation de détail qu'ils ont donnée aux chemins de fer de la frontière. Quand une nation établit à l'avance de multiples quais, elle inscrit pour ainsi dire sur le sol les points de débarquement de ses troupes. L'Allemagne n'a négligé aucune mesure ou soin préliminaire pour arriver à brève échéance à ses fins. En vue de précipiter, sans perte de temps, son action offensive contre la France, le grand état-major prussien a fait entreposer, dès 1871, dans les places fortes du Rhin et d'Alsace-Lorraine une

---

(1) *La nation armée*, p. 153.

grande partie de son matériel le plus encombrant, à destination des corps d'armée qui opéreront à l'est.

Sur le théâtre même des opérations, il est présumable que les Allemands répartiront leurs forces en quatre ou cinq armées, selon nos mouvements et les dispositions que nous aurons nous-mêmes arrêtées.

En raison de leur supériorité numérique, ils s'efforceront d'abord d'augmenter le nombre de leurs débouchés en ruinant les forts d'arrêt ou en les rendant intenables sous les coups de leurs obus-torpilles. Simultanément ou secondairement, ils exécuteront des démonstrations de front. A la faveur de marches de nuit, sous le couvert de rideaux et d'accidents de terrain, ils se masseront vers la trouée qui leur paraîtra la plus dégarnie, la plus favorable pour déborder notre armée, celle par exemple entre Verdun et Mézières. Venant à notre rencontre, ils chercheront probablement à nous attaquer de flanc et de front. N'emmenant avec eux que leur train de combat et les vivres de conserve, ils pourront disposer de leurs troupes de seconde ligne à l'effet de paralyser l'action des forts et des places fortes de la frontière.

Nous devons insister sur ce que les armées allemandes destinées à combattre en rase campagne, et même à défendre les forteresses de première ligne, ne se composeront que de soldats complètement *exercés*, c'est-à-dire :

1° Ceux ayant fait leurs trois années de service sous les drapeaux ou, à défaut, deux années pour les hommes qui ont obtenu un congé au bout de la première année, comme utiles à leurs familles ;

2° Les volontaires d'un an ;

3° Exceptionnellement les militaires du train qui n'ont fait que six mois de service, temps réputé ici suffisant.

Cette masse de combattants de choix compose un fonds très solide et d'une parfaite cohésion, à la différence de ce que nous avons en France, où l'on admet malencontreusement au service de rase campagne des réservistes n'ayant fourni sous les drapeaux qu'une seule période d'instruction de vingt-huit jours. Cette imprudence manifeste peut très bien être la source de plus d'une défaillance dans nos rangs.

L'armée allemande destinée à subir le premier choc compose donc un tout homogène et parfaitement cohérent. On en a rigoureusement exclu tout militaire n'ayant reçu qu'une éducation incomplète ou une instruction seulement rudimentaire. Tout élément de désarroi ou de désordre, tout ce qui pourrait engendrer des paniques en a été éliminé inflexiblement. Le vétéran âgé de 32 ans, qui a servi durant le temps légal dans l'armée active, figurera encore au feu en première ligne, tandis que les jeunes gens de 20 à 23 ans seront maintenus dans les dépôts, parce qu'ils ne sont pourvus que d'une éducation militaire insuffisante. A l'effet de vaincre dès le premier choc, qui, suivant eux, est presque toujours décisif et fait présumer à coup sûr l'issue d'une campagne, les Allemands ont jugé indispensable de n'avoir en ligne que des combattants d'élite. On ne saurait donc trop rappeler à nos officiers ces paroles du feld-maréchal de Moltke trop justifiées en 1870 à nos dépens : « Il est extrêmement difficile de se relever d'une grande défaite subie au commencement d'une campagne. »

L'état-major prussien entend n'engager l'action qu'avec des combattants parfaitement exercés. Il n'admet même pas que les unités tactiques des corps soient commandées par d'autres officiers que ceux de l'armée permanente.

Ces corps destinés à supporter le premier choc en rase campagne comprennent deux catégories :

1° L'armée active, composée des unités existant en permanence en temps de paix et constituant proprement l'école militaire de la nation ;

2° Les troupes de réserve, formées à peu près exclusivement de landwehriens du premier ban, ayant accompli le temps de service légal sous les drapeaux. Les régiments, bataillons, escadrons, batteries et compagnies de cette armée n'existent pas en temps de paix. Organisés au moment de la mobilisation, ils sont tous commandés par des officiers détachés de l'armée permanente. A plus forte raison lui demande-t-on les officiers supérieurs de l'armée de réserve. L'armée de réserve allemande a donc une valeur infiniment supérieure à notre *armée territoriale*. Les officiers de l'armée permanente que les Allemands y affectent au moment d'une mobilisation ont, en raison de leur jeunesse, de leur vigueur physique, de la pratique journalière du commandement, une valeur intrinsèque et des aptitudes fort supérieures à celles de nos officiers en retraite : ceux-là, sans doute, animés d'un esprit excellent mais alourdis, parfois infirmes, le plus souvent glacés par l'âge (1).

(1) « L'armée qui comptera sur les officiers en retraite, quel

Il est donc indispensable qu'à l'exemple de l'Allemagne nous augmentions le nombre des officiers appartenant aux cadres de notre armée permanente afin d'encadrer à bref délai une forte et solide armée de réserve. Prévoyante à tous les points de vue, cette puissance a organisé des forces telles que, même abandonnée de ses alliés, elle est encore en état d'agir avec vigueur contre une coalition de ses voisins de l'est et de l'ouest. Mais comme cette armée de réserve ne prendra corps qu'au moment de la mobilisation, les gens superficiels ou mal informés en nient l'existence ou en contestent la valeur intrinsèque. C'est là une illusion du genre de celles qu'en 1870 on nourrissait chez nous à l'égard de la Prusse. Souhaitons qu'elle ne devienne pas derechef la source de pénibles mécomptes, voire d'irréparables désastres.

Si toutes les troupes allemandes organisées pour le service en rase campagne sont réunies sur notre frontière, elles formeront une masse de trente-neuf divisions

que soit leur grade, pour commander et encadrer ses formations de campagne, se prépare la plus lamentable des désillusions. Il faut la vigueur physique et l'habitude du commandement lorsqu'on est en présence de l'ennemi : la bonne volonté ne peut y suppléer. En 1870, les divisions de réserve allemandes étaient commandées par des généraux de brigade, du cadre actif ; et la hiérarchie, sous leurs ordres, était réglée d'après les mêmes principes. Les événements ont de plus prouvé que ces emplois n'avaient été confiés qu'à des officiers d'élite, parce qu'on savait que leur tâche serait difficile. Les officiers relevés de la retraite étaient fort nombreux chez les Allemands, mais employés exclusivement au service des étapes, à la garde des prisonniers, enfin dans les fractions de troupes demeurées en Allemagne. » (*Etudes sur la défense nationale*, par M. le général Luzeux, p. 127.)

actives et de dix-huit à dix-neuf divisions de réserve, avec un effectif plus élevé que l'effectif normal de nos divisions. La guerre éclatant, certains corps d'un effectif déjà très fort en temps de paix deviendront de véritables armées. Le corps de la garde, par exemple, qui compte vingt-neuf bataillons en temps de paix, pourra en mettre cinquante-sept en ligne une fois la mobilisation effectuée. Le corps saxon, qui en a quarante-deux, en aura soixante et un à soixante-neuf. Le XIe corps avec la division hessoise, qui en a trente-neuf en temps de paix, en comptera plus de soixante après la mobilisation. Et qu'on remarque que nous faisons abstraction des bataillons de seconde ligne, comme la landwehr du 2[o] ban, des bataillons de remplacement, de la landsturm, etc. Il ne s'agit ici que des bataillons de campagne du premier choc.

Il importe aux Allemands de frapper tout d'abord un coup décisif, qui fixe la fortune des armes de leur côté pour le reste de la campagne, et soit considéré dans le monde comme le prélude assuré de l'écrasement définitif de la France. Ils n'ont rien omis, rien épargné, dans ce but ; et il faut bien reconnaître qu'ils disposent des moyens de l'atteindre. C'est l'opinion des hommes de guerre les plus éclairés de tous les pays. Ils font même remarquer combien les divisions actives de l'armée allemande sont propres à cette tâche. De fait, l'immensité du nombre et la qualité supérieure des cadres et des combattants, qui existent incontestablement du côté des Allemands, semblent bien leur garantir le succès d'une offensive instantanée, foudroyante. Elle se produira avec des agglomérations de troupes telles que les hordes d'Attila, de Genséric, de Gengis-Khan, de Tamerlan n'en donnent qu'une faible idée. Nous ne dirons rien de l'accompagnement ordinaire : dévastations, ravages, atrocités et barbaries de toute nature. En raison de leur tempérament particulier, de leurs antécédents et habitudes, une invasion de ce caractère semble bien devoir être celle des Allemands.

La totalité de leurs forces accumulées en Alsace-Lorraine sera en mesure d'ouvrir les hostilités dès la première heure. Elle est spécialement destinée aux opérations de rase campagne. Sa liberté d'action offensive sera entière, absolue. Les places allemandes de Metz et de Thionville, les seules qui auraient besoin de protection, seront suffisamment couvertes par l'offensive que prendront leurs garnisons.

Si, avec l'usage des voies ferrées, leur marche ne rencontre pas de résistance sérieuse, des troupes parties au petit jour de Metz, Morhange, Dieuze et Sarrebourg n'ont à fournir qu'une étape en moyenne pour être avant le jour devant Nancy. Or, dès le premier jour, s'avançant en forces de la Seille sur la Meurthe, les Allemands ne trouveront devant eux que des troupes en nombre insuffisant pour les contenir. Toutes leurs masses convergeront sur Nancy et non sur Verdun. Nancy sera indubitablement leur premier objectif (1). C'est qu'il y a pour eux nécessité de couvrir la très importante ligne de Metz-

---

(1) A la guerre, on appelle *objectif* le point sur lequel on se propose de faire converger ses efforts, de façon à avoir plus sûrement et plus complètement raison de son adversaire.

Benestroff-Reding, qui jalonne leur front de déploiement, et que tout mouvement à droite ou à gauche laisserait sans protection efficace. Ils y trouveront l'avantage de déboucher au milieu même d'un de nos principaux camps retranchés, celui de Toul, qui n'est nulle part plus vulnérable que du côté de la forêt de Haye, elle-même très abordable par Nancy. Ajoutez l'effet d'un grand coup frappé dès l'ouverture de la campagne, les villes terrifiées, les campagnes affolées, les administrations désorganisées, impuissantes à réagir contre le désarroi général. Et puis, Nancy regorge de richesses, de ressources de toute nature. Nous n'en serions pas là si, à en faire une grande place de guerre, on avait consacré un peu de l'argent si sottement gaspillé au Dahomey et à Madagascar par un gouvernement de crétins et de paillasses aussi dépourvus de vues que de prévoyance, incapables de rien voir ni comprendre au delà de leur existence ministérielle du jour. La situation, alors, eût été complètement retournée à notre avantage. Nancy, comme le fait observer un éminent stratégiste, devenait de ce moment « un coin enfoncé au cœur même des lignes d'opérations des Allemands ». Leur armée d'avant-garde était obligée de garder sur la Seille une attitude purement défensive.

Tout d'abord il y aura pour eux impérieuse nécessité d'emporter de vive force ou de ruiner autrement, sans perte de temps, un certain nombre de forts d'arrêt et non pas quelques-uns seulement. C'est que leurs armées actives devront envahir la France sur un large front. Leur marche ne saurait être ralentie par aucun obstacle. A défiler seulement à travers quelques brèches isolées, il y aurait pour eux le grave inconvénient de retarder l'écoulement général du torrent. Avant que le gros des forces eût franchi la barrière, les têtes de colonne courraient risque d'être assaillies au débouché par des troupes en nombre supérieur, tandis que, l'écluse une fois ouverte, l'inondation devra tout emporter, tout balayer en avant.

Dans notre ceinture de forts d'arrêt, l'ennemi ne rencontrera ni achoppement ni obstacle sérieux, mais seulement l'occasion de mettre en jeu la puissance prodigieuse de son artillerie : obus-torpilles, pièces de gros calibre, shrapnels (1), toute espèce de projectiles brisants, pour s'ouvrir incontinent de larges et commodes passages (2). Nos malheureux forts d'arrêt seront empêchés de toutes les façons. Ils ont devant eux, à courte

---

(1) Le shrapnel est un obus contenant des balles. Son éclatement est déterminé par une fusée *fusante*, c'est-à-dire sujette à combustion.

(2) « Avec les charges considérables de mélinite, de pyroxiline et autres substances brisantes que contiennent les nouveaux obus, toutes les maçonneries exposées au jour, même celles qui sont défilées par des masses couvrantes, sont facilement atteintes ou détruites, soit par le tir plongeant, soit par le tir vertical. Quant aux maçonneries de terre, telles que les voûtes, elles seront peut-être plus exposées encore, si l'on remarque que, après s'être enfoncé de 3 ou 4 mètres, l'obus ira éclater au contact même de la maçonnerie, avec toute l'épaisseur de terre de recouvrement comme bourrage. Par un effet analogue, tous les obus tombant sous une grande inclinaison, derrière une escarpe ou un mur de soutènement quelconque, pourront produire le renversement de la maçonnerie par leur éclatement souterrain ». (*L'artillerie actuelle et la fortification*, par S. B. ; Paris, Baudoin, 1888.)

distance, un horizon de bois fort étendu. Des déboisements seraient indispensables pour donner à chacun d'eux un champ de tir de 1,000 mètres au moins. C'est un préliminaire auquel on ne songera que quand il ne sera plus temps de l'exécuter.

La volonté bien arrêtée des Allemands est d'en finir vite, et, pour cela, d'avoir raison coûte que coûte de toute difficulté dans leur marche en avant. Nous en trouvons des preuves dans leur prévoyance extraordinaire, dans une préparation chez eux de longue main, aussi savante que bien ordonnée. Ils ont étendu à tout leurs prévisions. Ainsi, tenant compte de la résistance qu'opposeront les cuirassements et les forts munis de coupoles tournantes, ils se sont assuré les moyens d'avoir raison de la prétendue invulnérabilité de ce genre de défense. Déjà, dans ces dernières années, avec les progrès ininterrompus de l'artillerie, cette invulnérabilité avait été mise en question (1). Aujourd'hui il n'y a plus à se faire d'illusion à cet égard : les coupoles tournantes et le béton de ciment ne résistent pas aux projectiles d'une puissance exceptionnelle de destruction. Des expérieures faites aux polygones de tir d'Elsenborn et de Tegel, près Berlin, il résulte, si nous sommes bien informé, qu'on peut dé-

(1) « Nous sommes loin, dit un colonel d'artillerie, de partager l'opinion de M. le général Brialmont sur l'invulnérabilité des batteries cuirassées. Il n'est pas douteux pour nous qu'avec les données qu'on possède actuellement, l'on n'arrive bien vite à fabriquer un obus à la fois perforant et explosif, qui ruinera les cuirasses aussi facilement que nos projectiles de quatre calibres et demi de longueur à paroi mince, ruinent les maçonneries et les épaulements. » (*Méth. de guerre*, t. 1, II, p. 437.)

manteler promptement les coupoles cuirassées par l'écrasement de leur ciel, au moyen des obus dits *à forte charge*. Il y a plus : grâce à la précision du tir plongeant, ce résultat pourra être obtenu à une distance considérable. Forts armés de coupoles et coupoles elle-mêmes sont ainsi rendus intenables. Ces formidables et surprenants effets de destruction seraient dus à l'emploi de canons de calibre monstre et de projectiles démontables, enfin à un explosif particulier dont la Prusse a le secret. A ce compte, il faudrait s'attendre à voir nos forts d'arrêt et nos fortifications défensives tomber d'une façon aussi rapide qu'inattendue.

Indépendamment de leur artillerie ordinaire, les Allemands sont largement approvisionnés de parcs mobiles, d'équipages de siège réduits, d'un matériel de campagne portatif d'une grande légèreté. Dans les divers services de leurs armées, ils tirent de précieux avantages de leur système de *spécialisation*, consistant dans l'adjonction d'un personnel particulier voué à des soins auxquels ils entendent que l'armée reste étrangère. Ainsi, qu'il s'agisse de ruiner ou de réparer d'urgence des ponts, des chaussées, des voies ferrées, d'improviser des lignes de raccordement, d'ouvrir des routes provisoires, de détruire ou de rétablir toute espèce d'ouvrage d'art ou non, des *ouvriers spéciaux de chemins de fer* accompagnent les troupes et se tiennent constamment à leur disposition. Un autre service spécial devra faire venir en hâte devant les forteresses toute espèce d'engins de guerre et des munitions en quantité plutôt surabondante. C'est que d'ores et déjà, ils ont calculé que les besoins et la consommation atteindront à des chiffres que nous n'osons répéter : tant ils sont considérables ! Cependant l'on assure qu'ils ne sont ni fantastiques ni exagérés, à en juger par les consommations réelles de la dernière guerre. En Autriche, dans les cercles militaires, personne ne les répute improbables.

Dans la situation actuelle, si l'on considère les effectifs respectifs des troupes allemandes et françaises en Alsace-Lorraine et sur toute l'étendue de la frontière de l'est, on constate du côté des Allemands et à leur avantage une supériorité prépondérante. Il sera donc, sinon impossible, du moins fort difficile, d'empêcher une irruption soudaine de leur part. Il est probable, encore bien qu'on l'ait fortement contesté, qu'ils ouvriront la campagne par des déploiements énormes de cavalerie. Il faut donc s'attendre de leur part à des courses échevelées de cette arme, à des *raids* multipliés. On a vu plus haut que leur premier objectif serait Nancy. Il y a unanimité chez les stratégistes et les écrivains militaires pour prédire la chute de cette florissante cité, comme préliminaire et prélude inévitable de la campagne. Mais que se passera-t-il à Paris et dans les autres grandes villes de France, à la première nouvelle de l'entrée sans coup férir des armées allemandes à Nancy ?

Portant leur principal effort contre la frontière nord-est, les Allemands n'auront pas de soin plus pressé que d'établir la liaison entre leurs troupes débouchant de la Lorraine et celles venant de l'Alsace. Strasbourg et Metz, deux places maîtresses de la nouvelle frontière, ont été disposées à cette fin en tant que nœuds importants de communication et grands centres de ravitaillement. On peut être certain que rien n'y a été négligé pour le fonctionnement le plus satisfaisant de tous les services. De nouvelles casernes ont été construites, des dépôts organisés, des magasins d'approvisionnement aménagés. La gare de Metz a été notablement agrandie, celle de Strasbourg réédifiée sur un nouvel et plus spacieux emplacement.

En vue d'effectuer dans de meilleures conditions leur concentration stratégique, de faciliter le transport des vivres et des munitions, nos ennemis ont encore augmenté le nombre de leurs voies ferrées et ouvert de nouvelles routes. Des magasins pourvus de matériel de toute sorte ont été établis sur la base d'opérations, de manière à être en état de subvenir largement à tous les besoins des différents corps d'armée, au moins durant la période de concentration et les premières opérations. Un esprit de prévoyance vraiment remarquable a signalé ici son extrême préoccupation des plus minces détails.

La frontière qui sépare la France de l'Allemagne forme au Donon, sommet de la chaîne des Vosges, un angle constituant une ligne-enveloppe tout à l'avantage des Allemands, parce que les troupes venant du nord et celles venant de l'est exécutent, par la force même des choses, des marches concentriques en se portant droit devant elles. On sait qu'ils ont pour règle constante d'entretenir de fortes garnisons dans leurs places frontières. C'est, à leur avis, le moyen le plus efficace de protéger sa mobilisation, avec la facilité par surcroît d'inquiéter et même de troubler celle de l'adversaire.

La base d'opérations prise à la frontière nord-est par l'armée allemande lui permettra, si sa marche n'est pas entravée, de former aisément sa ligne de bataille. Elle semble convaincue que le gros des forces françaises se tiendra rassemblé en arrière de la haute Moselle, ou s'avancera à sa rencontre, mais en conservant la haute Moselle comme principale base d'opérations (1).

La cavalerie allemande couvrira au loin les têtes de colonnes : elle cherchera à se rendre compte des dispositions stratégiques et des mouvements tactiques des Français. Elle excelle dans cet emploi : nous l'avons appris pour notre plus grand dommage et même, il faut bien le dire, notre plus grande confusion. Son premier objectif étant la cavalerie ennemie, elle se gardera bien d'éparpiller ses escadrons, du moment qu'une rencontre est à tout instant possible. Le premier choc entre les deux cavaleries aura vraisemblablement lieu aux environs de Lunéville. Grâce à elle, les Allemands ne manqueront pas de se saisir de tous les chemins de fer dont la conservation pourra leur être utile et de mettre hors de service ceux indispensables à notre ravitaillement et à nos approvisionnements de munitions. Levées de réquisition, déprédations, pillage, viendront à leur tour comme accessoires.

Durant la période de concentration, l'alimentation de leurs troupes ne sera pas une source d'embarras pour les

(1) On entend par base d'opérations les points de départ d'une armée, après sa concentration, pour entrer en campagne. Préalablement aux premiers mouvements, elle y réunit ses ressources en hommes, matériel, vivres, etc.

Allemands. Ils pourront aisément vivre douze jours sur eux-mêmes, au moyen de leurs approvisionnements et des voies de transport.

Profondément imbus du principe que la direction supérieure ne peut que gagner au fractionnement des masses, nul doute qu'ils ne persistent dans leur système des armées combinées, collatérales ou autrement disposées pour être constamment en état de se prêter un appui réciproque. Cette méthode a des avantages inestimables dont ils ont fait l'expérience dans les guerres antérieures. La formation de groupes d'armée affranchit tout d'abord le généralissime de toutes les préoccupations d'ordre secondaire. L'action du chef se trouve limitée aux combinaisons d'ensemble, aux dispositions d'ordre supérieur. « Le principe de la combinaison des armées, dit excellemment M. le général Derrécagaix, est une des obligations de la guerre moderne (1). » Mais il fait en même temps observer qu'il ne saurait avoir rien d'absolu ; que, dans la pratique, il se rencontrera toujours des exceptions suggérées ou imposées par les circonstances, la configuration du sol, les effectifs, le but visé et la mission dévolue aux armées. Rien n'empêche que l'armée totale ne soit subdivisée en plusieurs groupes formés par la réunion de plusieurs corps. Cette subdivision est nécessaire pour assurer l'exécution du plan de campagne. Mais il faut se garder de rendre les chefs d'armées secondaires indépendants les uns des autres : il faut au contraire qu'ils obéissent à une idée commune.

(1) *Guerre mod.*, t. 1, p. 105.

Leur initiative n'en aura pas moins maintes occasions de s'exercer, car ils resteront maîtres des moyens d'exécution ; et le jour de l'action, c'est d'eux surtout que dépendra l'issue de la bataille. Mais qu'ils n'oublient jamais que le moyen d'obtenir la victoire est de se prêter aide et coopération. En tout temps, d'ailleurs, il sera loisible au généralissime de se trouver sur le théâtre principal des opérations et encore, au besoin, de se transporter sur tout autre champ décisif de rencontre.

L'éparpillement des forces, qui avec les folles imaginations de Gambetta et les insanités phénoménales de M. de Freycinet, nous a été si funeste dans la précédente guerre, devra être évité à tout prix. Sous quelque prétexte que ce soit, n'allons pas nous y laisser entraîner, non plus que distraire de l'objectif capital. Nous devrons y tendre constamment et par toutes les voies possibles. Pour cela il sera nécessaire de ne suivre qu'une seule grande ligne d'opérations, d'y diriger le gros de l'armée et de n'en distraire que ce qui sera indispensable pour observer l'ennemi sur d'autres points et assurer aux mouvements de l'armée la sécurité nécessaire.

Ayant éventré notre frontière et mis à découvert le bassin de Paris, le funeste traité de Francfort a fait la partie belle aux Allemands. Le tracé nouveau leur livre l'accès de la trouée de Belfort : il annule la barrière des Vosges ; et, prolongeant la frontière allemande jusqu'à 60 lieues de Paris, il procure à l'Allemagne toute facilité pour une formidable et sûre attaque contre la capitale de la France.

La Moselle, notre première ligne de défense contre

l'envahisseur, a ses sources près du col de Bussang. Elle coule en territoire français jusqu'à Pagny, au nord de Pont-à-Mousson, d'abord en pays de montagnes, dans un couloir étroit et profond encadré par les Vosges, les ballons (1) et les Faucilles, ensuite en pays de collines, dans une plaine plus large où, au-dessous d'Epinal, s'engage le canal de l'est, mais sur certains points encore resserré entre des berges abruptes. Ses affluents de droite, la Moselotte, la Vologne, la Meurthe et la plupart des courants qui les grossissent, ont leurs sources dans les Vosges, sur la frontière même. Il s'ensuit que ceux d'entre eux qui, en raison de la direction de leur cours, pourraient concourir à la défense de la vallée principale perdent une partie de leur valeur défensive. Un seul affluent de gauche, le Madon, descendant parallèlement à la rivière dans un pays accidenté, oppose à l'envahisseur un obstacle appréciable.

En somme, accessible par d'excellentes routes et surtout prise à revers par la place de Metz, la ligne de la haute Moselle serait d'un médiocre secours pour la défense, si elle n'avait été rattachée à la ligne de la Meuse, dont le cours se développe à l'ouest, dans une direction parallèle.

Coulant du sud au nord, du plateau de Langres à celui des Ardennes, la Meuse présente à l'invasion allemande une ligne de front continue, mais assez faiblement appuyée aux ailes. Au sud, elle peut être débordée par la

---

(1) Ballons d'Alsace, de Guebwiller, de Saint-Antoine, de Servance, etc. C'est de leur sommet en dôme que ces montagnes à crête arrondie tirent la dénomination de ballons.

vallée de la Saône dont la source avoisine la sienne. Au nord, elle n'est soutenue que d'une façon nominale par la neutralité belge : elle le serait assez efficacement par le plateau ardennais, s'il appartenait intégralement à la France. Depuis sa source jusqu'à Pagny, point de passage du canal de la Marne au Rhin, elle est guéable ; mais le pays est accidenté et boisé. De Pagny à Mézières, elle est canalisée ou doublée d'un canal latéral. Jusqu'aux environs de Stenay, elle est renforcée à droite par les côtes de la Meuse, composant une sorte de bourrelet que les routes ne traversent que sur un petit nombre de points, faciles à défendre à gauche, par une ligne de hauteurs formant l'avant-chaîne de l'Argonne. C'est une barrière mal attachée, mais la seule qui, à l'orient de Paris et à l'entrée de son bassin, nous protège sur toutes les routes qui, au nord, constituent autant de voies d'invasion à l'avantage de l'Allemagne.

Inclinant à l'ouest, la Moselle abandonne au-dessous de Bayon sa direction vers le nord. Elle se rapproche de la Meuse, dont elle n'est plus séparée à Toul que par un seuil assez bas. Elle se détourne alors brusquement, et, par une inflexion à l'est, revient rejoindre la Meurthe, avec laquelle en aval de Frouard elle reprend la direction du nord. Dans cette boucle, elle contourne un terrain élevé et boisé qu'on appelle le plateau de Haye.

En deçà de la Meuse, on ne rencontre d'autre obstacle continu perpendiculaire aux routes d'invasion, que la ligne d'eau dessinée par la Seine du Havre à Montereau et par son affluent l'Yonne. S'appuyant d'une part à la mer, d'autre part au Morvan et à la Côte-d'Or, elle intercepte tous les cours d'eau du bassin de Paris, et les recueille presque tous en son centre. Elle effleure en même temps la lisière de la vallée de la Loire, au sommet de la courbe que ce fleuve décrit.

Cette ligne, par l'étendue, la continuité et la force relative des obstacles naturels qui la constituent, par le nombre des débouchés qu'elle commande, en même temps qu'elle rayonne vers les provinces les plus riches et les plus populeuses, peut être considérée comme une des grandes bases de la défense nationale. La vallée de la Saône ne donne pas accès aux sources de l'Yonne, cachées dans les monts du Morvan et abritées par les collines de la Côte-d'Or. Celles-ci, faisant tête à la Saône, l'obligent à s'incliner au sud vers le Rhône et à prolonger ainsi la grande ligne défensive.

De cet aperçu sommaire suit que la France ne peut opposer que deux barrières sérieuses à l'invasion allemande : 1° à la frontière même, la ligne de Meuse et Moselle ; 2° derrière celle-ci, à l'extrémité du théâtre des opérations, la ligne de basse Seine et Yonne.

Nous sommes parti de l'hypothèse d'une attaque soudaine de l'Allemagne, avec infériorité numérique de notre côté au début de l'agression, enfin de la lutte contre l'envahisseur sur notre propre territoire.

Dans cette situation, la ligne de Meuse et Moselle bordant la frontière, et la ligne de basse Seine et Yonne, limitant à l'ouest le théâtre des opérations, comportent une défensive-agressive active, prolongée, vigoureuse. L'une doit couvrir la concentration de notre armée, soutenir avec elle le premier choc ou favoriser son offensive ; l'autre est destinée à arrêter, à contenir le flot débordant de l'invasion, à recueillir nos corps d'armées, à préparer la reprise de l'offensive. Perpendiculaires aux routes d'invasion, ces deux barrières, que l'ennemi ne peut éviter d'attaquer, ont des points fixes parfaitement déterminés où les moyens d'action en vue des mouvements offensifs doivent aussi être fortement organisés. Sur toute autre partie du terrain, la fortification de campagne sera subséquemment appelée à jouer son rôle, comme puissant auxiliaire de la fortification permanente. Dite passagère et du moment, cette fortification est essentiellement variable et contingente : elle a, pour principales bases et indications, les circonstances, les conditions topographiques, les données du terrain.

Dans un pays immodérément centralisé comme le nôtre, la capitale devait nécessairement être fortifiée. Par l'importance et le développement de ses défenses, son rôle consistera à arrêter et à immobiliser longtemps les forces ennemies, en donnant aux armées le temps et les moyens de se renforcer, pour revenir à la charge avec les dernières réserves de la France. On a donc fortifié Paris, « Paris la tête des affaires et le cœur de l'Etat (1). » Mais qu'on se tienne pour bien dit qu' « en dépit des précédents de 1814 et 1871, la chute de la capitale peut ne pas marquer la fin de la guerre, si nos dernières armées sont encore en état de tenir la campagne et si elles trouvent au centre du pays des positions étudiées et organisées

---

(1) *Mémoires* de Joly, t. I, p. 109.

d'avance, comme il en existe dans les régions montagneuses du centre de la France (1) ». C'est en effet une déplorable erreur que celle qui identifie le sort d'un pays avec celui de sa capitale. Les autres Etats de l'Europe n'ont jamais donné dans ce travers : jamais ils n'ont hésité à laisser leur capitale entre nos mains, en attendant que la fortune décidât de leur sort sur le champ de bataille. Le lecteur n'a pas besoin qu'on lui en cite des exemples. Mais on ne saurait trop rappeler qu'en englobant, comme on a fait, des régions considérables dans le nouveau périmètre des forts de Paris, on n'a voulu qu' « établir autour de la capitale une digue capable de la mettre à l'abri de toute insulte (2) ». C'est donc à cette seule fin que Paris se présente aujourd'hui avec un système complexe de fortifications solidaires les unes des autres. On sait effectivement qu'il a une étendue de 50 kilomètres de l'est à l'ouest, de 40 kilomètres du nord au sud, et qu'il embrasse un espace d'environ 1,600 kilomètres, soit 29 mille mètres carrés.

A l'ouverture des hostilités tout au moins, la lutte entre la France et l'Allemagne sera forcément circonscrite, en raison des conditions topographiques. Von der Goltz en a expliqué plus haut les raisons. Nous n'avons pas à y revenir.

La Meuse, concurremment avec la Moselle, nous sert de frontière militaire entre l'Allemagne. Placées à deux ou trois jours de marche de la limite politique des deux

---

(1) *Géog. milit.*, par le commandant Marga, t. I, p. 217.
(2) *Le camp retranché de Paris et la défense nationale,* par le général ***, p. 16.

Etats, ces rivières forment une ligne de défense qui s'étend depuis le fort de Château-Lambert, situé presque aux sources de la Moselle, jusqu'à la sortie de France de la Meuse, en aval de la place de Givet. Au sortir de notre territoire, la Meuse est protégée par les places belges de Namur, Huy, Liège, Maëstrich, situées sur son parcours. L'immense fossé de plus de quatre-vingt lieues de long formé par la Moselle et la Meuse est partout hérissé, depuis Belfort jusqu'à Givet, d'une série de places et de forts qui en rendent l'accès inabordable, s'ils sont défendus par des troupes en nombre suffisant. Depuis la frontière suisse du fort de Pontroide ou de Blamont jusqu'à la pointe nord-est de la frontière belge, un cordon continu de places fortes se trouve interposé entre la Belgique et la France d'une part, et l'Allemagne de l'autre, sur la limite est de la frontière belge qui confine à cette puissance. Les fortifications belges de la Meuse sont manifestement destinées à parer aux entreprises éventuelles des Allemands contre la Belgique. Cette puissance sait pertinemment qu'au cas d'une nouvelle collision franco-allemande, l'Allemagne a tout intérêt à passer sur son territoire, pour se procurer un champ de bataille suffisant au développement de ses armées ; et qu'elle y trouve, de plus, l'inappréciable avantage d'une ligne directe d'opérations depuis la Prusse-Rhénane jusqu'à la capitale de la France.

De toute façon, dans leur marche sur Paris, la libre possession de la frontière belge est indispensable aux Allemands, surtout en vue de se garantir contre des attaques menaçant leur flanc droit. On peut donc être assuré qu'ils violeront le territoire belge, qu'ils parviennent à forcer la frontière française ou qu'ils soient arrêtés par elle.

A ne considérer que la frontière orientale, dans la défensive de la France contre l'Allemagne, nous trouvons le théâtre des opérations limité au sud par la région montagneuse dont l'origine est au plateau de Langres, par le cours supérieur de l'Aube et de la Seine ; au nord, par le cours moyen et inférieur de l'Aisne et de l'Oise.

Au point de vue spécialement chorographique, dans la direction de l'est à l'ouest, nous devons signaler plusieurs coupures naturellement propres à la défense. C'est d'abord, à la frontière, celle formée par la vallée de la Meurthe et par une partie de la Moselle. Mais comme la Moselle entre bientôt dans le territoire allemand, et que de ce moment sa vallée est commandée par la place de Metz, cette coupure peut être tournée sans grande difficulté. Dès lors elle perd singulièrement de son importance comme protection défensive.

Une seconde coupure est formée par le cours supérieur de la Moselle prolongé par le cours moyen de la Meuse, qui se rapproche jusqu'à 15 kilomètres de la Moselle à la hauteur de la place de Toul.

Plus à l'ouest, la zone méridionale et la zone septentrionale du théâtre offrent un caractère différent. Dans la première, le cours supérieur de la Meuse et celui de la Marne forment de nouvelles lignes de défense orientées du Sud au Nord, tandis que, dans la zone septentrionale, on rencontre entre les coupures de l'Aire et du cours supérieur de l'Aisne, la forêt de l'Argonne. Au delà le théâtre d'opérations n'offre sur les deux rives de la Marne aucun avantage qui mérite d'être signalé.

Les rivières et les cours d'eau que nous venons d'énumérer, d'ailleurs point infranchissables pour une armée, sans avoir une valeur comparable à celle du Rhin, qui, pour l'Allemagne, peut servir de base à une défensive complète de son territoire, n'en constituent pas moins des barrières difficiles à forcer, grâce aux hauteurs escarpées qui les bordent. Nous ne devons donc pas renoncer à défendre les coupures ci-dessus contre l'envahisseur. Il y va de notre intérêt : car ici notre défensive agressive peut, suivant ses phases et ses résultats, avoir une grande influence sur les événements qui se dérouleront en rase campagne.

Avec l'avance qu'auront sur nous les Allemands, la plus vulgaire prudence nous commande de reporter derrière la haute Moselle et les Vosges la zone de concentration de notre armée. Jusqu'à ce que l'opération soit intégralement et heureusement accomplie, on devra se borner à interdire aux troupes ennemies l'accès immédiat du territoire français. Le long de la portion de frontière la plus menacée, entre le Luxembourg et les sommets des Vosges, l'on y parviendra par une ou plusieurs positions défensives renforcées par toutes les ressources de la fortification de campagne. Ce n'est que plus tard qu'on pourra songer aux rencontres décisives, soit que nous prenions l'offensive, soit que l'armée allemande force la frontière.

De ce que la Moselle est susceptible d'être tournée, il ne suit pas que nous devions renoncer à tirer parti de son cours qui, sur plus d'un point, nous permettra de refréner à coup sûr l'audace et l'impétuosité des Allemands. Aussi est-il à propos d'entrer dans quelques explications sur le rôle et l'importance des fleuves, des rivières et des cours d'eau entre belligérants. Il y a là un enseignement duquel désormais nous devrons faire état, même tenir le plus grand compte. Pour l'avoir complètement négligé ou oublié, il nous en a trop coûté dans le passé pour qu'à l'avenir nous récidivions et commettions les mêmes fautes. C'est le cas de rappeler le vers célèbre de Zénodote, passé chez les Grecs à l'état de proverbe :

Δὶς πρὸς τὸν αὐτὸν αἰσχρὸν εἰς κρούειν λίθον.

« *Il est honteux d'achopper deux fois contre la même pierre.* »

En 1870, le rôle des rivières et des cours d'eau à la guerre était chez nous peu ou même point connu. Nos généraux en ont fourni de déplorables témoignages. Ainsi aucun d'entre eux ne s'avisa que la Moselle pouvait servir de ligne de défense et opposer une puissante, sinon insurmontable digue, au flot débordant de l'invasion allemande. Pour cela, il suffisait de faire sauter les ponts en amont et en aval de la ligne de défense, en ne gardant sur le front que ceux qui étaient protégés par des fortifications. L'armée française une fois concentrée sur la rive gauche, il n'y avait plus qu'à tenir la main à ce que notre cavalerie exerçât une active surveillance sur tous les points présumables de passage.

D'une façon générale, les rivières et les cours d'eau ne

cesseront jamais de jouer un rôle important dans les opérations militaires. La raison en est simple : leur passage constitue toujours un défilé difficile à franchir et facile à défendre. Leurs rives offrent en outre au défenseur des positions dominantes et des abris qui lui permettent d'obtenir presque à coup sûr des avantages signalés contre l'assaillant. En Crimée, pour ne citer qu'une espèce, la bataille de Traktir en est un frappant exemple.

Dans certains cas, les rivières perpendiculaires à la marche d'une armée sont des obstacles presque insurmontables. Le passage d'un cours d'eau, sous le feu d'un adversaire déterminé à le défendre énergiquement, est à bon droit réputé l'une des opérations les plus périlleuses de la guerre. On n'y parvient guère que par surprise, au moyen de démonstrations qui font prendre le change à l'ennemi sur le véritable point de passage. Autrement, à entreprendre de passer de vive force, on ne réussira qu'au prix d'efforts surhumains et de pertes énormes.

Le passage de la Moselle, en 1870, par la seconde armée prussienne peut être regardé comme un passage par surprise.

Le 12 août, nous voyant en position sur la Nied française, le grand quartier général prussien crut que nous voulions engager sur ce point une action décisive. On ne songea pas encore à s'assurer les passages de la Moselle, encore bien que cette rivière coulât à 20 kilomètres à peine. Mais dans l'après-midi du même jour, des escadrons d'éclaireurs de l'armée allemande annoncèrent que le pays était libre. En même temps la première armée fit connaître que nos corps abandonnaient la Nied. M. de

Moltke en conclut que nous songions à nous retirer au delà de la Moselle. En conséquence, il prescrivit à sa cavalerie de franchir la rivière ; à la seconde armée de s'emparer au plus tôt des ponts de Pont-à-Mousson, Dieulouard et Mosbach ; à la première armée, de nous contenir au nord de Metz.

Le mouvement de la première armée constituait une véritable démonstration au nord du camp retranché, pendant laquelle les masses ennemies allaient se saisir des passages au sud et traverser sans obstacle la Moselle. L'opération des Allemands ne souffrit pas la moindre difficulté, grâce à notre continuel laisser-aller, à notre incurie ordinaire. L'éventualité de la défense de la Moselle n'ayant pas été prévue d'avance, personne dans l'armée n'y songea, si bien qu'à cette heure décisive aucun pont ne fut détruit. On en verra tout à l'heure les grièves conséquences.

Il en aurait été autrement si, selon la pratique constante des Allemands, l'étude topographique des frontières avait été chez nous, avant la déclaration de guerre, l'objet de la moindre étude. En prévision d'une défensive éventuelle à laquelle on doit toujours s'attendre quand on attaque, on eût alors appris que la ligne de la Moselle qui, de Metz à Thionville s'étend sur 26 kilomètres, avec ces deux places pour points d'appui, offre une excellente base de défense. Ce sachant, tout au moins de Lunéville à Metz, nos généraux n'eussent pas manqué sans doute de faire sauter les ponts.

Autrement au courant et à la hauteur de la situation était le major-général de Moltke, chef du grand état-major allemand. Celui-là, avec son savoir immense s'étendant à tout ce qui avait trait aux choses de la guerre, allait faire payer chèrement à Bazaine et à ses ignorants collaborateurs leur incroyable inertie dans la circonstance. Ne pouvant supposer qu'il eût affaire à des adversaires d'une impéritie si absolue, il avait d'abord regardé comme indubitable que, de Metz à Thionville, nous disputerions le cours de la Moselle. L'opération s'imposait : elle était absolument rudimentaire. Une fois fixé à notre égard, l'état-major allemand ne balança plus. Les têtes de colonne du Xe corps prussien s'ébranlèrent et sans aucune résistance de notre part, s'emparèrent des ponts de Pont-à-Mousson, sans même qu'un seul coup de fusil fût tiré sur les rives !

A la guerre, un passage de rivière qui conduit sur les derrières ou le flanc de l'ennemi a toujours de graves conséquences. Nous en fîmes ici la désastreuse expérience. Le passage de la Moselle effectué par l'armée allemande en amont de Metz amena les batailles du 16 et du 18 août et contraignit nos troupes à combattre quand elles étaient séparées de leur base d'opérations. Le refoulement de nos forces dans le camp retranché de Metz, l'investissement, puis bientôt la chute de la place, en furent les suites immédiates, les lamentables conséquences.

Sachons donc désormais l'utilité des rivières et des cours d'eau et le profit qu'un adversaire avisé et vigilant peut en tirer à la guerre. A cet égard nous n'avons qu'à puiser chez les Allemands pour acquérir les indispensables notions qui nous manquent. « Les cours d'eau, enseigne le général Blum, sont surtout des obstacles au mouvement des armées. Ils ne sauraient être franchis qu'à l'aide de moyens artificiels et toujours avec perte de temps. Le défenseur peut à son aise détruire les ponts après les avoir utilisés. Si, pour une raison ou pour une autre, il s'abstient de le faire, il suffit d'une troupe relativement faible pour empêcher l'assaillant de s'en servir. Celui-ci est alors obligé de débusquer cette troupe soit par les feux qu'il dirige de la rive opposée, soit en la faisant attaquer par les forces qui, sur un autre point, ont passé l'eau. Pour cela il dispose de deux moyens : les ponts de campagne et les bateaux. L'établissement d'un pont de campagne ne peut être effectué partout et exige un certain temps, qui, sur les grands fleuves, se chiffre par des heures. Dans ce cas, le feu d'un simple détachement ennemi posté sur l'autre rive est un obstacle sérieux au travail. Avec des bateaux, même dans des conditions favorables, l'on ne peut en quelques heures faire passer que de faibles forces. Les ponts sont des défilés qui prennent à une armée plusieurs jours pour le passage. Pendant ce temps, elle demeure exposée à une attaque et ne laisse pas de se trouver dans une situation plus ou moins critique et précaire.

« Si une armée cherche à franchir un cours d'eau sur plusieurs points, elle est obligée de diviser ses forces et, pendant le passage, chaque colonne offre à un adversaire vigilant une occasion favorable de la battre avant sa jonction avec les autres. Et même quand une armée a réussi dans cette opération, elle se trouve sur l'autre rive dans une situation moins avantageuse que celle de l'adversaire : car elle a des défilés sur sa ligne de retraite et, de l'avant, elle affronte la fortune des armes dans des conditions moins propices. En tant que lignes de défense, à qui sait s'en servir, les fleuves et les cours d'eau offrent donc des avantages incontestables. Ils peuvent même devenir un obstacle insurmontable à la marche ou aux progrès de l'adversaire.

« Le passage d'une rivière dans le rayon d'action d'une armée ennemie et l'occupation de la rive opposée échoueront toutes les fois que le défenseur parviendra à détruire les premiers détachements avant l'arrivée de nouveaux renforts. Cependant il n'est jamais arrivé à un défenseur d'empêcher un ennemi très supérieur en forces de franchir un cours d'eau. Aussi la défensive derrière des fleuves ne doit guère chercher qu'une occasion de gagner du temps. Mais c'est parfois d'un prix inestimable à la guerre, un moyen infaillible de succès. A cet effet l'on ne devra employer que le nombre de troupes nécessaire pour observer et arrêter l'ennemi. Le défenseur établira le gros de ses forces à une distance du cours d'eau telle qu'il puisse les concentrer et les faire agir toutes ensemble, si la partie adverse tente le passage. Sur le cours d'eau même, il ne doit placer que des troupes d'observation. Elles serviront à la fois à empêcher l'ennemi de voir ce qui se passe dans les rangs de la défense et à entretenir ses appréhensions sur l'écueil et les dangers du passage.

« Les cours d'eau qui traversent le théâtre de la guerre dans le sens de sa longueur rendent difficile la réunion des forces opérant sur les deux rives. Le belligérant qui, pour échapper aux risques et périls inhérents à la situation, se tient sur une seule rive, se voit fréquemment obligé de concentrer toutes ses forces contrairement à son plan. Il peut encore arriver qu'il soit contraint d'abandonner à l'adversaire l'une des deux rives. D'une façon générale la possibilité de passer d'une rive sur l'autre sans que la direction de la ligne d'opérations éprouve des modifications sensibles, augmente le nombre des combinaisons stratégiques possibles au détriment de l'adversaire forcé de régler sa conduite sur la sienne (1). »

Nous avons dû entrer dans ces détails touchant le rôle et l'importance des rivières et des cours d'eau entre belligérants. Dans la future guerre, on ne manquera pas d'occasions d'en apprécier l'utilité et l'intérêt en maintes rencontres. Les événements alors se chargeront de prouver que nous n'avons rien dit de trop.

(1) *Stratégie*, p. 283.

CHAPITRE III

Envahissement de la France par l'Allemagne à l'est et au nord. — Violation de la neutralité de la Belgique. — Malmédy et Elsenborn. — Fortifications belges de la Meuse. — Echiquier démesurément étendu. — Occupation de Nancy sans coup férir par les Allemands. — Plan et conditions de la défensive-agressive pour la France.

Préparée à l'agression principale sur sa frontière orientale, la France doit en outre s'attendre, sur celle du Nord, à une vigoureuse et redoutable poussée des Allemands.

L'Allemagne, au propre jugement du général Brialmont, l'éminent stratège et fortificateur belge, est en quelque sorte forcée de passer par la Belgique, qui procurera à l'une de ses armées une ligne directe d'opérations de la Prusse-Rhénane jusqu'à Paris. « Il est certain, dit-il, que si les Allemands ne réussissent pas à franchir par surprise ou par une poussée irrésistible la ligne des places fortes de la Moselle et de la Meuse, ils chercheront une autre voie, et il ne s'en trouve pas d'autre que notre frontière, où les places modernes sont en moins grand nombre que sur la zone de l'est. Pour cela il leur faudra envahir la Belgique, en passant par Maëstrich, Liège, Huy et Namur. Qu'ils parviennent à forcer la frontière de l'est ou qu'ils soient arrêtés par elle, il sera indispensable pour eux de traverser le territoire belge (1). »

Que la grande et principale attaque des Allemands ait lieu sur notre frontière de l'est, cela va sans dire et ne saurait faire l'objet d'un doute ; mais ils ne négligeront pas, pour cela, la voie toute tracée et pour eux si avantageuse de la vallée de la Meuse. En effet de Verviers à Givet, elle n'a qu'un développement de 120 kilomètres : elle est sillonnée de routes, de chemins de fer et de ponts. D'ailleurs, elle débouche sur la station la plus vulnérable de la frontière belge, entre Maubeuge et Montmédy. Aussi, parfaitement d'accord sur ce point avec le général Brialmont, les stratégistes les plus autorisés considèrent-ils l'agression par la Belgique comme inséparable de tout plan rationnel d'offensive de l'Allemagne contre la France.

Cette opinion à peu près unanime a pourtant rencontré des contradicteurs, entre autres M. le général Pierron, un de nos plus savants hommes de guerre, qui l'a combattue par des motifs tout au moins plausibles. Un dissentiment émanant d'une si haute autorité n'est pas de ceux qu'on puisse tenir pour non avenu, encore moins réputer quantité négligeable. Examinons donc les raisons dont se prévaut l'éminent général.

Les voici en substance.

« L'état-major allemand n'a pas intérêt à diriger sa *principale ligne d'invasion* par la Belgique : car outre les difficultés internationales qui pourraient en résulter

---

(1) *Communic. partic.* de M. le général Brialmont.

pour lui et l'obligation de triompher tant de l'armée belge que des fortifications de la Meuse, la grande armée allemande aurait à parcourir d'Aix-la-Chapelle (Aachen) à Paris une distance de 421 kilomètres, tandis que de Metz à Paris l'on n'en compte que 316. De plus, l'armée venant d'Aix-la-Chapelle serait séparée de l'armée collatérale débouchant de Metz par une région sans communications suffisantes — l'Eifel et les Ardennes : — ce qui exposerait chacune de ces armées à être battue séparément. Enfin l'armée ayant traversé la Belgique, après avoir violé sa neutralité, viendrait se heurter à la barrière fortifiée Laon, la Fère, Péronne. Si elle essuyait un échec, elle pourrait en quelques jours être coupée de la Meuse, acculée à la mer et perdre toutes ses communications (1). »

A ces arguments très spécieux l'on en a ajouté d'autres. Ainsi on a dit que l'Allemagne n'avait pas d'intérêt appréciable à ne pas tenir compte de la neutralité de la Belgique, qu'elle avait au contraire de bonnes raisons de ménager cette puissance. L'Allemagne, a-t-on fait observer, ne s'est-elle pas donné un large débouché entre Thionville et Huningue ? La saillie de son territoire dans la direction de Paris dépassant de beaucoup l'alignement des frontières de la Belgique et de la Suisse, son offensive n'est pas entravée par la neutralité de ces deux Etats. Dans la défensive, elle en obtient plus d'avantages que la France, parce que la frontière occidentale de l'empire, au lieu d'être simplement longée comme la fron-

---

(1) *Défense des front. de la France*, t. 1, p. 300.

tière française, est encadrée et pour ainsi dire arc-boutée par les deux États neutres.

En somme, le dissentiment avec M. le général Pierron ne porte que sur l'agression *concomitante* des Allemands par la Belgique, puisque nous reconnaissons pleinement avec lui que l'*attaque principale* s'effectuera à l'est, en Alsace-Lorraine.

Aux motifs invoqués par M. Pierron nous pourrions en joindre un autre, celui-là d'ordre technique et dont aucun militaire expérimenté ne contestera la valeur. On pourrait alléguer que cette violation du territoire belge n'est guère présumable de la part des Allemands, généralement observateurs scrupuleux des règles de la saine stratégie militaire. Napoléon, oracle incontestable et incontesté en la matière, ne s'est-il pas formellement prononcé en ces termes : « Quand on fait opérer deux fractions d'armée par des directions éloignées entre elles et sans communications, on commet une faute qui ordinairement en fait commettre une seconde (1). »

En tenant pour irréfragable le sentiment de Napoléon, nous ferons néanmoins observer que, nonobstant les dangers très réels qu'elles font courir, les lignes d'opérations doubles ont été fréquemment employées, sans doute comme exception qui confirme la règle. De fait, il est des circonstances qui permettent, commandent même l'emploi des deux lignes, quand il est sans inconvénient. C'est, par exemple, lorsqu'un des belligérants a sur l'autre une supériorité numérique telle, qu'elle neutralise

---

(1) *Comment.*, t. 1, p. 76.

les dangers des opérations divergentes ou sur deux lignes sans communication entre elles. Or, c'est précisément ici le cas de l'Allemagne, qui regorge de combattants, au point d'être obligée d'en inonder plusieurs pays, faute d'étendue suffisante dans un seul pour leur déploiement stratégique et les évolutions en rase campagne. Jomini est bien de cet avis, quand, dans son traité magistral des *Grandes opérations de guerre*, il articule positivement « qu'une ligne double peut convenir quand on a une supériorité telle que, sur chaque ligne, on l'emporte sur l'ennemi ». Or il est indéniable que, dans la circonstance, cette condition se réalise au profit des Allemands.

Il y a donc certitude absolue que, conformément aux prévisions du général Brialmont, les Allemands traverseront la Belgique, sinon avec leur principale armée, celle de droite, du moins avec des masses énormes. C'est ce que l'éminent stratège a parfaitement expliqué à la Chambre des représentants belges. « Une armée de rase campagne, a-t-il dit, surtout si elle est nombreuse, ne peut opérer que sur un territoire qui lui fournira suffisamment d'espace pour se développer en lignes. Or, à l'envahisseur procédant par grandes masses, la Belgique seule offre entre la Meuse, la Sambre et la ligne de l'Escaut, le terrain à peine suffisant pour ses mouvements. Autrement, il est entravé dans ses manœuvres. Cette considération sera déterminante pour l'Allemagne, quand même la violation de la neutralité belge ne lui procurerait pas de surcroît l'avantage d'opérer sur la frontière du nord de la France, peu ou même point protégée contre une agression. » Jadis si souvent champ de bataille de l'Europe, la Belgique sera donc une fois de plus l'échiquier sanglant où, dans la future collision, se jouera entre la France et l'Allemagne la partie finale. Trop heureux encore les Belges, s'ils ont la chance de s'en tirer au prix de quelques horions seulement !

La violation de la neutralité belge se recommande de plus aux Allemands par tous les avantages et les commodités qu'ils y trouveront. Ainsi ils y gagneront de mener plus rapidement leur mobilisation à terme. Occupant Liège et Namur, ils auront dans cette dernière ville un solide point d'appui pour leur aile gauche, tandis que la droite se développera dans la région du Rupel, au sud de la place d'Anvers. A Namur, on peut aisément loger 150.000 hommes. C'est une ressource précieuse qui ne manquera pas d'être appréciée des Allemands, grands partisans, comme on sait, des cantonnements pour leurs troupes.

Ici, en passant, nous ferons observer qu'après Sedan ils évacuèrent leurs malades et leurs blessés par les voies ferrées de la Belgique, sans attendre l'autorisation du gouvernement belge. Ils se bornèrent à invoquer la force majeure. Atteinte sans doute légère, mais incontestable, à la neutralité du pays. Au cas d'une violation de territoire mieux caractérisée, ouvertement démonstrative, l'Allemagne pourra toujours se retrancher derrière la nécessité d'impérieuses exigences stratégiques. Sa presse stipendiée l'a déjà formellement déclaré (1).

(1) « L'Allemagne n'a pas de motifs politiques pour violer la

Ce faisant, elle aura naturellement maille à partir avec les Belges, petit peuple qui, nonobstant l'exiguïté de son territoire et sa population forcément restreinte, abonde en hommes de talent de tout genre, même parfois capables de rendre des points à ceux des plus grandes nations. Ses hommes d'Etat ont tout de suite vu clair à l'imminence de cette nouvelle épreuve pour leur pays ; et, à cette occasion ils ont justement rappelé les témoignages de vigilance et de valeur inscrits à son actif, dès les temps anciens, par le burin de l'histoire (1).

En vue, sinon de déjouer, du moins de contrecarrer autant que possible les desseins flagrants des Allemands, le gouvernement belge jugea sainement qu'il n'avait rien de mieux à faire que d'élever sur son territoire des défenses capables de leur donner à réfléchir. A cet effet, il choisit très judicieusement les deux positions extrêmes de Liège au nord-est et de Namur au sud-ouest, nœuds de communication d'une importance exceptionnelle tout à fait propres à recevoir des fortifications en état de se prêter mutuellement protection et aide. En effet la grande voie qui vient de Malmédy, c'est-à-dire de la partie

---

neutralité de la Belgique : mais l'avantage qui peut en résulter pour elle, au point de vue militaire, l'y oblige » (*Noddentocke all Germaine Zeitung*, 4 mars 1882).

(1) César, dans ses *Mémoires*, proclame les Belges les plus vaillants des Gaulois : *omnium Gallorum fortissimi*. Germanicus les propose comme modèles à ses soldats, et ajoute qu'ils sont seuls en état de prêter aide aux Romains et de maintenir dans l'obéissance les peuples de la Gaule : *subvenisse romano nomini, comprimasse Galliae populos*. Enfin Tacite (*Hist.*, IV, 76), les qualifie de *Gallorum robur*, « le nerf, l'élite de la Gaule ».

moyenne de la Prusse-Rhénane, se trouve maîtrisée par ces fortifications. Elles sont en même temps une défense contre les troupes concentrées sur la frontière au camp prussien d'Elsenborn, à proximité de Malmédy. Mais leur destination principale est d'interdire l'usage des chemins de fer conduisant au cœur de la Belgique et aboutissant à la frontière française.

Distants de 2500 à 3000 mètres en moyenne, ces ouvrages embrassent un périmètre de plus de quarante kilomètres de développement. Ensemble ils commandent sept lignes de chemins de fer, non compris les tronçons de jonction, en plus dix routes importantes et douze ponts. Leur construction a nécessité des travaux importants, même des ouvrages d'art fort remarquables. Nous les avons visités curieusement et examinés en détail. Aussi, de notre part, ne sera-ce que justice de reconnaître et de déclarer que, sous tous les rapports et à tous les points de vue, ils font le plus grand honneur au génie belge.

Les forts de Namur sont plus espacés que ceux de Liège. — 3000 à 3500 mètres environ. — Le périmètre de la place — 35 à 36 kilomètres — est aussi moins étendu qu'à Liège. Dans sa sphère d'action sont compris quatre ponts, neuf grandes routes et six voies ferrées. Au total les deux places annulent dix-sept ponts sur les vingt-six qui actuellement existent sur la Meuse belge. Et comme le poste fortifié de Huy, à mi-chemin de Liège à Namur, peut encore servir à maîtriser les deux ponts de cette petite ville, il n'en reste plus que sept en dehors du rayon de protection des forts.

Les fortifications de Namur et de Liège ont été conçues et établies de façon à économiser le plus de combattants possible. Le général Brialmont, passé maître dans l'art de la fortification, y a ménagé de nombreux abris et les a hérissées de coupoles ou tourelles cuirassées tournantes, avec des canons de fort calibre. Les garnisons nécessaires à leur défense n'exigeront pas plus de 12,000 hommes.

Dès à présent la vallée de la Meuse est donc fermée aux Allemands : elle demeure inaccessible pour eux dans la mesure du possible. Réparties avec discernement et d'une exécution irréprochable, il est certain que ces fortifications ne seront pas emportées d'emblée ni sans pertes importantes. Et, sans aller jusqu'à dire, comme la presse gouailleuse de Bruxelles, que les Allemands y trouveront l'occasion de recevoir une formidable raclée, il faut convenir qu'elles leur donneront du fil à retordre. Mais le peuple ne connaît que les extrêmes. Dans tous les temps et tous les pays, il a été et sera toujours le même. Tacite en faisait la remarque de son temps: *procacia urbanae plebis ingenia*, dit-il ; « la plèbe des villes a un penchant irrésistible pour la raillerie ». On a vu, dans la première partie de cette étude, que, lors de l'investissement de Paris par les Allemands, le pitoyable général Trochu, celui-là à trop juste titre, fut également en butte à nombre de sarcasmes mordants (1).

Si jamais un doute avait pu subsister sur les dispositions des Prussiens, à l'endroit de la neutralité de la

---

(1) Voy. page 183.

Belgique, il eût été levé, complètement dissipé par les travaux qu'ils ont exécutés à Malmédy. Ils sont effectivement de ceux qui projettent un jour éclatant sur les intentions. Même ils rendent perceptible à l'œil nu le plan d'invasion délibérément conçu et mûri par l'Allemagne.

Malmédy, jolie petite ville de 5.980 habitants, la plupart de langue française, est située en pays wallon, sur le territoire prussien, à l'extrême frontière. Elle fait face à l'angle saillant que dessine la limite française depuis Charleville, jusqu'à Givet et Rocroi. L'état-major prussien y a établi non pas « un camp d'instruction », comme s'est plu à le dire le général Bronsart von Schellendorf, ministre de la guerre, mais un immense entrepôt de matériel. C'est en même temps un point de concentration pour les différentes armes, dans le but manifeste de s'assurer l'occupation d'une partie de la Belgique, à l'ouverture de la campagne. La position de Malmédy figure exactement une sorte de bastion tout armé, un éperon à enfoncer dans le flanc de la frontière belge.

Les troupes que la Prusse y tient réunies ne sauraient être envisagées autrement que comme l'avant-garde d'un corps d'invasion. On sait que, dans l'éventualité d'opérations préliminaires et de détail, chacun des corps de l'armée allemande est constitué de façon à conserver en tout temps son indépendance. C'est pour cela qu'il comprend des éléments des trois armes : infanterie, cavalerie, artillerie. Joignez-y les troupes techniques, un matériel de pont, une administration et des services accessoires de différents genres. A première vue, sur les lieux, on acquiert parfaite édification. Le but flagrant des Allemands est bien d'entrer de ce côté en campagne avec le plus grand nombre possible de bataillons, escadrons, batteries de l'armée active. Il semble même que, pour aller plus vite en besogne, ils aient arrêté de se passer ici en partie de l'emploi des chemins de fer. En effet aucun militaire n'ignore que, lorsqu'elle ne prend pas plus de temps, la marche à pied est toujours préférable au transport par chemin de fer. La raison en est simple : avec elle les troupes conservent leur cohésion, tous leurs moyens d'action : elles sont toujours prêtes à combattre, tandis que la voie ferrée les disloque, les énerve, les éparpille.

Et, à ces fins, ce n'est pas seulement à Malmédy que les Prussiens ont accumulé troupes et matériel de campagne. Il faut encore faire état du camp d'Elsenborn, déjà nommé, dans le voisinage de Malmédy. Notons encore le grand dépôt de Dahleim, où l'on a multiplié les garages de voies ferrées, les voies d'évitement, les quais de débarquement. Les anciens baraquements ont été convertis en vastes magasins. A des installations provisoires, délabrées ou défectueuses, on a substitué des bâtiments nouveaux, de commodes et spacieuses casernes. Un matériel considérable de guerre s'y trouve entreposé.

Pas n'est besoin d'un œil bien exercé pour pénétrer l'objectif immédiat des Allemands. Leur intention évidente est de mettre incontinent la main sur les deux positions très fortes de Francorchamps et de Billingen en Belgique, lesquelles depuis plus d'un siècle ont fixé l'attention des stratégistes et des écrivains militaires de toutes les nations.

Au cours de son dernier exercice ministériel, le général Brialmont a confirmé et complété ses déclarations antérieures. Il a péremptoirement et surabondamment démontré que l'envahissement de la Belgique par l'Allemagne était forcée, inévitable. Il a surtout insisté sur ce point que, de Belfort à Mézières, il était impossible aux Allemands d'opérer sans perdre beaucoup de temps, à moins de tourner l'obstacle en envahissant la Belgique par le grand-duché de Luxembourg et les Ardennes belges. Il a établi qu'avec la nécessité pour une armée prenant l'offensive d'obtenir un front de marche correspondant au nombre de troupes en mouvement et d'éviter sur la route les achoppements, la neutralité belge avait cessé d'avoir une valeur effective. L'état-major allemand ne trouverait les facilités indispensables à ses opérations qu'en faisant avancer son aile droite par le grand-duché de Luxembourg et l'Ardenne belge, ou mieux encore par la Belgique centrale, afin de déborder par l'entre Sambre-et-Meuse la ligne de défense française. Ces considérations stratégiques et tactiques, lumineusement développées par une bouche aussi autorisée que celle du général Brialmont, ont converti les derniers incrédules.

Déjà, dans sa circulaire diplomatique du 3 décembre 1890, le gouvernement allemand avait notifié qu' « il ne se considérerait pas comme lié plus longtemps, par aucune considération relative à la neutralité du Luxembourg, *qui serait de nature à entraver les opérations de l'armée allemande*. Il est donc aujourd'hui acquis, que la neutralité du grand-duché de Luxembourg est chose non avenue pour l'Allemagne. Croire qu'il en sera autrement de la Belgique serait le fait d'une âme plus que candide.

Une conclusion irréfragable se dégage de cet exposé : c'est qu'au nord, parallèlement à l'attaque dirigée à l'est par l'Alsace-Lorraine, une armée allemande d'un million d'hommes de première ligne, suivie de sept cent mille combattants de seconde ligne, opérera simultanément, avec cette différence toutefois qu'au nord l'ennemi se ruera sur notre frontière mal fortifiée et insuffisamment garnie de troupes.

Il est présumable que, débouchant de la Belgique au nord de Mézières, l'armée allemande pivotera autour de cette place en vue de donner la main au gros des forces opérant en Champagne. Alors s'offrira certainement plus d'une occasion de prendre en flanc l'envahisseur. Sur un théâtre d'action si étendu, si malaisément observable dans toutes ses parties, ce ne sont pas les embarras ni les entraves qui lui manqueront. Il aura même à surmonter des difficultés presque inextricables, comme le réseau des voies ferrées et la zone de forêts se prolongeant de Givet à Hirson. Une armée manœuvrière et bien commandée pourrait lui infliger des échecs sensibles. Que serait-ce si, habitués à aller témérairement de l'avant, les Allemands étaient amenés de façon ou d'autre à donner un développement exagéré à leur front ? Pris en flagrant délit, ils subiraient un désastre complet. Exécuté à l'improviste, un mouvement réel ou simulé suffirait pour forcer leurs masses surprises, rompues, à mettre bas les armes. Si nous avons des généraux actifs, vigilants, alertes, il est indubitable que plus d'une fourche caudine attend les Allemands.

Il est possible qu'à l'attaque sur terre nos ennemis joignent une action par mer en s'appuyant sur leur flotte, qui, aujourd'hui, est loin d'être une quantité négligeable. Il ne faut pas se dissimuler qu'à nombre égal la flotte allemande est fort redoutable. Son artillerie de gros calibre est supérieure à celle de toutes les autres puissances, sans excepter l'Angleterre et les États-Unis d'Amérique. Il est bien vrai qu'au début ses équipages ont perdu plusieurs navires. Mais, depuis, exercés sans relâche, ils sont maintenant rompus à la grande navigation. Pendant que la marine française est matière à un indicible coulage, à des dilapidations effrénées, qu'une grande partie de son budget est dévorée par des services accessoires, en Prusse l'empereur, qui a particulièrement l'œil ouvert sur la marine, veille à ce qu'on consacre la presque totalité des allocations à l'instrument de guerre, c'est-à-dire au navire, à son armement, à son équipage. Si, comme on peut le supposer, sa ténacité vient à bout de la lésine du Reichstag, la puissance navale des Allemands prendra un développement menaçant pour l'Angleterre elle-même. Quant à la France, sur mer comme sur terre, il semble bien qu'en tout et toujours elle doive invariablement être distancée par l'Allemagne.

Dans la prochaine guerre, la coopération de sa marine pourrait procurer à l'ennemi le moyen d'exécuter un changement de ligne d'opérations, par exemple, de se baser sur la mer du Nord et la Manche, à l'effet de tourner la barrière fortifiée Verdun-Epinal.

Il est plus que présumable que tous les corps allemands stationnés dans la région nord de l'Allemagne se réuniront à l'extrémité de la Belgique pour y former une armée du nord, laquelle abordera la frontière française entre Sedan et Montmédy (1).

(1) « Si, dans la dernière guerre, les généraux allemands ont respecté le territoire belge, la raison en est qu'au début de la campagne, ils étaient loin d'être assurés du succès et qu'une violation de neutralité aurait pu mettre contre eux l'armée belge alliée à la France.

« Les conditions sont différentes aujourd'hui et l'Allemagne n'aurait plus les mêmes craintes. D'ailleurs, les nombreux ouvrages de fortification accumulés par les Français le long de la Meuse en face de Metz et de Thionville, reportent naturellement les armées allemandes vers le nord.

« Dans cette violation de la neutralité, les Allemands apporteront sans doute une certaine réserve. Leurs armées ne traverseront pas Bruxelles ; elles se contenteront de pénétrer, par Cologne et Aix-la-Chapelle, dans la partie sud du royaume.

« Quant à la neutralité du Luxembourg dont tous les chemins de fer sont déjà entre les mains des Allemands, il serait naïf de croire que leurs généraux consentiront à en tenir compte.

« Le système défensif de la France doit donc être conçu et organisé en vue de la violation de la neutralité de la Belgique, sans quoi il péchera par la base.

« Si, après la dernière guerre, les Allemands n'ont pas réduit la France à la frontière de Henri II, en gardant les places de Toul et de Verdun, c'est qu'ils ont jugé que leurs lignes d'invasion les plus avantageuses, partant de la frontière sud de la Belgique, n'étaient nullement gênées par ces places.

« Les voies ferrées de la région nord de l'Allemagne permettent de concentrer avec une rapidité extrême tous les corps d'armée de cette région sur la ligne Liège-Aix-la-Chapelle-Duren pour en former *une armée du nord*.

« En se basant sur la répartition des troupes sur le territoire

Tous les corps d'armée de la partie centrale de l'empire prendront leur ordre de bataille sur la ligne Luxembourg-Thionville-Metz, probablement pour y former deux armées, dont l'une, *celle du Luxembourg,* marchera coude à coude avec l'armée du nord, à laquelle elle

de l'empire, il y a lieu de penser que cette armée du nord se composerait des corps I, II IX, VII, dont les sièges de commandement sont Kœnisberg, Stettin, Altona, Hanovre, Munster.

« L'état-major allemand ne croit pas à une résistance énergique de la part des Français. Si à cet égard des prévisions se réalisent, l'armée allemande du nord pourra traverser la Belgique et aborder la frontière par la trouée de Chimay, entre Maubeuge et Givet. Elle trouverait là la ligne d'invasion la plus directe sur Paris, à travers les provinces les plus riches de la France, et elle prendrait à revers toutes les lignes de défense constituées sur la Meuse et dans l'Argonne.

« Plus probablement, les généraux allemands agiront avec prudence et l'armée allemande du nord prendra son ordre de bataille dans le Luxembourg et à la pointe sud de la Belgique, en se plaçant coude à coude avec les armées de la partie centrale de l'empire. Elle mettra la main sur la place de Luxembourg dont les remparts n'offrent qu'une brèche de 60 mètres facile à fermer ; et marchant vers l'ouest, elle franchira le Chiers entre Montmédy et Sedan et la Meuse entre Stenay et Sedan : elle aura derrière elle, comme lignes d'approvisionnement, les trois lignes à simple voie dirigées vers le sud et rattachant la grande artère Namur-Cologne aux places de Luxembourg, Thionville et Metz.

« Au fur et à mesure des progrès de son invasion, l'armée allemande du nord devra rendre libres les chemins de fer derrière elle, particulièrement la ligne à deux voies Namur-Givet-Mézières-Reims. Il est donc probable qu'un corps spécial, composé de troupes de landwehr et de batteries de forteresse, suivra son aile droite pour investir et faire tomber rapidement les places de Givet et de Mézières, qui maîtrisent cette voie ferrée.

« Les Allemands pourraient négliger Givet, qui est évité par la ligne ferrée Charleroi-Mariembourg-Vireux. D'ailleurs, comme

se reliera par la vallée du Chiers ; la seconde, dite *de la Moselle,* aura pour objectif de menacer de front les fortes positions françaises de la rive droite de la Meuse, lesquelles seront probablement couronnées par les troupes du 6ᵉ corps français.

cette petite place n'a qu'une enceinte, un bombardement en aurait facilement et rapidement raison.

« Pour cette double raison, on ne démêle guère les motifs qui ont déterminé les Français à armer cette place. Il semblerait urgent, au contraire, de raser ses remparts après avoir ramené son matériel au nœud important, c'est-à-dire à Mézières. La dispersion des forces a toujours pour résultat la faiblesse et la défaite.

« Par contre, la place de Mézières paraît avoir une importance stratégique de premier ordre. Placé sur la Meuse, elle commande deux lignes ferrées des plus importantes : la ligne Namur-Reims-Paris, et le chemin parallèle à la fontière Hirson-Mézières-Sedan-Montmédy-Longwy. Si une armée allemande abordait le territoire français par la trouée de Chimay, la place de Mézières interromprait ses communications par la vallée de la Meuse avec les armées allemandes du Luxembourg et de la Moselle. Si, au contraire, comme il est probable, l'armée allemande du Nord venait prendre son ordre de bataille dans le Luxembourg et la pointe sud de la Belgique, la place de Mézières empêcherait son développement vers le nord et elle maîtriserait sa ligne d'approvisionnement, la ligne Namur-Mézières-Reims.

« La place de Mézières est donc de première importance pour les Français. Elle devrait être organisée de la manière la plus solide, avec des ouvrages se soutenant les uns les autres, c'est-à-dire distants de trois kilomètres au plus et armés de batteries à coupole. En un mot, elle devrait pouvoir, avec une faible garnison, composée en majeure partie de troupes territoriales, résister le plus longtemps possible à tous les efforts de l'artillerie de forteresse des Allemands.

« L'état-major français commettrait une grande faute, s'il perdait de vue le développement considérable donné par les Alle-

Tous les corps de l'Allemagne du sud viendraient se concentrer dans la région Strasbourg-Hagueneau-Sarrebourg, pour y former une *armée d'Alsace,* ou armée du sud.

Les procédés de guerre employés par les Allemands en 1870-1871, durant le cours de la campagne, ont été invariablement les mêmes. La future guerre en verra sans doute la reproduction sans grand changement. On peut ramener leurs méthodes et leurs pratiques aux données fondamentales suivantes : ne jamais s'avancer sans avoir la supériorité du nombre ; prononcer simultanément diverses attaques sur des points opposés de la ligne ennemie ; canonner au préalable avec toutes les forces d'artillerie disponibles, avant de lancer les colonnes d'attaque ; faire donner les réserves presque dès le début de l'action, mais en conservant à bonne distance, en arrière, un renfort d'une importance égale aux troupes déployées ; préparer des mouvements tournants étendus et, au moment décisif, faire entrer en ligne des troupes fraîches.

De tout cela nous avons justement fait le contraire dans la précédente guerre. Ainsi nos troupes ont presque toujours commis la faute, surtout dans la seconde partie de la campagne, de marcher par corps trop fractionnés. C'est

---

mands à leur artillerie de forteresse. Il n'est pas douteux qu'un fort détachement de ce corps spécial, muni d'un équipage de siège, sera attaché à chaque corps d'armée avec la mission de faire tomber rapidement les places et les forts isolés dont la défense n'aura pas été fortement organisée » (*Les Chemins de fer allemands et les chemins de fer français,* par le major X...., p. 8 et suiv.).

de la sorte qu'elles se sont présentées sur tous les champs de bataille, comme à Coulmiers et à Héricourt. Aussi ne sommes-nous jamais arrivés en forces suffisantes vis-à-vis du point d'attaque, pour y *exercer cette poussée* décisive qui rend la victoire certaine et complète.

En résumé, si nous avons été battus par les Allemands, ce n'est pas que leurs soldats eussent plus de courage que les nôtres. Sur ce point on peut s'en rapporter à leur propre témoignage. Ils répéteront qu'ils n'ont jamais rencontré de plus vaillants combattants que ceux contre qui ils luttèrent à Wissembourg, à Woerth, à Saint-Privat. Ils nous ont vaincus parce que leurs dispositions, tant stratégiques que tactiques, étaient mieux prises que les nôtres, leurs troupes placées dans de meilleures conditions, soit pour tirer parti de l'artillerie, soit au point de vue du nombre, et surtout parce que leurs officiers les conduisaient bien, étaient toujours prêts à payer de leur personne, enfin parce que chez eux les chefs n'ont jamais manqué d'abnégation ni failli à l'esprit de camaraderie et de confraternité militaire, à la différence de tant de défaillances coupables ou autrement inexcusables qu'on a justement relevées chez nous.

Les officiers allemands avaient sur les nôtres une réelle supériorité d'instruction, non pas d'instruction générale, mais technique. Ce n'étaient pas des militaires *savants* mais *sachant*, selon la très juste distinction que depuis longtemps on a faite. Ils étaient pourvus d'un enseignement effectif, formés de longue main à des procédés de guerre tout pratiques. Ils ne sortaient pas de Saint-Cyr, encore moins de l'Ecole polytechnique, la tête farcie de science abstruse, bourrés d'algèbre et de mathématiques transcendantales. Le passé et l'expérience ont donné la mesure exacte des hommes de guerre que l'enseignement de cette dernière a faits. Au domaine militaire, il n'a jamais eu d'autre effet que de rétrécir les vues et d'abrutir l'intelligence. En fait, parmi les grands capitaines, l'on compte beaucoup de lettrés : César, Scipion, Frédéric II, l'archiduc Charles, le prince de Ligne, Maurice de Saxe, Napoléon, de Moltke, etc. ; vous n'y trouverez pas un seul mathématicien. Le polytechnicien Freycinet, prototype du genre, n'a fait preuve que d'insanité dans le commandement, durant tout le cours de son ingérence burlesque.

Aussi bien, l'on ne saurait trop se pénétrer de cette vérité, que la guerre n'est pas une science abstraite. Sans doute elle constitue une science, mais de plus un art. On ne saurait trop rappeler que les principes ne sont rien par eux-mêmes, mais seulement par la manière dont ils sont appliqués. Il s'ensuit que pour qu'une opération réussisse, il ne suffit pas qu'elle soit juste dans sa conception : il faut encore qu'elle soit conduite par un homme du métier, par un militaire expert. Ce qui met Napoléon au-dessus de tous les grands capitaines des temps modernes, c'est moins la sagacité de ses plans que l'habileté et le discernement qu'il apportait dans les moyens d'exécution. Là où il est vraiment incomparable, c'est dans la précision avec laquelle il savait prendre les dispositions les plus complexes, les mesures les plus variées pour assurer le succès de ses opérations, pour faire concourir toutes ses ressources vers le but qu'il se proposait ; c'est encore dans la souplesse avec laquelle il savait parer à tous les contre-temps qui ne manquent jamais de se produire à la guerre, où l'imprévu éclate à tout instant. Dépourvus de tout savoir stratégique et tactique, étrangers à l'art de la guerre, Gambetta et Freycinet étaient donc tout simplement des stratèges d'opérette, des militaires de carton. Dans leur parfaite inconscience, ils en étaient à apprendre que, suivant le mot de Clausewitz, « les armées ne se séparent pas, comme les danseurs d'un quadrille, pour avoir le plaisir de se rapprocher ». Mais ils excellaient dans les conceptions de dislocation de forces. Imaginant toutes sortes d'attaques hypothétiques, ils s'efforçaient d'y parer en plaçant des troupes de tous côtés, par petits paquets. On ne pouvait prendre plus malencontreusement ses dispositions pour se faire battre en détail et écraser par morceaux, si on nous passe l'expression. L'insanité des vues de la Délégation de Tours ressort irrécusablement de l'idée absurde d'opérer la délivrance de Paris par la forêt de Fontainebleau, à l'exclusion du plan topique du général Ducrot, qui aurait problablement réussi par la Basse-Seine, s'il avait pu refréner l'infatuation de nos deux stratèges amateurs, inépuisables pourvoyeurs de plans chimériques, et, pour l'exécution, souverains dispensateurs d'instructions ineptes. Ces deux néfastes intrus n'étaient propres qu'à faire dévoyer la défense nationale et à réaliser la défaite.

Soucieux de l'avenir de son pays, un ministre de la guerre intelligent ferait fermer l'Ecole polytechnique au plus vite. Cette institution surannée a fait son temps :

de nos jours elle ne constitue plus qu'une superfétation et elle est la plaie de l'armée. On assure que s'il avait réussi à se saisir du timon des affaires, le général Boulanger, excellent militaire, n'aurait pas failli à l'accomplissement de cette œuvre nationale et patriotique. Combien il est regrettable qu'engagé dans une entreprise intempestive, il ait été empêché de rendre à la France cet inestimable service ! D'une façon générale, on ne saurait trop le redire et le déplorer : au militaire comme au civil, une bureaucratie ignorante et routinière est actuellement la seule dispensatrice de l'éducation et de l'instruction. Son idéal est le système chinois. Avec la génération qu'elle forme, on est certain de voir la France courir à sa perte.

Il est présumable que, s'attachant à la partie sud des Vosges, nos généraux se serviront de ces montagnes pour assurer la concentration des corps et empêcher l'ennemi de se jeter au milieu d'eux, surtout pour déjouer son intention bien arrêtée de gagner rapidement le cours inférieur de la Loire, de façon à couper la France en deux parties. Une concentration suffisamment distante des Allemands paraît imposée, parce que, prêts les premiers, ils gagneront quelques jours sur nous. Il importe de ne les combattre qu'après concentration parfaite, dût-elle s'effectuer fort en arrière, au cœur même du pays.

La prévoyance du généralissime devra s'étendre à l'imprévu, aux éventualités les plus improbables. Dans une armée de plus d'un million d'hommes comme la nôtre, avec un matériel immense, des soldats jeunes et inexpérimentés, des cadres improvisés, des états-majors de toute provenance, on frémit à la pensée des conséquences que pourrait entraîner un mouvement rétrograde mal calculé ou trop accentué. Dans ces conditions, que deviendrait une retraite dans les plaines de la Champagne, en un pays découvert, dépourvu de défenses naturelles, même d'accidents de terrain, sous la poursuite d'un ennemi victorieux ? Pressées de front, débordées sur les ailes, nos armées disloquées n'auraient d'autre ressource, pour échapper à un enveloppement général, que de reculer sur la ligne de défense Reims à la Fère, par les deux rives de l'Aisne.

C'est pourquoi, au lieu de grandes places d'armes dont la défense exigerait la construction d'ouvrages de campagne, nous voudrions qu'aux défilés de l'Oise, de la Marne et de la Seine, on créât de simples places d'arrêt capables d'un effort maximum avec une garnison ordinaire, abstraction faite de toute coopération d'armée active. On y trouverait l'avantage d'offrir une position de ralliement, un rideau protecteur aux colonnes en retraite, ou un couvert, un appui à celles qui tenteraient un mouvement offensif si la fortune redevenait favorable à nos armes. Du même coup l'on maîtriserait les voies ferrées de l'Est et du Nord : on en interdirait l'usage à l'ennemi pendant un temps très long, peut-être même durant toute la guerre.

Nous ne nous lasserons pas d'insister sur ce que de toutes les manœuvres des Allemands, la plus dangereuse pour nous serait celle qui aurait pour effet de couper la France en deux tronçons, par l'occupation de la ligne de la Loire depuis Orléans jusqu'à Angers. Alors, non seulement la France se trouverait scindée en deux parties, mais de plus la ligne de la Loire serait prise à revers. A supposer qu'elle fût couronnée de succès, cette opération stratégique pourrait déterminer la ruine de nos armées et, du même coup, la chute de la France.

Entre les belligérants l'action s'engagera forcément sur une zone immense : elle sera impétueuse, ardente, prolongée. La souplesse, la mobilité, l'union des corps d'armée y seront surtout nécessaires. On évoluera à grande ou à courte distance pour modifier des positions, en renforcer, en déborder d'autres. Suivant toutes les probabilités, c'est à l'ouest des Vosges que se déroulera les plus poignantes scènes du drame. Il aura pour théâtre cette partie du territoire qui a un développement d'environ 220 kilomètres, dont le tiers à peu près est occupé par les ouvrages du groupe Verdun-Toul, plus quelques kilomètres par ceux de la défense propre d'Epinal. Comme objectifs directement menacés, plus particulièrement désignés aux coups des Allemands, l'on peut citer, dans le groupe Verdun-Toul, les forts de Liouville, Germonville, Saint-Mihiel et, sans doute, celui Troyon. La raison en est qu'ils occupent à peu près le centre de la ligne, qu'ils commandent des voies de communication très importantes, nommément celle de Pont-à-Mousson à Bar-le-Duc, par Saint-Mihiel et Commercy. Cette voie ferrée, qui a déjà rendu tant de services aux Allemands, leur serait derechef fort utile. Il n'est pas douteux qu'ils ne comptent s'en servir pour amener à pied d'œuvre leurs équipages de siège. Et, à ce propos, relevons au compte de nos gouvernants un fait d'incurie ou d'aveuglement vraiment incroyable. Depuis que les forts d'arrêt sont construits, n'ont-ils pas laissé établir une voie ferrée de Pagny-sur-Moselle à Thiaucourt, avec prolongement éventuel, soit dans la direction de Toul, soit sur la ligne de Paris ! Il semble qu'elle ait été faite spécialement à l'usage et pour la plus grande commodité des Allemands, dans leur marche sur notre capitale.

Ce n'est pas une attaque de vive force pure et simple que les Allemands ont l'intention de diriger contre les forts, mais bien ce qu'on pourrait appeler une attaque brusquée, exécutée au moyen de leurs équipages mobiles et de leurs pièces de gros calibre. Elle aura lieu au cours même des opérations de leurs armées, dont elle sera un accessoire.

Nous avons dit le sort présumé de Nancy. C'est que, malheureusement, c'est fort difficile, pour ne pas dire impossible, de faire entrer cette ville dans le plan des premières opérations de l'armée française. Pendant la paix, il fallait faire de Nancy une place de guerre de premier ordre. On n'a su s'y décider à temps : c'est une faute dont on subira les graves et terribles conséquences. Il est absolument certain que la place de Nancy fait partie intégrante des défenses de la Meuse, et que, sans l'organisation de sa défense, nos fortifications du nord-est n'ont qu'une valeur très limitée hors de proportion avec les sommes qu'elles nous ont coûtées. En l'état actuel, Nancy devra être abandonnée aux premières troupes allemandes qui se présenteront pour l'occuper. La perte, dès le début de la campagne, de cette cité opulente aura dans le pays et dans l'armée un douloureux retentissement. Plaise à Dieu que ses suites immédiates ne soient pas un amoindrissement considérable de l'autorité du gouvernement et l'occasion de désordres sanglants à Paris et dans d'autres villes de France !

Poussant jusqu'au Madon, petite rivière qui, après des sinuosités perpétuelles, va se perdre dans la Moselle à Pont-Saint-Vincent, les Allemands n'auront sans doute rien de plus pressé que de faire passer un fort détachement sur la rive gauche, afin de menacer les communications de l'armée française et de l'attaquer. Mais si la manœuvre s'exécute, elle sera fort aventurée : car il faut que la forêt de Benney soit rapidement enlevée, pour que l'attaque décisive puisse opérer sa conversion sans être inquiétée. Et il ne faudra pas moins que le passage de presque toute l'armée allemande sur la rive gauche du Madon, pour couper à l'armée française sa ligne de retraite.

L'entreprise sera donc ardue, scabreuse. Même en admettant que les mouvements des Allemands puissent s'exécuter avec célérité et sans confusion — ce qui est plus que douteux en l'état d'entassement des troupes — ils devront gravir les pentes de gauche de la Moselle. Là ils se heurteront à des obstacles de toute nature : villages, bois, retranchements, qui, non seulement entraveront et ralentiront leur marche, mais pourront encore déterminer chez eux un ou plusieurs mouvements de recul dont les suites ne manqueraient pas d'être graves.

Nous avons parlé des rives escarpées avec lesquelles

les Allemands auront à compter. C'est ici le lieu de se demander si, après avoir essuyé des feux écrasants au passage, l'armée allemande aura encore l'ardeur et la consistance nécessaires pour emporter des positions fortement retranchées et opiniâtrément défendues.

Aussi bien, couvrant de batteries les hauteurs enserrant la Moselle et les positions dominantes, la défense sera en mesure de battre efficacement les principaux talus de la rive opposée, au moyen de feux bien étagés. Cependant, si l'attaque de l'assaillant est vigoureusement conduite, il ne sera pas impossible qu'en raison des nombreux couverts il n'atteigne le terrain labouré par des projectiles de la défense rapprochée. Mais lorsqu'il voudra s'emparer des sommets, il est infiniment probable qu'il échouera, parce qu'à ce moment il sera horriblement décimé, même écrasé par des feux convergents (1). Qu'on se souvienne de Saint-Privat où, après s'être emparés de la ferme de Saint-Hubert les Allemands furent repoussés chaque fois qu'ils tentèrent de déboucher du ravin de la Mance.

Il est facile de prévoir le rôle que les ailes de l'armée

(1) M. de Moltke, dans ses leçons stratégiques et tactiques à l'état-major de Berlin, a reconnu lui-même que « les troupes allemandes ne pourraient ici soutenir une véritable lutte d'artillerie contre les batteries françaises ; que, de plus, dans l'attaque, il faudrait installer les batteries allemandes à environ 1,800 pas en arrière de la Moselle, pour les dérober au feu meurtrier de l'adversaire, tout en tenant sous celui des Allemands le cours de la rivière et les points susceptibles de recevoir les ponts que jetterait vraisemblablement le défenseur ». (*Thèmes tactiques et solutions critiques* du feld-maréchal de Moltke ; Berlin, trad. de Richert, p. 156).

allemande seront le plus souvent appelées à remplir. En général, elles se tiendront sur la défensive combinée avec des mouvements agressifs, mais sans se séparer du centre. De quelque façon qu'on l'envisage, une action offensive contre la rive gauche de la Moselle souffre de grandes difficultés. Il se peut néanmoins, que des circonstances impérieuses déterminent les Allemands à la tenter : car, si considérables qu'ils soient, les obstacles ne sont pas absolument insurmontables ; et l'on sait que nos adversaires ne sont ni ménagers, ni économes de leurs combattants.

Couverte par la Meurthe et s'étendant de la forêt de Haye au bourg de Bayon, pour suivre ensuite la rive gauche de la Moselle, la position de l'armée française ne sera pas mauvaise. Cette ligne de bataille a seulement l'inconvénient de présenter un saillant à Saint-Nicolas-du-Port. Le plus grave danger de la défense de la Moselle viendrait de ce que, une fois franchie et la berge gravie, nos troupes courraient risque de se voir acculées au Madon, dont le lit est encaissé et les bords abruptes.

La zone comprise entre les Vosges et la Moselle, au nord d'Epinal, est entre-coupée de bois et de collines. La contrée est sillonnée de chemins la plupart macadamisés. Il en est qui, non empierrés, passent sous des bois : ceux-là ne sont pas en tout temps carrossables.

Les nombreux couverts existant au sud de la Meurthe nécessiteront l'emploi de quelques éléments d'infanterie, à l'effet de compléter l'exploration faite par la cavalerie et pour faire échec aux éclaireurs ennemis qui tenteraient de se rapprocher des colonnes de marche. Un aspect caractéristique de cette région, c'est que la plupart des hauteurs sont couvertes de bois qui ne permettent de déployer qu'un nombre restreint de batteries. Faute de terrain et d'espace, il faudra souvent diminuer les intervalles entre les pièces et même en laisser un certain nombre en réserve.

Une autre difficulté inhérente aux localités sera de maintenir la liaison entre les corps d'armée ; car ils seront fréquemment séparés par des obstacles empêchant la vue de s'étendre. Si les commandants ne font pas tous leurs efforts pour se conformer aux ordres donnés, l'impulsion d'en haut ira toujours s'affaiblissant et toutes les combinaisons flotteront à l'aventure.

Le succès des opérations sur une grande échelle dépend surtout du ravitaillement. Aussi, l'armée qui disposera d'un réseau de voies ferrées et du matériel nécessaire pour réparer promptement les chemins de fer hors de service aura un avantage marqué sur la partie adverse.

Indépendamment des forêts, des bois nombreux couvrent la Lorraine et le département des Vosges. L'étude de leurs contours amène à penser que c'est par une action extérieure qu'on réussira le mieux à les faire évacuer. A l'intérieur, on suivra les chemins en s'éclairant sur les flancs, mais sans jamais prendre un front trop étendu. Supposons qu'à 5 kilomètres de Lunéville, la forêt de Mondon soit occupée par l'avant-ligne de l'armée allemande d'invasion, les troupes de la défense débouchant à l'est de Lunéville et pénétrant dans la forêt par les chemins qui la traversent de la Meurthe à la Vezouse, auront peu de peine à forcer l'ennemi à déguerpir. Il lui serait impossible de se maintenir ici longtemps.

La ligne et les points de rencontre de l'armée française et de l'armée allemande dépendront de la célérité avec laquelle elles se mobiliseront. Les bonnes positions à la frontière appartiennent au premier occupant. De là l'importance pour nous de gagner de vitesse les Allemands. Séparés seulement par la Meurthe, les belligérants seront tous les deux en bonne posture pour engager l'action. Mais, pour se ravitailler, l'armée française se trouvera dans de meilleures conditions que l'armée allemande, surtout si elle prend la précaution de couper sur le sol français, ou de mettre autrement hors de service, tous les chemins de fer indispensables à l'ennemi pour son alimentation. De la situation qui alors lui serait faite, il aurait à souffrir considérablement.

Les avantages défensifs de la Meurthe et du torrent de l'Agne, qui décrit un arc de cercle dont la convexité regarde le sud, méritent une sérieuse attention. Pour prendre ici l'offensive, il faudrait, comme pour la ligne de la Moselle, que les Allemands profitassent des heures de nuit pour leurs approches. Ils seraient de plus obligés de soutenir les effets de la ligne de combat par des attaques multipliées, persistantes. A entreprendre de franchir de vive force la Meurthe et l'Agne, ils se heurteront à de formidables obstacles. C'est que les berges de ces rivières forment des glacis dont la plupart seront battus, balayés par des feux rasants. Les pertes de l'assaillant seront énormes. Etant donnée la faible largeur des vallées il y aurait pour lui avantage à brusquer l'attaque dès la pointe du jour. La défense aura toute facilité de dérober ses réserves à sa vue. De quelque manière qu'il s'y prenne, il aura à déployer un bien violent effort pour faire lâcher prise à un adversaire solide et déterminé, si tant est qu'il y parvienne.

Dans l'hypothèse où la rencontre des belligérants aurait lieu sur la Meurthe, il importera à chacun d'eux de se saisir des points tactiques les plus importants de cette ligne. Leur possession dépendra de l'occupation des hauteurs qui les commandent. De part et d'autre ce sera véritablement une course au clocher, subordonnée à des circonstances et à des incidents qui échappent à toute conjecture et ne sauraient être fondement à prévisions.

En se tenant sur la rive gauche de la Meurthe sans remonter jusqu'à sa source, l'armée française aurait son aile droite mal appuyée. Il faut en effet tenir compte des routes nombreuses qui traversent les Vosges depuis le Donon jusqu'au col du Bonhomme et du débouché de Saales, présentement partie intégrante de l'Alsace-Lorraine. Pour qu'elle n'eût pas sa droite en l'air d'une façon inquiétante, il faudrait que son front s'arrêtât à Saint-Dié et qu'elle occupât les positions de Corcieux et de Bruyères. A ne pas dépasser Raon-l'Étape, elle évite de s'étendre démesurément, tout en appuyant fortement son aile droite au massif de hauteurs situé au sud. Franchissant alors la Meurthe sans hésitation, elle a les plus grandes chances de succès en attaquant à l'improviste l'armée allemande. Un avantage signalé sur la rive droite enlèverait toute portée à un mouvement tournant sans effet immédiat.

Il se peut que, tenant pour malchanceux le passage de vive force de la Moselle et de l'Agne, l'armée allemande y renonce et essaye de franchir la Meuse, en se bornant à défendre la Seille et le camp retranché de Strasbourg. Cependant, à supposer qu'elle fût poussée à fond, cette opération serait bien hasardeuse ; car, à partir de Verdun, la rivière se rapproche de la frontière belge distante seulement, entre Carignan et Mézières, de 10 kilomètres environ. Si l'armée allemande prenait la détermination de passer la Meuse entre Verdun et Mézières, elle devrait s'engager dans une gorge longue et étroite, privée de toute voie ferrée pour l'approvisionnement. Elle ne pourrait effectivement compter sur celle de Montmédy à Mézières. L'insuffisance des communications dans cette région se ferait vivement sentir aux Allemands.

Moins fécond en résultats et peut-être plus dangereux, un autre plan consisterait à tourner Toul par le nord, en suivant la direction de Pont-à-Mousson à Commercy. Il reposerait en grande partie sur la possibilité de rendre de prime abord les forts d'arrêt absolument intenables. Mais, situés sur des hauteurs difficiles à prendre à revers, il se peut que, bravant les attaques, ces fortifications tiennent bon un temps plus ou moins long. Et puis, la manœuvre consistant à tourner Toul par le nord offrirait le danger d'étendre la ligne d'opérations entre deux écueils : les places fortes de Toul et de Verdun.

Un autre projet encore a été prêté aux Allemands. Ce serait d'entreprendre l'investissement du fort de Manonvillers, des places de Longwy et de Montmédy et de concentrer leurs efforts contre l'enceinte de la rive droite de Verdun. Mais le siège de Verdun par la rive droite de la Meuse offrirait de grandes difficultés. La place ne se trouverait investie que d'un seul côté de la rivière. Cependant, avec la commodité pour les Allemands de s'établir et de se ravitailler dans la plaine de la Woevre et la possibilité de démanteler les forts en les couvrant de projectiles, l'opération serait loin d'être inexécutable. Elle aurait toutefois le grave inconvénient d'immobiliser le gros de leurs forces durant un certain temps. C'est là une perspective qui ne sourira guère aux Allemands, en tout temps soucieux d'aller vite en besogne.

Notre frontière militaire franchie, l'envahisseur se trouvera presque aussitôt sur la ligne de partage des eaux du bassin de la Seine et du bassin du Rhin, par conséquent aux sources des divers cours d'eau dont le réseau fluvial vient converger aux environs de Paris par l'Oise, la Marne et la Seine. Rappelons à ce sujet qu'à l'égard de la contrée qu'ils arrosent, certains cours d'eau sont des lignes d'invasion naturelles. C'est ici le cas pour l'Oise, la Marne et la Seine. Ces rivières seront pour les Allemands le point d'appui d'une aile.

Parallèlement à elles et à leurs affluents courent des routes excellentes, dans un pays plat, découvert, entièrement démuni de défenses naturelles. Aussi assurent-elles une marche prompte et aisée à l'ennemi se dirigeant sur la capitale.

A supposer des défaites assez graves pour que la lutte ne puisse se prolonger sans la réorganisation de nos armées, elles devront se retirer, non sur Paris, mais vers le sud. La retraite sur Paris doit être évitée à tout prix. Elle serait désavantageuse dans tous les cas et, par la séparation qu'elle amènerait entre nos corps d'armée, pourrait même devenir désastreuse. Au contraire la retraite au sud, parallèlement à la frontière, favorisera la concentration et, par suite, la force défensive, en même temps qu'elle privera les Allemands des ressources de tout genre dans les provinces les plus riches et les plus fertiles du pays (1).

(1) Au sentiment du général autrichien Kuhn, ancien ministre de la guerre de l'empire austro-hongrois, la base essentielle de la défense de la France contre l'Allemagne est constituée par la Loire, depuis son embouchure jusqu'à Nevers, et ensuite par le bassin de Lyon. Nous laissons ici la parole à l'éminent stratégiste, qui s'en explique en ces termes :

« Paris, situé concentriquement par rapport au centre de gravité du pays, ne joue stratégiquement qu'un rôle secondaire et n'a d'importance qu'en tant qu'il renferme le siège du gouvernement. Sous ce dernier point de vue, son occupation a une signification et sa fortification une grande valeur.

« Mais Paris peut être protégé mieux encore que par des fortifications, si, dès le début, l'armée française effectue son déploiement stratégique parallèlement à la base du pays. Une position de ce genre équivaut à celle sur le flanc de la ligne d'invasion et interdit à l'assaillant de marcher sur Paris.

« Le premier déploiement stratégique de l'armée française doit donc être parallèle à la base Nantes-Nevers-Lyon, c'est-à-dire l'aile droite appuyée aux Vosges, l'aile gauche dans la direction de Toul et Châlons-sur-Marne. Il faudrait protéger l'aile gauche par un ou deux corps d'armée postés près de Verdun, lesquels auraient derrière eux le camp retranché de Lille, sur lequel ils pourraient se replier en cas de besoin, puis, après s'être renforcés avec les troupes de nouvelle levée formées dans le nord, reprendre l'offensive contre l'aile droite de l'armée allemande.

« Cette position oblige l'adversaire à prendre un front d'opé-

Nos armées manœuvreront alors de la façon suivante :

Abandonnant la ligne de Belfort-Montbéliard, prise à revers, et opérant un changement de front, l'armée de Franche-Comté prendra position sur les plateaux du Jura. Elle sera couverte par les montagnes du Laumont et le Doubs.

rations parallèle, qui tend à être perpendiculaire au Rhin. Par suite l'armée française y gagne le grand avantage que, si au lieu d'attendre passivement l'attaque, elle passe à l'offensive, après avoir terminé son déploiement stratégique, elle peut avec son aile droite, où elle devrait masser la plus grande partie de ses forces, se porter contre la gauche de l'ennemi, et, en cas de succès, couper l'armée allemande du cours supérieur et du cours moyen du Rhin, en la refoulant au nord. Elle aurait de la sorte le moyen de faire des diversions dans l'Allemagne du sud et d'empêcher que des renforts puissent en venir à l'armée ennemie.

« L'armée allemande serait donc forcée de faire face presque au sud. Son aile droite serait exposée aux coups des corps d'armée français basés sur Lille. Il lui faudrait faire un détachement contre ceux-ci, ce qui affaiblirait d'autant son front.

« Dans le cas où le sort des armes obligerait l'armée française à battre en retraite, les lignes de la Marne, de la Seine et de l'Yonne lui offrent, dans leur cours supérieur, de bonnes coupures à défendre. Sur la Marne, le poste retranché de Vitry-le-François pourrait offrir un appui à l'aile gauche et la place de Langres garantirait l'aile droite.

« Sur la Seine, il conviendrait d'élever à Troyes et à Bar-sur-Seine des ouvrages en forme de tête de pont, sur l'Yonne à Sens.

« Sur la Loire, Orléans et Nevers devraient être fortifiés.

« Pour que le déploiement stratégique puisse s'accomplir rapidement et qu'après une défaite la résistance continue avec énergie et chances de succès, il faut avant tout que les chemins de fer soient tracés et aménagés en conséquence, c'est-à-dire que des lignes ferrées mènent de la base de la Loire moyenne sur le front du déploiement et qu'en arrière de ce

Avec son aile gauche appuyée sur la place de Besançon, elle conservera une attitude menaçante devant l'ennemi, quels que soient ses mouvements. Dans ce pays difficile, elle ne saurait être forcée de front. Au moyen de la ligne ferrée bien couverte, elle se trouvera en communication assurée avec la ville de Lyon, qui lui fournira vivres et munitions. Des têtes de pont (1) construites sur le Doubs lui procureront les moyens de se jeter sur les lignes de communication de l'envahisseur, soit

front des lignes transversales facilitent le transport des masses d'une aile à l'autre. Comme transversales, on peut citer la ligne de Paris à Langres et Belfort par Troyes, celle de Paris par Joigny à Dijon, enfin la ligne d'Orléans à Lyon par Nevers.

« Perpendiculairement à ces transversales, les chemins de fer suivants auraient de l'importance comme lignes d'opérations s'ils étaient aménagés à deux voies : 1º Orléans-Paris ; 2º Orléans-Sens-Nogent-sur-Seine-Vitry-le-François ; 3º Bourges-Gien-Sens ; 4º Nevers-Auxerre-Troyes ; 5º Nevers-Langres ; 6º Clermont-Ferrand-la Palisse-Dijon ; 7º Lyon-Dijon ; 8º Lyon-Besançon.

« Toutes ces lignes sont nécessaires pour activer le déploiement stratégique et favoriser la défensive.

« En France, on a toujours été fasciné par l'idée de couvrir Paris avant tout, en cas d'invasion. Par suite on choisissait, dans la défensive, des positions perpendiculaires à la marche de l'ennemi sur Paris. D'où résultait, vu la position excentrique de Paris au nord de la France, qu'on s'exposait à être coupé par le sud du gros des ressources du pays ».

(1) Une tête de pont n'est, à proprement parler, qu'une ceinture d'ouvrages établis en avant d'un ou plusieurs ponts. Elle permet à une armée en campagne, soit de déboucher d'une rive sur l'autre en présence de l'ennemi, soit, en cas d'échec, d'opérer sa retraite de manière à ne pas courir le risque d'être acculée à une rivière et de se voir forcée de mettre bas les armes.

qu'il prenne Lyon comme objectif, soit que de Mulhouse, par la partie sud des Vosges, il entreprenne de s'ouvrir sur Paris une nouvelle ligne d'invasion.

Pendant que suivant la vallée de la Saône, l'armée de Franche-Comté prendra position dans le Jura, les armées de l'ouest viendront chercher une position à peu près inexpugnable derrière les montagnes du Morvan et de la Côte-d'Or. Là elles pourront se réorganiser et se renforcer pour reprendre au plus tôt l'offensive.

Au point de vue défensif, ici d'intérêt vital, le général Ferron a parfaitement fait ressortir l'importance des pays montagneux compris entre la Loire et la Saône. Ce massif et la position d'Autun avaient déjà été signalés comme un excellent refuge pour une armée qui, battue à l'ouest ou au sud des Vosges, serait dans la nécessité de se ressaisir et de se refaire.

A Autun, en communication sûre et facile avec l'ouest et le sud de la France elle se trouvera constamment en mesure de passer de la défensive à l'agression dans la vallée de la Saône. Elle pourra en outre manœuvrer dans la vallée de l'Yonne de façon à prendre en flanc tout corps ennemi qui s'avancerait sur la Loire. On comprend l'importance ici de l'Yonne, véritable prolongement géodésique de la Seine.

A supposer que notre armée ne pût se maintenir dans les montagnes du Morvan et de la Côte-d'Or, elle devrait poursuivre sa route vers le sud et se poster sur les deux versants de la chaîne du Charolais, au sud du chemin de fer de Digoin à Mâcon. Dans cette seconde position défensive, elle serait encore à même d'agir, soit dans la vallée de la Saône, soit dans celle de la Loire, en conservant intactes toutes ses communications avec le sud et l'ouest, par Moulins et Tours.

Mettons qu'il soit impossible à l'armée française de garder la ligne de Digoin à Mâcon. Rétrogradant et combattant toujours, elle viendra prendre position dans les montagnes du Lyonnais au nord de la ligne de Roanne à Saint-Germain-sur-Saône. Dans cette troisième position défensive, sa défensive-agressive trouvera un solide point d'appui dans le camp retranché de Lyon. Ses communications avec la Bretagne et le centre de la France subsisteront. Les usines de la Loire lui fourniront largement les moyens d'entretenir ou de reconstituer son matériel. La ville de Lyon subviendra à ses autres besoins.

Le cas échéant, les montagnes du Lyonnais seraient également le réduit de la défense contre une invasion des Italiens, soit qu'ils vinssent de Chambéry et de Grenoble, soit qu'ils débouchassent par la route du Simplon.

Poussons jusqu'à l'extrême les suppositions. Les premiers chocs nous ont été défavorables : nous avons été battus avec perte de 150,000 hommes ou même davantage. Serait-ce une raison de désespérer du salut du pays ? « Non, mille fois non », dirons-nous avec le général Ferron ; et à l'appui on peut fournir des raisons probantes.

En effet, les défaites que nous supposons ne nous auront coûté que des hommes et du matériel. Si donc l'administration de la guerre a pris la sage précaution de reporter derrière la Loire tous nos arsenaux et nos grandes places de dépôt, les pertes seront promptement réparées. Il sera bien autrement malaisé à l'ennemi de combler ses vides, de réparer ses pertes, ses déchets de toutes espèces.

Notons qu'aujourd'hui, dans le système de la défensive-agressive, les communications télégraphiques et les chemins de fer permettent de laisser sans inconvénients les approvisionnements des armées dans les grandes villes de l'intérieur ou sur les mêmes points qu'en temps de paix, avec toute facilité de les faire venir dans des délais beaucoup plus courts.

Mais, à ce moment, toutes les forces vives de la France devront être debout et mises en mouvement. Celles du sud-est viendront prendre position dans la vallée de la Saône, par la ligne Lyon-Méditerranée, à la hauteur de nos premières armées, pour les renforcer et coopérer directement avec elles. Toutes les forces actives et territoriales disponibles au sud-ouest et à l'ouest seront concentrées le long de la Loire, de Gien à Nevers. Alors elles n'auront plus qu'à marcher en avant, pour prendre leur ordre de bataille parallèlement à la route de Semur à Montbard, c'est-à-dire perpendiculairement à l'aile droite des Allemands.

En même temps que toutes les troupes du sud-ouest et de l'ouest seront concentrées sur la Loire, celles du nord, du nord-ouest et de l'extrême ouest viendront prendre position à Moret-Montereau, au point de jonction des vallées de l'Yonne et de la Seine, à l'est de la forêt de Fontainebleau. Cette troisième armée, dite *armée de la Seine*, menacera directement les communications de l'ennemi, en remontant les vallées de l'Yonne et de la Seine. Postée à Montereau, elle se trouvera dans d'excellentes conditions pour couvrir Paris.

Avant l'entrée en campagne des armées de la Loire et de la Seine, il se peut que, ployant sous le poids de masses supérieures, l'armée française du sud-est se voie obligée de se replier soit dans les montagnes du Charolais, soit à la hauteur de Roanne et de Saint-Etienne. L'action combinée des trois armées sera néanmoins toujours possible. Celle de la Loire devra se relier à la gauche de l'armée du sud-est, et celle de la Seine, marchant résolûment sur les communications de l'ennemi, refoulera devant elle les corps qui seraient détachés pour la contenir.

Pour ce qui est de couvrir Paris à la suite de grandes défaites essuyées à la frontière, le général Ferron en fait ressortir les moyens en ces termes : « Admettant que l'ennemi dispose de forces suffisantes pour opérer simultanément contre notre armée du sud-est et contre Paris, l'armée concentrée à Montereau sera très bien placée pour empêcher l'attaque et l'investissement de la capitale, tout en étant à même de coopérer efficacement aux opérations du sud-est et de la Loire.

« La nécessité pour l'armée de la Seine de concourir aux opérations de l'armée du sud-est oblige à choisir pour elle un point de concentration à l'est de la forêt de Fontainebleau, afin de déboucher facilement, soit dans la vallée de l'Aube, soit dans celle de la Seine, soit le long du Canal de Bourgogne, soit dans la vallée de l'Yonne.

Sous ce rapport la position de Montereau est satisfaisante, à la condition qu'elle soit renforcée.

« Le pays n'offrant aucune chaîne de montagnes facile à défendre, les moyens indispensables de sécurité ne peuvent résulter que de l'établissement d'un camp retranché, appuyé sur des forts distants de 4 à 5 kilomètres les uns des autres.

« Protégée par les ouvrages du camp, et la forêt de Fontainebleau mise en état de défense, notre armée serait inattaquable : elle ne pourrait être investie que par des forces très supérieures.

« Pour rendre la forêt à peu près inabordable, il conviendrait d'ouvrir un chemin de circonvallation à 50 ou 100 mètres à l'intérieur, parallèlement à la lisière des bois. Dans la zone extérieure au chemin de ronde, des abatis seraient faits au moment de la déclaration de guerre. Il faudrait également préparer des batteries sur les collines qui, s'élevant à l'intérieur de la forêt, dominent presque partout sa circonférence.

« Spécialement chargée de couvrir Paris, l'armée de la Seine devra manœuvrer de façon à ne pouvoir être séparée de la capitale. Le but sera sûrement atteint par un ensemble de dispositions défensives prises dans la forêt et le long du fleuve, entre Melun et Moret.

« Vers le sud de Paris et le long de la rivière, le fort le plus avancé du grand camp retranché est celui de Villeneuve-Saint-Georges. De Montereau à Villeneuve-Saint-Georges, la distance est de 60 kilomètres environ. De Moret à Melun, on en compte 20 ; et, dans toute cette zone, la forêt borde la rivière. De Melun à Corbeil, la distance est de 15 kilomètres ; de 10, de Corbeil à Juvisy ; de 5, de Juvisy à Villeneuve. Si, entre la rivière et le chemin de ronde des abatis ont été faits au moment de la déclaration de guerre, il suffira de la présence de quelques bataillons de l'armée territoriale pour rendre, de Moret à Melun, le passage du fleuve impraticable à l'ennemi.

« En raison des routes nombreuses divergeant de Melun dans tous les sens sur la rive droite de la Seine, cette ville est un point très important pour l'armée qui, chargée de la protection de Paris, devra manœuvrer sur la haute Seine. Elle peut avoir grand intérêt à franchir la rivière à Melun. Une bonne tête de pont y sera donc nécessaire. Les forts dont elle se composera rendront impossible tout passage de vive force du fleuve.

« La petite rivière de l'Essonne, affluent de gauche de la Seine, vient s'y jeter à Corbeil. Sur la rive gauche et près de son embouchure s'élèvent deux contre-forts : celui *Des Bordes* et celui du *Moulin-galant*. Si ces contre-forts sont munis de deux forteresses, un passage de vive force aux environs de Corbeil sera, sinon impraticable, du moins des plus difficiles.

« Il restera bien, entre ces forts, des intervalles non défendus de cinq et sept kilomètres. Ils devront être observés par des troupes mobiles. A cette fin, une division serait cantonnée sur la ligne de Mennecy à Saint-Sauveur-sur-École. Une autre division sera placée entre Morsang-sur-Orge et Courcouronnes. Une brigade de réserve à cheval sur l'Essonne se tiendrait prête à fournir son appui, en amont ou en aval, suivant les mouvements de l'ennemi. Les divisions d'observation devront s'opposer de front à toute tentative de passage. Elles auront leurs postes avancés sur le bord même de la rivière. L'artillerie, placée d'avance derrière les épaulements, battra le terrain sur lequel l'ennemi entreprendrait de déboucher.

« Si, en vue de concentrer leurs efforts contre nos forces du sud-est, les Allemands se trouvaient ici en forces inférieures, l'armée de la Seine devrait prononcer un mouvement offensif dans les vallées de l'Aube et de la Seine et marcher résolument sur le flanc de la ligne d'invasion, pendant que, par Nevers, Corbigny, Avallon et Semur, l'armée de la Loire prêterait un appui direct à notre armée du sud-est. En cas d'insuccès, l'armée de la Seine ferait retraite sur son camp retranché, afin de ne pas se laisser couper de Paris, qui est à la fois sa base et l'objectif qu'elle doit couvrir.

« Si l'armée de la Seine a devant elle des forces supérieures en nombre, ses manœuvres et ses opérations devront avoir pour objet principal d'empêcher l'investissement de la capitale. Avec l'armée concentrée à Montereau, une attaque sur Paris n'a guère chance de succès : elle serait prise en flanc par les troupes débouchant de Melun et arrêtée de front par le camp retranché de Paris. L'ennemi tenterait-il de tourner la forêt de Fontainebleau? Ayant alors à faire face à l'armée de la Loire débouchant d'Orléans ou de Gien d'une part, et à l'armée de Montereau d'autre part, les Allemands auraient à livrer une bataille double dont l'issue, s'ils avaient le dessous, pourrait être leur extermination complète.

« En résumé, tant qu'il y aura à Montereau cent mille hommes en état de combattre ; tant que nous saurons utiliser stratégiquement la forêt de Fontainebleau ; tant que nos défenses le long de la Seine entre Moret et Villeneuve-Saint-Georges seront intactes, l'investissement de Paris sera impossible (1). »

Dans l'hypothèse où nous perdrions de grandes batailles entre Neuf-Château et Épinal, même en supposant que les Allemands disposassent de forces suffisantes pour contenir nos armées au sud-est et continuer leur marche vers l'ouest, il n'est pour nous rien moins que certain qu'ils se décident à gagner Paris. Nous croyons qu'ils viseront plutôt à se rendre maîtres du cours inférieur de la Loire, afin de partager la France en deux moitiés. Prenant à revers la ligne de la Seine, ils viendraient alors plus facilement à bout de la résistance dans la région du nord. Une grande tête de pont ou place de manœuvres établie à Orléans ou plus avantageusement encore à Briare, déconcerterait l'opération, la ferait même échouer très probablement. Outre l'appui direct qu'elle prêterait à notre armée, la place de Briare serait encore de la plus grande utilité, soit pour un mouvement offensif au nord, soit pour une marche rétrograde vers le sud.

De toute manière, la guerre défensive-agressive devra être poursuivie avec trois armées : la première, dite *armée du sud-est*, opérant entre la Loire et la Saône ; la

---

(1) *Considérations sur le système défensif de la France*, p. 58 et suiv.

seconde, dite *armée de la Seine*, ayant le gros de ses forces à Fontainebleau et comme principal objectif Paris à couvrir, tout en se tenant prête à coopérer aux opérations de l'armée du sud-est ; la troisième, dite *armée de la Loire*, ayant mission de défendre la ligne de cette rivière, et, suivant les conjonctures, de fournir aide et appui, soit à l'armée de la Seine, soit à l'armée du sud-est. Si ce faisceau est bien lié, il sera, sinon indissoluble, du moins des plus malaisés à rompre.

Chacune de ces armées devra avoir derrière elle une grande place de dépôt lui servant de base, et où elle puisera les moyens nécessaires à ses opérations actives, sans jamais s'en laisser séparer par les manœuvres des forces ennemies. Pour l'armée de la Seine, cette place est naturellement Paris. Pour l'armée du sud-est, ce sera Lyon avec Clermont comme grand arsenal de l'armée, si Lyon était jugée trop rapprochée de la frontière. Pour la troisième armée concentrée au sud de la Loire, la place de Clermont semblant insuffisante, une seconde pourrait être établie à Angoulême. A Paris, à Lyon, à Clermont, à Angoulême les grands arsenaux de la France se trouveraient inaccessibles aux atteintes des armées ennemies, derrière et sous le couvert de la Loire, notre dernière ligne de défense.

Si graves, si multipliés que soient les revers essuyés, tant que nos armées ne seront ni désorganisées ni prisonnières de guerre ; tant qu'elles conserveront intactes leurs communications avec le centre du pays et les grandes places du sud, rien ne sera désespéré, parce qu'elles seront promptement réorganisées, renforcées, mises en état de reprendre l'offensive.

Quant à la région du nord, il ne faut pas se dissimuler qu'avec ou sans retraite générale des armées françaises vers le sud, elle est, quoi qu'il arrive, exposée aux entreprises de l'ennemi. Il ne servirait de rien de se faire illusion à cet égard, après l'expérience de la dernière guerre.

Si les Allemands sont assez nombreux pour nous contenir au sud-est et devant Paris, il est fort admissible, probable même, qu'ils tenteront un grand effort pour porter également la guerre dans le nord, afin de nous priver des ressources de nos grandes cités industrielles et de se les appliquer à eux-mêmes.

Au nord de la France, leurs principaux objectifs seront certainement Amiens, Saint-Quentin, Rouen, Le Havre, Lille. Autant de grands centres manufacturiers et commerciaux qu'il serait désirable qu'on pût soustraire à leurs atteintes.

Il semble bien qu'on pourrait y parvenir en utilisant les obstacles naturels qu'offrent deux rivières importantes, la Somme et l'Oise, qui arrosent cette partie de la France.

La Somme, qui a sa source aux environs de Saint-Quentin, coule du nord-est au sud-ouest jusqu'à Ham. Là elle se redresse au nord jusqu'à Péronne; puis, reprenant sa direction vers l'ouest, elle passe à Corbie, Amiens, Abbeville, jusqu'à la mer, à Saint-Valery, où elle s'y jette.

Au-dessus d'Amiens, la vallée de la Somme est marécageuse, entrecoupée de tourbières. Le canal parallèle à la rivière ajoute encore à la valeur de l'obstacle. De Ham à Tergnier, on longe le canal Crozat, qui réunit les eaux de la Somme et de l'Oise.

L'Oise, qui prend sa source près d'Hirson, passe à Guise dirige ensuite son cours vers le sud-ouest par la Fère, Creil, Pontoise. Depuis Guise jusqu'à la Fère, sur une étendue de 32 kilomètres, la vallée de l'Oise est marécageuse, couverte de tourbières. Au moyen d'un barrage établi près de la Fère, on peut aisément la transformer, sinon en une barrière infranchissable, du moins en un obstacle de premier ordre. Les vallées de la Somme et de l'Oise se prêtent donc à l'organisation d'une défensive sérieuse. Renforcées par des ouvrages de campagne, ces deux rivières permettent à une armée de défense de tenir en échec un ennemi fort supérieur en nombre. Si donc nous savons manœuvrer, nous couvrir par les places fortes, les canaux, les inondations, les marécages des vallées, surtout tirer parti de la Somme et de l'Oise, de têtes de pont judicieusement établies, et, le cas échéant, de retranchements de campagne, la situation sera excellente.

Dans cette région, quelles que soient les précautions dont s'entourent les Allemands, ils demeureront constamment exposés à des attaques de flanc fort dangereuses. La lutte ne saurait manquer de nous fournir maintes occasions de retours agressifs dans des conditions avantageuses. Pris à revers dans de téméraires évolutions, comme ils les affectionnent, les Allemands, aux prises avec un adversaire actif et vigilant, pourraient payer cher leur audace. Qu'on se rappelle la sanglante bataille de Villers-Bretonneux soutenue par le général

Farre contre une armée double de la sienne, l'offensive de l'héroïque Faidherbe à Pont-Noyelles, enfin la bataille de Bapaume, qui fut une véritable victoire. Triomphes inouïs, si l'on tient compte de la supériorité numérique de l'ennemi, de l'infériorité de nos cadres, de l'inexpérience de jeunes recrues, enfin des conditions désavantageuses à tous les points de vue où se trouvaient ces habiles capitaines.

De toute manière, que la retraite fasse partie du plan adopté par le généralissime ou qu'elle soit déterminée par un échec, la stratégie exige que l'on ne cède pas un pouce de terrain sans y être forcé et qu'en toute occurrence favorable on passe à l'offensive, au moins partielle. On y trouvera l'avantage d'aguerrir les troupes et de contenir l'assaillant, ne fût-ce que momentanément. Les pertes essuyées ne signifient rien, tant qu'elles ne vont pas jusqu'à la désorganisation des forces. Dans les mouvements rétrogrades de la défensive-agressive, les pertes du défenseur sont largement compensées par les vides et la désorganisation matérielle produits dans les rangs de l'envahisseur, surtout par l'affaiblissement de son moral, ce qui est autrement grave.

Les troupes combattant en rase campagne sont le véritable, on peut même dire le seul rempart inexpugnable d'un pays. Tant que l'armée est debout, toute conquête de l'ennemi est éphémère. A Moscou, en 1812, Napoléon n'était pas maître de la Russie, parce qu'il n'avait pas réussi à détruire l'armée russe. Son chef agit sagement en refusant à l'envahisseur les moyens de s'attaquer à lui, encore qu'après Borodino l'armée et le gros de la nation réclamassent une nouvelle bataille. En cela il suivit l'exemple de Wellington qui, dédaignant les objurgations de la presse et les clameurs de la populace de Lisbonne, prouva qu'il n'entendait pas qu'on lui forçât la main, qu'on l'obligeât à tenter inconsidérément la fortune des armes. Il commença par reculer devant l'invasion française, pour l'arrêter plus sûrement à son heure. Ces hommes énergiques, inébranlables dans leurs résolutions, avaient contre eux les passions et l'emportement de la foule ; mais ils la tenaient en telle estime que de raison. *Argumentum pessimi turba est* ; « la preuve du pire, c'est le sentiment de la foule », a dit justement un ancien. Ils ont triomphé, comme triompheront après eux les véritables hommes de guerre qui les prendront pour modèles.

Une vérité qu'on ne doit jamais perdre de vue, qu'il faut même envisager constamment, lors de l'envahissement d'un pays, est celle formulée par un éminent stratège russe, qu' « arrêter un vainqueur équivaut presque toujours à une victoire (1) ». C'est précisément par des victoires de ce genre qu'il nous faudra débuter contre les Allemands. Il n'est pas d'époque où l'on n'ait gagné glorieusement et efficacement des batailles défensives. A ce propos, le général Berthaut fait observer que les victoires de Kolin, Bergen, Liegnitz, Fleurus, Rivoli, Waterloo, etc. ont été remportées par des armées qui combattaient en état de défensive-agressive (2). Ce système de guerre qui, avec les armes d'autrefois, amenait déjà

(1) *Etudes sur l'art de la guerre*, par le général Burnod, p. 21.
(2) *Principes de stratégie*, p. 367.

des résultats décisifs, est autrement effectif aujourd'hui depuis les progrès réalisés dans l'art militaire et les moyens de destruction et d'extermination de l'artillerie moderne. La raison en est que la puissance de la défensive s'en est trouvée accrue dans une proposition démesurément supérieure à celle de l'offensive.

Seulement il ne faut pas que ce système de défense dégénère en inertie ou en piétinement sur place, comme avec Bazaine à Metz (1). Dans le principe même de la

(1) On a expliqué l'inaction calculée, systématique de Bazaine, par un accord secret intervenu entre lui et Thiers. L'articulation est-elle admissible ? Nous ne savons. Bornons-nous donc à reproduire le passage suivant d'un livre publié en 1893 par un de nos officiers supérieurs.

« Si la culpabilité de Bazaine ne peut être mise en doute, le drame de Metz reste enveloppé d'un mystère dont les juges du Trianon n'ont pas pu, ou voulu, soulever tous les voiles.

« Bazaine a-t-il voulu rester fidèle à l'empereur, ou se ménager un rôle prépondérant dans le futur gouvernement du pays ? A-t-il agi pour son propre compte, ou été de connivence avec quelque autre personnage ?

« En 1874, dans la cour de l'hôtel Pujade, à Amélie-les-Bains, l'ex-président de la commission d'enquête sur les capitulations, le maréchal Baraguey d'Hilliers, en ma présence et devant plusieurs autres officiers supérieurs, a formulé en ces termes son avis sur la capitulation de Metz : « *Je suis convaincu que le maréchal Bazaine était de connivence avec M. Thiers.* »

« Ces graves paroles prononcées par le président de la commission d'enquête sur les capitulations ouvriront-elles des horizons nouveaux aux historiens futurs ? L'avenir le dira : mais il n'est peut-être pas inutile de reproduire, ici, des extraits de l'ouvrage du comte d'Hérisson.

« M. Thiers, dit-il, président de la République française, était opposé au procès de Bazaine. Il attendait la consolidation de son pouvoir présidentiel pour rendre une ordonnance de non-lieu et en donner l'explication par une proclamation au peuple

défensive, il y a comme un plomb qui pèse sur les idées et les résolutions des chefs. Si la défensive est excellente de sa nature, supérieure même à l'offensive, c'est à de certaines conditions. Ainsi le défenseur ne gardera pas une attitude obstinément, incommutablement passive. Il sera toujours prêt à employer l'offensive, au moins partielle, en toute occurrence favorable. En dernier lieu, il saura passer à l'offensive générale, vigoureuse, contre l'adversaire, qu'il aura préalablement miné, maté, affaibli sensiblement par une résistance active et tenace.

Pour obtenir ce résultat, le défenseur devra fréquemment recourir à l'emploi de la fortification mobile, autrement dite passagère ou du moment. De nos jours, les substances brisantes, poudres, explosifs, projectiles de toute sorte permettent à une armée de rase campagne de prendre au besoin une formidable attitude défensive.

français. Mais il comptait sans le 24 mai 1873. »
Et, à propos du voyage de M. Thiers, en Europe, pendant la guerre :
« En 1848, M. Thiers n'avait pu s'emparer du pouvoir. Mais maintenant il le tenait, et il avait tout fait pour se l'assurer. Ce n'était pas uniquement pour éveiller des sympathies en faveur de son malheureux pays qu'il avait pris le rôle de frère quêteur du gouvernement de la défense nationale, dont il n'avait pas voulu être, mais afin de *poser sa candidature devant la France et devant l'Europe.* »
« Ce qui est incontestable, c'est que, à tort ou avec raison, Thiers était suspect au gouvernement de la défense nationale. Pour s'en convaincre, il suffit de lire les procès-verbaux des séances du conseil et les dépêches échangées entre le gouvernement de Paris et la délégation de province. » (*Souvenirs de guerre*, 1870-1871, par le colonel Henri de Ponchalon ; Paris, 1893, p. 270).

Autrement puissante que celle d'autrefois, l'artillerie actuelle met au service de la fortification de campagne des moyens extraordinaires. Du reste son origine est anciennne. Dans l'antiquité, elle ne consistait guère qu'en abatis, trous de loup, petits piquets, chausse-trapes, etc. Réduite à ces ressources, elle n'a pas laissé de jouer un rôle important à la guerre. Pour s'en convaincre, il suffit de se reporter aux travaux exécutés par les légions romaines, par exemple à Alésia. César, dans ses Mémoires en a laissé une description qui, sous la plume d'un tel auteur, ne pouvait manquer d'être instructive et attachante (1).

A la suite du général Dragomirow, nous devons rappeler que l'art des retranchements n'est pas fait pour se mettre plus en sûreté derrière un rempart, mais pour servir à attaquer l'ennemi avec un surcroît d'avantages. Cette réserve faite, le défenseur pourra se couvrir efficacement au moyen de longues tranchées, se garantir contre une attaque de vive force par un réseau de fil de fer ou des abatis sur lesquels les obus-torpilles ont peu de prise. Les ouvrages de fortification passagère ont sur les forts d'arrêt des avantages appréciables. Par exemple, l'ennemi ne connaît leur existence qu'au moment où il arrive sous leur feu. Il n'a pu les étudier pendant la paix, pour déterminer les points où il placera son artillerie et il ignore leurs côtés faibles. Leur effet, comme cause retardatrice, est particulièrement remarquable : car, ainsi que le fait remarquer le général Brialmont, « depuis

(1) *De bell. gall.*, VII, § LXXI et LXXIII.

qu'on a le fusil à tir rapide, tout obstacle qui arrête ou ralentit la marche de l'assaillant lui fait subir inévitablement des pertes sensibles. » Qu'on se souvienne du siège de Sébastopol où, sous la direction de l'illustre ingénieur Todtleben, les Russes construisaient en deux ou trois jours, sous les yeux mêmes de notre armée, des ouvrages qui nous arrêtèrent durant plusieurs mois. Dans cette guerre d'Orient, où tant d'ouvrages de campagne ont été attaqués de part et d'autre, nous avons encore le témoignage irrécusable du général Kouropatkine. « Si admirable, dit-il, que fût l'élan des Turcs, ils ont constamment été arrêtés à 100 ou 150 pas de nos tranchées (1). »

Au cours de la guerre de Sécession des Etats d'Amérique, un autre document officiel nous apprend que, lors des attaques de Richemond, « une simple tranchée défendue par deux rangs de fantassins et couverte par des abatis était imprenable autrement que par surprise. ». Les généraux russes vont plus loin. Ils s'accordent à déclarer que, dans la guerre d'Orient, un résultat semblable fut obtenu *rien qu'avec un seul rang de tireurs*, quand, en pleine possession de leur sang-froid, ils exécutaient des feux de salve à une courte distance. Aussi ne laisse-t-on pas d'être surpris que, lors de l'investissement de Paris par les Allemands, on ait ignoré ou méconnu complètement le parti qu'on pouvait tirer de la fortification mobile ou de campagne.

Notre intérêt étant, dès l'ouverture de la campagne

(1) *Rapport officiel.*

de faire traîner la guerre en longueur, nous devons nous appliquer à hérisser d'obstacles la marche et les mouvements de l'ennemi, de façon à les entraver, à les ralentir par tous les moyens possibles. A cet effet nous devrons détruire les ponts, mettre les chemins de fer hors de service, rendre les routes et les voies de communication impraticables, couvrir de retranchements les rivières et les cours d'eau, multiplier les têtes de pont, enfin tirer parti de tous les accidents de terrain et de n'importe quelle défense naturelle. A l'exemple des Allemands, qui se trouvent si bien de la spécialisation des services, nous devrions instituer et affecter à cet objet un corps spécial.

En résumé temporisons, mais en combattant toujours. Car, suivant le mot si vrai de Chanzy, « attaquer, c'est faire la guerre ». Nous sera-t-il permis d'ajouter que, c'est même la seule façon de la bien faire? « Quand on entre en campagne, dit à son tour le général Lewal, ce n'est pas pour éviter la lutte : c'est pour attaquer l'adversaire qui vient à vous. La forme naturelle, la forme probable, est l'offensive des deux côtés (1). » Au résumé, le succès demeurera indubitablement à celui des belligérants dont l'attaque sera la mieux raisonnée, la plus irrésistible par l'élan et la supériorité du nombre.

Pour obtenir un succès complet l'offensive n'a souvent besoin que d'être victorieuse sur un point. C'est celui-là qu'il convient de bien choisir et d'enlever coûte que coûte, en économisant les hommes et les feux sur les autres

(1) *Stratég. de combat*, p. 58.

parties du front. On y parvient en général par un combat démonstratif prolongé, qui a pour effet d'immobiliser un corps en le rivant au terrain qu'il occupe. La possibilité de se donner la supériorité numérique sur le point décisif constitue le grand avantage de l'attaque sur la défense. Aussi, dans l'avenir comme par le passé, malgré l'accroissement considérable de la puissance des feux, les plus grandes chances seront toujours pour l'offensive, si, avec l'emploi d'une stratégie judicieuse, on sait tirer parti des avantages topographiques.

Pour faire mieux sentir et assurer les effets de la supériorité du nombre qui leur est incontestablement acquise, il est possible que les Allemands se laissent aller à opérer sur un front démesurément étendu. Il y aurait là pour eux un péril immense. Mais après les preuves d'audace, même de témérité inouïe, qu'ils ont précédemment données, nous sommes convaincu que ce ne seront pas des considérations de prudence qui les feront reculer. Et puis, il est si difficile de se défaire d'habitudes prises ! Alors, il faudrait que, de notre côté, on fut bien peu clairvoyant, bien malhabile, si on laissait échapper l'occasion de leur infliger un ou plusieurs désastres.

N'oublions jamais qu'une victoire sur l'Allemagne est en même temps une victoire sur l'Italie, mais que l'inverse n'est pas vrai. Concentrons donc toutes nos forces actives, tous nos moyens d'action contre l'Allemagne ; et pour ce qui est de l'armée italienne, bornons-nous à ralentir ses progrès. Au demeurant, nous estimons que l'état-major prussien n'envisage la coopération de l'Italie qu'au point de vue de la division de nos forces, comme diversion, en réservant à cette puissance le rôle qu'elle a joué en 1866 contre l'Autriche. Si une armée italienne franchit les Alpes centrales, ce ne sera vraisemblablement qu'après un premier succès des Allemands à la frontière de la Meuse. Quant à une attaque sur le Rhône, réputons-la hardiment quantité négligeable. Car « vouloir conquérir la France par le Rhône, c'est, dit pittoresquement Clausewitz, vouloir lever un fusil par la pointe de la baïonnette ». En mettant hors de service les routes carrossables de Nice, Barcelonnette, Briançon, Modane, Moutiers, Vallercine, Abondance, Evian, et celles du versant oriental du Jura, on peut tenir pour certain que les Italiens seront encore loin, point à portée, quand se produira le choc décisif.

A notre avis, le généralissime ne devrait l'engager que dans un rayon rapproché du sud. Il se peut en effet que le sort des armes nous soit d'abord contraire ; que des échecs multipliés, voire des défaites graves, nous obligent à rétrograder. Nous agirions donc sagement à faire entrer dans nos prévisions la nécessité de battre en retraite. En France, on n'a que trop de pente à se bercer d'illusions décevantes sur la qualité de nos cadres, le degré de cohésion et de consistance de nos corps d'armée. Il est certain qu'à la suite d'une grande bataille perdue, nos troupes ne pourraient faire halte en Champagne sans un extrême danger. Victorieux et en forces, les Allemands les déborderaient promptement, et les rejetant au nord, les couperaient du reste du pays. Il faudrait alors s'attendre à une déroute, voire à une débandade comme on n'en a jamais eu le spectacle.

Que le généralissime ait donc la patience d'attendre le moment favorable pour engager l'action décisive. « Ce mouvement de temps (1) », autrement dit l'occasion, ce n'est pas aux téméraires qui le devancent, ni aux timides qui le fuient, que la fortune le réserve : il n'appartient qu'aux hommes de guerrre d'élite capables de le saisir au passage (2). On ne saurait d'ailleurs trop rappeler à la France qu'elle n'a jamais essuyé de désastre pour avoir, à l'imminence d'une guerre, fait preuve de calme et de sang-froid. Qu'elle s'observe donc et tâche de se défendre des entraînements et des engouements, pour ne s'en remettre de sa destinée ou plutôt de son salut qu'au plus capable, au plus digne, sans considération d'âge ni d'opinion politique ! Puisse le pays se ressouvenir de 1870, avec ses généraux ignorants, inertes, passant d'une présomption folle au plus complet abattement, donnant le spectacle d'hommes de guerre opérant à l'aventure sans étude ni plan préalable, prenant toute sorte de déterminations par à-coup, sans jamais se tenir à aucune !

« En guerre, dit le capitaine Gilbert, le commandant des armées doit être dictateur : il est seul responsable du salut de la chose publique (3). » Gardons-nous donc

(1) « *Ce mouvement de temps, peu cogneu des humains,*
Qui trompe nostre espoir, nostre esprit, et nos mains,
Chevelu sur le front, et chauve par derrière, etc. »
(Regnier, *Sat.* X.)
(2) « *Saisir les occasions, dit Végèce, est un art encore plus utile à la guerre que la valeur.* » (Liv. III, chap. 25.)
(3) *Grand État-major*, dans la *Nouvelle-Revue*, mai 1890, p. 53.

des empiétements du civil sur le militaire, de l'ingérence dans le commandement comme celle qui nous a perdus en 1870. On ne doit pas oublier les manœuvres des journaux de l'opposition et l'aveugle engouement de la multitude qui, pour notre malheur, imposèrent à Napoléon III la personnalité déjà suspecte de Bazaine (1).

Pour ce qui est du commandement en chef, celui-là seulement aura le talent et les aptitudes voulus pour l'exercer qui se sera formé d'après les principes des grands capitaines. « Lisez, dit Napoléon, relisez sans cesse les campagnes d'Annibal et de César, de Gustave-Adolphe et de Turenne : c'est la seule manière de devenir grand capitaine et de surprendre les secrets de l'art de la guerre. » De fait, ses principes fondamentaux sont à peu près immuables : depuis vingt siècles, ils ont peu changé. Ceux de Napoléon sont non seulement ceux de Turenne et de Frédéric II, mais ceux d'Annibal et de César. Comme Polybe l'a magistralement établi, « il y a trois moyens par lesquels se rendent dignes du titre de général les hommes qui parviennent à l'acquérir : le premier, c'est la lecture de l'histoire et le savoir qu'on en retire ; le second, ce sont les préceptes des hommes habiles dans l'art du commandement ; le troisième, c'est l'habitude et l'expérience que l'on acquiert soi-même. »

D'une façon générale, d'après l'expérience des batailles rangées, l'on peut affirmer l'impuissance, sinon absolue, du moins à peu près constante, des attaques engagées exclusivement de front. En dernier lieu nous

---

(1) *Ibid.*, 1er août 1897, p. 407.

en avons eu une preuve éclatante dans la bataille de Saint-Privat, où les Prussiens virent échouer toutes leurs attaques de front avec des pertes considérables. Ils ne l'emportèrent qu'après avoir réussi à déborder la droite de l'armée française. Nous nous sommes suffisamment expliqué sur les mouvements tournants ou débordants : nous n'avons pas à y revenir. Rappelons seulement le point essentiel. Pour que l'opération réussisse, il faut qu'elle s'exécute sans que l'armée qui l'entreprend soit divisée. C'est là qu'est l'achoppement. A Saint-Privat, la bataille moderne par excellence, les Allemands surent l'éviter : ils remplirent rigoureusement les conditions. Ils nous débordèrent complètement, sans disjoindre leurs corps d'armée. Aussi les dispositions qu'ils prirent dans la circonstance, et surtout leur exécution, peuvent-elles à bon droit être proposées comme modèle.

Centralisation outrée, absence d'un corps d'état-major recruté parmi les officiers de toutes armes les plus instruits et les plus laborieux, insuffisance des études militaires, imperfection de la technique, voilà de notre côté de graves désavantages. Nous n'en serions pas là si, à l'exemple de la Prusse, nous avions institué chez nous une grande école de commandement de laquelle seulement peuvent sortir des hommes de guerre expérimentés, en état de commander en chef. Au surplus, voyez ce qui se passe chez nous. Jusqu'au jour où il devient divisionnaire, l'officier n'a commandé qu'à une seule et même arme : il est un bon brigadier d'infanterie, de cavalerie, d'artillerie, selon l'arme où il a servi.

Mais il n'est que cela. A moins de supposer qu'il y ait une grâce d'état pour les militaires, ce nouveau général n'a jamais été rien moins que préparé à sa nouvelle situation. Répétons que la technique lui manque, et surtout la science, qu'il n'a jamais étudiée, à laquelle il ne s'est intéressé qu'à l'occasion, par intermittences, au gré de son caprice et de sa fantaisie. Or, sur le champ de bataille, ce général improvisé devra utiliser toutes les armes, toutes les unités dont il dispose et desquelles il a toute la responsabilité. Comment s'en tirera-t-il, surtout s'il a en face de lui une armée comme l'armée allemande, dont tous les officiers depuis le grade de commandant sont rompus au commandement et, à la manœuvre des trois armes ? Il y a là évidemment, pour notre armée, un état d'infériorité appréciable. Le simple bon sens suffit pour le constater. D'où l'on voit que la Prusse a juste raison de s'enorgueillir de sa grande école du commandement, de laquelle on peut dire, comme Cicéron du cheval de Troie, qu'il n'en est sorti que des chefs, des hommes de premier ordre : *Cujus e ludo, tanquam ex equo trojano meri principes exierunt.*

De l'absence d'un grand commandement, il résulte que nous avons une armée sans chef, proprement acéphale, sans cerveau. En d'autres termes, comme le dit fort exactement le capitaine Gilbert, « l'armée française se présente comme un grand corps sans muscles, sans nerfs, sans tête. Cela devrait donner à réfléchir aux téméraires qui ont l'offensive pour tout programme et partent en guerre dans la direction de Benestroff, quand on leur demande de protéger Nancy (1). » En France, depuis la guerre franco-allemande, le pouvoir militaire a été détenu par une succession de personnalités militaires fort médiocres. Avec elles, tant d'années écoulées n'ont pas suffi pour organiser méthodiquement nos forces.

Cependant, en dépit de tant de causes et de raisons d'infériorité, nous estimons qu'une nation de 38 millions d'habitants comme la nôtre peut, à son avantage et à son honneur, sortir victorieuse d'une guerre défensive-agressive. Mais c'est à la condition qu'elle la poussera aux dernières limites et saura se résoudre à tous les sacrifices, à toutes les extrémités. Autrement, la France a le choix entre deux manières de se perdre avec certitude, ou prendre témérairement l'offensive initiale, ou remettre le commandement de ses armées à un vieux généralissime (2). Puisse-t-elle éviter ce double écueil ! Si non, elle paierait cher son aberration, qui serait la dernière :

---

(1) *Nouvelle-Revue*, 15 juin 1897.
(2) Au moment où nous traçons ces lignes, on discute à la Chambre des députés un projet de loi sur le haut commandement de notre armée. Dans sa teneur et ses dispositions actuelles, puisse-t-il être écarté ! Car, s'il aboutit, nous déclarons hautement qu'il achèvera la ruine de l'armée française. Son premier et immanquable effet sera d'éteindre chez les jeunes officiers ce qui peut rester en eux d'ardeur et de bonne volonté. Il ne tend en effet à rien de moins qu'à placer à la tête des troupes des généraux le plus souvent glacés par l'âge, à bout de forces physiques, intellectuelles et morales, bref incapables à tous les points de vue d'une action vigoureuse. Nous avions déjà le règne des vieux militaires : que sera-ce avec la loi projetée ? Cette conception militaire donne la mesure d'ineptie de nos hommes du gouvernement, paillasses et pantins également incapables.

car elle ne serait plus en état de récidiver. Nous avons dit déjà que Richelieu s'étonnait qu'à la suite de la gravité et de la multiplicité des écarts, la monarchie et la nationalité française subsistassent encore de son temps. Venant à se réaliser de nos jours, l'événement témoignerait de la profonde prescience de l'éminent homme d'Etat, qui l'avait si sûrement, mais si inutilement prophétisé.

CHAPITRE IV

Hypothèse d'une action commune avec la Russie. — Attaque combinée du quadrilatère polonais par la coalition austro-allemande. — Évacuation de Varsovie et de la Pologne par les généraux russes. — Lutte probable en Lithuanie, sous le couvert du Pripet et des marécages du district de Pinsk. — La Russie insaisissable et invaincue. — Le fardeau de la guerre et ses suites retombent sur la France.

Pour ce qui est de la connaissance de l'état militaire et des forces effectives de la Russie, un auteur parfaitement instruit a pu dire qu'à cet égard « les plus avancés chez nous sont encore ceux qui n'en savent pas le premier mot ». Là-dessus on s'est récrié, et l'on n'a voulu voir qu'une boutade, une saillie humoristique. Mais l'écrivain érudit a eu vite fait de justifier son dire. Chiffres et documents à l'appui, il a péremptoirement démontré que cette salutaire ignorance avait eu l'heureux effet de préserver autant de cervelles françaises des bourdes et des fables qu'on débite communément sur la Russie, lesquelles deviennent des empêchements à l'introduction des lumières et de la vérité. Des journaux et des publications périodiques où elles fourmillent, elles passent dans les livres, sans examen ni contrôle. L'enseignement, tant public que privé, en est saturé, et, à son tour, la multitude se repaît de ces viandes creuses.

« La Russie, dit notre auteur, est, sous le rapport de

l'étendue, un très grand empire : c'est en outre une puissance exclusivement militaire. Pour le gros du public, qui n'y regarde pas de très près, cela fait une grande puissance militaire. L'opinion est parfaitement établie à ce sujet : la réalité ne prévaut pas contre la foi. D'ailleurs, puisque l'Allemagne avec 42 millions d'habitants a une armée de 800,000 combattants, la Russie, qui a 87 millions d'habitants *doit* avoir une armée de 1,700,000 soldats. A des raisonnements de cette force-là, il n'y a vraiment rien à répondre. Je n'ai donc pas la simplicité de croire que les faits que je vais exposer modifieront en rien l'opinion courante. D'abord, le faux a par lui-même un irrésistible attrait : et puis, passés maîtres dans l'art de jeter de la poudre aux yeux, les Russes, pour faire croire à leur puissance militaire, ont déployé autant de rouerie que pour faire croire à leur civilisation. Enfin, — et ceci est capital, — les Français ont décidé qu'ils battraient l'Allemagne avec l'aide du « colosse moscovite ». Pour cela, il faut que le « colosse moscovite ait une armée puissante : donc il a une armée puissante (1) ».

Nous allons passer en revue, ses éléments. Mais tout d'abord, faisons observer que, formée en grande partie de provinces conquises, quelques-unes assez récemment, la plupart encore frémissantes, l'empire russe ne pouvait songer au recrutement régional dans l'organisation de ses forces militaires. Il y a pour lui impérieuse nécessité de disperser les hommes, surtout ceux de la Pologne. L'empire est immense et le système de communi-

(1) *La prochaine guerre*, par L. Seguin, p. 215.

cations laisse grandement à désirer. Dans cette situation le prompt appel des réservistes est impossible : pour rejoindre leurs corps respectifs, il leur faut des délais prolongés. Au cas de guerre, c'est à peine s'ils peuvent arriver à temps pour compenser les pertes des corps engagés. Ainsi, dans la dernière guerre, les effectifs se sont trouvés fort au-dessous du chiffre réglementaire. On n'a pu les relever qu'après l'armistice, quand le fer et la fatigue eurent cessé de les éprouver. Et encore, pour atteindre à ces piètres effectifs, il fallut que le gouvernement épuisât les réserves, même qu'il recourût à *l'opoltchnie* (1).

L'armée russe se compose de diverses espèces de troupes.

Voici les chiffres officiels.

	Paix	Guerre
Armée active	603.202	1.079.180
Réserve	55.950	950.549
Dépôts	19.347	400.008
Troupes locales	100.592	163.193
— d'instruction	990	»
— irrégulières	37.000	140.000
	817.081	2.732.930

Le chiffre de 817,081 pour le pied de paix est manifestement exagéré. Donnons en immédiatement la preuve.

En Russie, le ministère de la guerre absorbe en moyenne 180 millions de roubles, soit à peu près 550 millions de francs. Or, en temps de paix et dans un pays

(1) La milice de l'empire.

où les finances seraient très bien administrées, il serait absolument impossible d'entretenir avec cette somme 817, 081 hommes, — 860, 081 avec la gendarmerie.

Rien qu'en dépenses ordinaires, les 419,000 hommes de l'armée allemande coûtent 321,184,910 marks, soit 401,481,137 francs. Et l'Allemagne n'a pas la moindre guerre sur les bras ; et puis, une stricte économie préside à la gestion de ses finances. En supposant la Russie placée dans des conditions aussi favorables, le chiffre maximum de soldats qu'elle pourrait entretenir avec 550 millions de francs serait 575,000 hommes. Il y a loin de là aux 860, 081 des tableaux officiels.

Mais la Russie a constamment à son compte deux ou trois petites guerres fort coûteuses : car elles offrent de bonnes occasions de gaspillage, des facilités à souhait de dilapidation, comme partout où le contribuable n'est pas admis à surveiller l'emploi qu'on fait de son argent. Gabegie, grivelée, vol, tous les genres de fraude fleurissent dans les diverses branches de l'administration moscovite. Mais c'est surtout dans l'armée, où les fonds passent par tant de mains, qu'on opère avec le plus de sans-gêne. Dans les rangs et à tous les degrés de l'armée russe, du plus infime au plus élevé, intendants, généraux, grand-duc, tout le monde gaspille ou pille. Inutile de fournir des exemples : nous n'aurions que l'embarras du choix. Qu'il nous suffise de rappeler les condamnations prononcées à la suite de la dernière guerre et, de plus, la disgrâce encourue de ce chef par un auguste personnage.

L'effectif réel de l'armée russe sur le pied de paix, « nul ne saurait le dire, pas même le ministre du Tsar », c'est le propre témoignage d'un officier russe, dont nous reproduisons ici textuellement les termes.

Quant à la force de cette armée sur le pied de guerre, il est possible de formuler un chiffre, sinon rigoureusement exact, du moins très approximatif. Ici, nous avons des données plus probantes que les documents officiels élaborés à Saint-Pétersbourg : ce sont celles relevées au cours des événements et surtout les états afférents à la dernière campagne Turco-Russe.

Elle était de longue main préparée. Le Tsar avait décidé de mobiliser et de concentrer sur le Pruth six corps d'armée, soit dix-huit divisions devant former une masse d'au moins 180,000 combattants. Mais l'on s'aperçut bien vite qu'entre les chiffres officiels et les disponibilités réelles, il y avait un écart effrayant. On essaya de remplir les cadres vides. Peut-être même fit-on accroire en haut lieu qu'on les avait remplis. Mais lorsqu'on franchit le Pruth, les six corps ne comptaient que 130,000 hommes ! On n'osa pas commencer la guerre avec si peu de monde et l'on tira des provinces voisines tout ce qu'elles contenaient de soldats exercés.

Enfin l'on passa le Danube. Des échecs trop justifiés ne se firent pas attendre : il fallut appeler des renforts nouveaux. Les dépôts se trouvant épuisés, force fut de mobiliser d'autres corps. Mais ceux-là même ne présentaient que des squelettes de bataillons. Un officier étranger, qui suivait les opérations de l'armée, s'en ouvrait à son correspondant en ces termes : « Le combattant est passé ici à l'état de mythe : il n'y a plus que des officiers et des domestiques. » Quelques divisions seulement de la garde avaient des effectifs présentables. A grand'peine on réunit 180,000 hommes qui, joints à 25,000 Roumains, finirent par avoir raison des Turcs. L'armée d'Asie Mineure ne compta jamais plus de 60 à 70,000 combattants. Tant que dura la guerre, les nouvelles levées suffirent à peine à combler dans les rangs de l'armée russe les vides causés par le fer, le froid et les maladies.

Et qu'on remarque bien qu'en Russie presque toutes les troupes de seconde ligne, réserves, dépôts, troupes locales, n'existent pas pendant la paix. En temps de guerre, elles doivent être formées par un procédé qui consiste à doubler, tripler, même quintupler des corps existants ou censés exister. Mais d'où seront tirés les cadres? Les Russes eux-mêmes l'ignorent : chez eux les classes éclairées sont relativement très peu nombreuses, particulièrement dans la Russie proprement dite. Moins entachées de barbarie, les anciennes provinces polonaises offriraient, ce semble, plus de ressources. Mais dans une guerre contre l'Allemagne ou l'Autriche, on comprend du reste que le gouvernement russe se donne de garde de confier à des Polonais la direction de ses réserves.

Supposons les cadres formés. Il faut maintenant rassembler les hommes. Ce n'est pas une petite affaire dans un empire si vaste, si mal peuplé, si pauvre de voies de de communication. D'avril à juin, les routes sont des bourbiers impraticables. Les soldats une fois réunis, il faut les vêtir, les armer, les équiper. La guerre de 1870 nous a appris les difficultés d'une pareille tâche. Cependant nous possédions des ressources financières et industrielles dont la Russie n'a pas même l'idée.

Mais, dira-t-on, habits, armes, équipements, peuvent se trouver d'avance dans les magasins et les arsenaux.

Arsenaux et magasins existaient aussi chez nous en 1870 : on les disait même pleins. Le Bœuf se déclarait « prêt, archi-prêt ». Il y avait en France un Parlement, une presse relativement libre. Par ce qui s'est passé chez nous, sous nos yeux, l'on peut se faire une idée des mécomptes auxquels on est exposé sous un gouvernement arbitraire, principalement du fait d'une administration comme celle de la Russie, de laquelle la corruption est proverbiale.

Les hommes encadrés, équipés, reste à les transporter à la frontière. En France, avec nos nombreuses voies ferrées, la mobilisation et les concentrations de 800,000 hommes seraient l'affaire d'une vingtaine de jours, au minimum. La Russie d'Europe, elle, a peu de chemins de fer et les distances à parcourir sont autrement étendues qu'en France. Alors combien faudra-t-il de temps pour mobiliser et concentrer les 350,000 hommes portés sur les états russes, comme composant la réserve ?

En supposant les troupes de seconde ligne recrutées, encadrées, équipées, pourvues d'approvisionnements, jamais elles n'arriveront à temps pour prendre part à la première partie d'une campagne européenne. Tout au plus entreront-elles en ligne quand, venant de l'ouest, l'ennemi atteindrait Vitebsk et Smolensk.

De toutes façons, dans une lutte entre la Russie et les rapides et formidables concentrations de la coalition austro-allemande, l'offensive appartiendra quand même aux alliés. C'est que leur mobilisation terminée en neuf jours leur permettra d'opérer, tandis que cinq semaines au moins seront indispensables à la Russie. Six jours suffiront aux coalisés pour concentrer leurs armées à la frontière, alors qu'il faudra aux Russes des semaines, sinon des mois, pour amener en Pologne des forces en état de se soutenir. Il est bien vrai qu'il s'y trouve en temps de paix des troupes nombreuses. Mais c'est un danger de plus, car elles seraient engagées avant d'avoir reçu leurs réserves.

En dernière analyse, l'armée active, qui compose toute la force militaire de la Russie, compte, si l'on veut, un million de combattants, mais seulement sur le papier. C'est à ce titre qu'elle figure dans les états et les tableaux officiels. Sans examen ni contrôle, leurs chiffres passent dans les publications de l'empire et celles du dehors. Rien donc de surprenant qu'elles éblouissent les étrangers, surtout qu'elles donnent le vertige à nos Français, pour le moins aussi crédules et bons gobeurs que les Gaulois, leurs aïeux (1).

Admettons actuellement que l'armée active de la Russie, régulière et irrégulière, y compris les *sotnias* de kosaks (2), puisse au début d'une campagne, après quelques mois de formation, atteindre le chiffre de 570 à 580,000 combattants, il faut tenir compte de ce fait que le tout puissant tsar est loin de pouvoir disposer de l'intégralité de ses forces contre l'ennemi extérieur. Des

---

(1) Chez les Latins, la crédulité des Gaulois était passée en proverbe : *galla credulitas*, dit Martial (lib. V, I) ; « la jobarderie gauloise ».

(2) *Sotnia* veut dire 100. Une sotnia de kosaks comprend donc cent cavaliers. *Kosak*, homme armé, en langue tartare.

580,000 hommes, que nous lui prêtons si libéralement, il y a lieu de défalquer des quantités appréciables.

En Sibérie, d'abord, pour la garde de l'immense ligne de frontières, des établissements militaires du Kamtschatka et du fleuve Amour, pour la répression des courses des tribus nomades, enfin la surveillance des prisonniers politiques, il ne faut pas moins de 25 à 30,000 hommes. Au Turkestan, avec 3 millions de mètres carrés et 4 millions d'habitants, 40,000 hommes sont indispensables, dont 30,000 empruntés à l'armée active. Au Caucase, avec 465,000 kilomètres carrés et 5 millions et demi d'habitants, il faut au bas mot 80,000 hommes. En admettant 20,000 hommes de troupes locales, c'est encore 60,000 combattants, à déduire de l'armée active. Les côtes de la mer Noire, la garde des arsenaux militaires et des grands entrepôts du commerce, l'occupation de la Bessarabie absorberont encore quelques milliers d'hommes. Il en faudra 35 à 40,000 pour la protection de la Finlande, des côtes de la mer Baltique, la défense des forteresses et des grand ports d'Helsingfors, de Sveaborg, de Kronstadt, de Revel et de Riga. On ne peut laisser moins de 12 à 15,000 hommes à Saint-Pétersbourg et 30 à 40,000 à l'intérieur, car l'armée est le grand moteur de toute la machine administrative en Russie.

Ces prélèvements effectués, il reste tout au plus 300,000 combattants disponibles, *chiffre que n'ont jamais atteint les forces mises en mouvement par la Russie*. Et nous avons supposé que la plus grande tranquillité régnerait en Finlande, en Pologne, au Caucase, au Turkestan, et autres régions dont l'énumération serait superflue.

Pour ce qui est de la Pologne, il convient d'envisager ce pays à un point de vue tout spécial. Et, ici, deux mots de géographie topographique sont indispensables.

Personne n'ignore que cette province russifiée se glisse sous forme de coin entre l'Autriche et la Prusse. Elle est entourée de trois côtés par ces puissances. C'est seulement à l'est qu'elle se rattache à l'empire des Tsars.

« La frontière occidentale de la Russie, dit un savant géographe, M. le commandant et professeur Marga, a un développement total de 2.800 kilomètres ; au centre, la Pologne forme une saillie très prononcée sur les territoires de la Prusse et de l'Autriche, ce qui la met à 300 kilomètres seulement de Berlin. Nous avons vu que ce tracé n'était pas aussi favorable à l'offensive russe qu'il pouvait le paraître au premier abord. Comme, d'ailleurs, sur tout ce développement la frontière ne correspond à aucun grand obstacle naturel, l'avantage appartiendra à celui qui aura les meilleures forteresses et *qui saura concentrer ses armées le plus rapidement.* Pour le moment, C'EST ÉVIDEMMENT L'ALLEMAGNE, MÊME ISOLÉE, qui se trouverait dans les meilleures conditions pour la lutte. *L'alliance austro-allemande paralyserait complètement les manœuvres des armées russes établies en Pologne et livrerait tout d'abord cette province à l'assaillant* (1). »

Dans ses districts frontières, la Russie entretient soixante-dix mille fantassins et dix mille cavaliers de plus que la coalition austro-allemande. Il est donc admissible

---

(1) *Géog. milit.*, t. III, p. 137.

que ses forces militaires auraient d'abord le dessus. Mais cette supériorité cessera dès le troisième jour de la mobilisation. A compter de ce moment, la prépondérance numérique des armées austro-allemandes existera ; et elle ne fera plus que croître de jour en jour. La Pologne tout entière et les troupes que les Russes auraient eu l'imprudence d'y laisser se trouveraient alors à la discrétion, à la merci des alliés. C'est ce que nous allons démontrer d'une manière irréfutable.

Le lecteur n'a pas besoin qu'on lui rappelle que, de nos jours, le réseau ferré est l'instrument par excellence de guerre. C'est l'engin prépondérant, en ce qu'il est le souverain dispensateur de la supériorité des effectifs. Pour la Prusse, il a été l'agent principal de son triomphe sur l'Autriche en 1866, et derechef, lui a valu la supériorité sur nous en 1870. D'un prix inestimable aux mains du belligérant qui l'a à sa disposition et sait s'en servir, cet outil assurerait encore ici la prépondérance aux alliés, dans une lutte contre la Russie.

L'art de la guerre peut d'un trait se ramener à cette règle, sinon unique, du moins fondamentale : à un moment donné, être le plus fort sur le point décisif. Le talent du général en chef consiste à reconnaître ce point, et une fois reconnu, à y masser à propos le plus de forces possible. De là l'importance d'un bon système de communications et les immenses avantages dont on est redevable au plus complet et plus parfait établissement d'un grand réseau de voies ferrées. De ce chef, la partie se jouerait ici dans des conditions d'inégalité flagrante pour la Russie, insuffisamment pourvue de chemins de fer. Sa grande infériorité sous ce rapport lui vaudrait immanquablement la défaite.

L'issue, à en supputer le moment, aurait même l'exactitude, la rigueur mathématique.

En effet la mobilisation intégrale de la Prusse et de l'Autriche demandera une semaine au moins, deux semaines au plus. Elle devancera donc de dix à douze jours celle de la Russie (1), et avec cette différence que, pour les deux empires d'Autriche et d'Allemagne, les deux opérations de *mobilisation* et de *concentration* seront à peu près concomitantes ; ce qui ne saurait avoir lieu pour la Russie, à cause des distances et de la pénurie de voies ferrées. En dernier résultat, au bout de dix à douze jours, les coalisés auront pu débarquer en Pologne quinze à seize cent mille combattants, en état de happer, comme dans un filet, l'intégralité des forces russes.

Cela tient à ce que, épars dans le grand empire moscovite, les réservistes russes sont obligés, pour rejoindre leurs corps, à exécuter des trajets considérables. Les régiments russes de Pologne reçoivent des réservistes non seulement des gouvernements intérieurs de l'empire, mais aussi des régions frontières. Nous avons dit plus haut que, par suite de l'exécration que les Polonais lui ont vouée, la Russie avait renoncé à établir dans leur pays le recrutement régional. D'où pour elle la nécessité, quand elle verse ses contingents nationaux dans les corps de Pologne, d'opérer en sens inverse pour les contingents polonais.

---

(1) Ici, il s'agit seulement de la *mobilisation*.

A supposer qu'en dépit de la lenteur de sa mobilisation et de ses concentrations, la Russie pût à la hâte masser six ou sept cent mille hommes en Pologne, que deviendraient-ils sous la double et accablante pression des forces austro-allemandes ? Sans doute ils ne seraient pas enlevés à la façon du géant Antée : mais cernés, tournés, enveloppés sur trois côtés à la fois du carré polonais, ils n'auraient d'autres ressource que de mettre bas les armes. Battre en retraite par le quatrième côté, qui rattache la Pologne à la Russie ; il n'y faudrait pas songer : la route se trouverait barrée par les eaux du Pripet et les marais du district de Pinsk (1). Les généraux russes n'auraient donc plus qu'à capituler, comme Mack à Ulm, Mac-Mahon à Sedan (2) et Bazaine à Metz. C'est

(1) « Une région demi-lacustre, demi-asséchée, dédale de lacs, de marécages, de tourbières, de forêts de seuils émergés, voilà ce que l'on appelle les marais de Pinsk » (E. Reclus, *Géographie*). Elle isole presque la Pologne, ne lui laissant pour communiquer avec les autres parties de l'empire que les deux lisières où passent au sud le chemin de fer de Kiew, au nord ceux de Moscou et de St-Pétersbourg. Par les profondes échancrures de la Prusse orientale et de la Galicie, les armées allemandes et austro-hongroises menacent ces trois voies ferrées et peuvent pénétrer à l'intérieur du pays. S'avançant par les vallées du Prégel et du Niémen, elles sont en état de surprendre les armées russes en voie de formation, d'envelopper la Pologne, de la cueillir comme un fruit mûr détaché au premier heurt.

(2) « Il importe d'insister sur ce fait que le désastre de Sedan n'a pas eu pour cause immédiate la marche de flanc de l'armée française, ni la perte de ses communications avec le cœur de la France. Il provient uniquement de l'incurie, pour ne pas dire l'ineptie de Mac-Mahon, *qui s'est laissé cerner sur le champ de bataille*. Et l'on peut affirmer que pareil sort est réservé à toute armée qui, *si nombreuse qu'elle soit*, commettra l'imprudence

qu'avec la stratégie et la tactique telles qu'on les pratique aujourd'hui, il est aussi facile de capturer 600.000 hommes que jadis 30.000. Ce n'est qu'une question de rapport de forces.

D'où l'on voit l'impossibilité absolue pour la Russie d'accepter la lutte en Pologne. Aussi, non moins expérimentés que les stratèges allemands, les généraux russes n'attendront pas l'ouverture des hostilités pour évacuer ce pays. Ils savent pertinemment qu'à s'y attarder un cercle de fer et de feux se fermerait sur eux, sans aucun moyen d'en sortir. Ils abandonneront Varsovie, laissant seulement une garnison dans sa citadelle, et encore dans les principales forteresses du carré polonais. C'est dehors, en arrière du Pripet et des marais de Pinsk qu'ils transporteront le théâtre de la lutte. Sur cet autre champ d'action, elle cessera d'être inégale entre les belligérants. La situation se trouvera singulièrement modifiée, même complètement retournée, en faveur de la Russie.

En effet, sur cet échiquier intérieur se rencontre une zone marécageuse d'une étendue de six à sept cents kilomètres, qui sépare la région en deux parties : l'une au nord, l'autre au sud ne permettant la jonction des forces de la Prusse et de l'Autriche qu'au prix de marches longues et pénibles. Avec la configuration du pays et les obstacles de toute nature dont sont hérissées les localités, les alliés auront fort à faire avant de pouvoir se donner la main, si tant est qu'ils y parviennent. La barrière

de demeurer immobile vis-à-vis d'un adversaire très supérieur en nombre » (*Journal des sciences militaires*, 1894, t. IV, p. 189).

naturelle des marécages de Pinsk et des eaux du Pripet procureront aux armées russes cet avantage, qu'elles pourront, à leur gré et à leur heure, prendre une attitude agressive ou défensive : défensive, si elles veulent gagner du temps pour se renforcer et s'assurer la supériorité du nombre ; agressive, s'il leur convient d'attaquer divisément chacun de leurs adversaires. Pour cela il leur suffira de n'agir que d'un côté, sans se préoccuper de l'autre. Elles auront ainsi les plus grandes chances d'accabler leurs ennemis isolément. La constitution topographique du pays se prête admirablement à l'emploi de cette tactique en partie double, qui ne laissera pas que d'être troublante pour les Austro-Allemands.

Sans conséquence fâcheuse ni réellement dommageable pour elle, la profondeur de son empire permet à la Russie d'en abandonner temporairement une partie. Concentrant ses forces à l'intérieur, à une certaine distance de la frontière, elle remédie en partie aux inconvénients d'une mobilisation imparfaite ou inachevée. Dans la circonstance il ne lui faudra qu'un temps relativement court pour réunir des effectifs, sinon supérieurs, du moins à peu près égaux à ceux de la coalition austro-allemande. Et elle aura sur ses adversaires le grand avantage de choisir son champ de bataille, de l'improviser même. Des coups décisifs seront alors inévitablement portés. Rien ne s'opposera plus à ce que la Russie affronte désormais la lutte, même qu'elle la provoque, assurée qu'elle est de n'avoir rien à en redouter. Aussi bien, quelle que soit l'issue de la lutte, elle a la certitude d'en sortir indemne et invaincue.

Un désastre des armées russes en Pologne aurait tout de suite ouvert aux alliés le chemin de Moscou. Chez elle, à l'intérieur de l'empire, la Russie demeurera, sinon intangible, du moins insaisissable. En tout temps il lui sera loisible de revenir sur ses pas à volonté. Reprenant alors l'offensive, elle débloquera Varsovie et les autres places de la Pologne où elle aura laissé des officiers et des garnisons sur lesquels elle peut compter. Ce sera l'affaire de huit à dix semaines au plus, soit la moitié ou le tiers du temps que doit résister une place de guerre bien défendue, même lorsqu'elle est attaquée par un assaillant vigoureux. La Russie opère de la sorte à coup sûr, grâce à la solidité à toute épreuve du soldat russe et à la ténacité indéfectible de ses chefs.

En somme, établie sur le vieux territoire moscovite, à proximité de ses dépôts, grossie de ses troupes de Pologne, retranchée dans ses forêts impénétrables, couverte par ses rivières et ses marais inabordables, protégée par les distances, sauvegardée par son terrible climat, appuyée sur un peuple religieux et patriote, la Russie verra toujours s'émousser les coups qu'on tentera de lui porter. C'est l'acier qu'on ne peut entamer, parce que sur lui on n'a pas de prise.

Maîtresse de la Pologne évacuée, la coalition austro-allemande ne saurait pousser plus loin ses opérations sans s'assurer une base solide par la possession des places de la Vistule et du Niémen. Elle aura de plus besoin d'un fonctionnement régulier et complet des voies ferrées. Car il faut toujours en revenir là, que, de nos jours, la guerre se trouve essentiellement modifiée par l'usage des chemins de fer. La marche sur Moscou, témérité au temps de Napoléon, peut être considérée aujourd'hui comme une opération normale, de celles dont il est facile de régler l'exécution, de calculer les chances et la portée.

Pour la coalition austro-prussienne, l'ère des difficultés s'ouvrira, le péril commencera, après l'occupation de la Pologne. En marche sur Moscou, elle va rencontrer l'armée russe intacte, concentrée, remplie d'ardeur, commandée par des chefs émérites. Comme nous venons de le dire, ce sera vraisemblablement en Lithuanie que les belligérants engageront une lutte colossale. La scène sera occupée par des millions de combattants ayant au cœur le sentiment de la grandeur de leur tâche et présente à l'esprit la gravité des intérêts en jeu. L'endurance du soldat russe à la fatigue, à la faim, aux intempéries, jouera sans doute un rôle décisif dans cette guerre *d'usure*, que recommandent des écrivains sans se douter de ce qu'elle exige d'héroïsme et d'efforts chez les chefs qui la dirigent, de courage et d'abnégation chez les combattants qui la soutiennent, enfin de sacrifices et de constance dans les populations qui en supportent le fardeau.

« Dans une pareille lutte, dit un écrivain militaire de renom, le dernier mot restera selon toute probabilité au soldat russe, parce que son corps est plus accoutumé à la misère, à la souffrance, à l'air gelé ou embrasé. Mais si la chair du russe y est plus propre que la chair du prussien et de l'autrichien, en sera-t-il de même des âmes dans toutes l'étendue de l'empire ? L'âme, bien plus que la chair, est maîtresse des déterminations héroïques. Où seront les âmes les plus fortes ? où sera la plus ferme volonté de vaincre ? Chez les Russes, répondent les Panslavistes ; et, à ce sujet, ils rappellent avec enthousiasme la campagne de 1812.

« Cependant comment expliquer la faible volonté de vaincre en 1856, lors de l'invasion de la Crimée ? De la part de la France, la volonté de vaincre était médiocre. Jamais guerre plus bête ne fut imposée à l'armée française. Néanmoins, de la part des Russes, la forte résolution de vaincre n'eut pas alors un second exemplaire. Trouvera-t-on la ferme détermination de 1812, ou assistera-t-on à la faible volonté de 1856 (1) ? »

Étant donnée la diversité d'aspirations des différentes classes qui composent actuellement le peuple russe, le capitaine Marin n'ose se prononcer. Il fait justement observer qu'il s'en faut de beaucoup que le gouvernement soit sympathique à toutes les populations. « Or, poursuit-il, rien de plus dangereux pour un Etat qu'une guerre là où certaines classes sociales estiment avoir un intérêt à la défaite. C'est une vérité que le stupide Napoléon III, avec ses généraux mameloucks, a mis une fois de plus hors de conteste. Or, en Russie, on trouve dans cette disposition d'esprit tous les Polonais dont le nombre dépasse cinq millions. Sont animés du même esprit nombre de grands et de petits russiens qui, malgré leur origine, appartiennent à la secte des nihilistes, constamment à la recherche des occasions de renverser l'ordre de choses établi en Russie. Dans ces conditions,

(1) *Français et Russes vis-à-vis la Triple-Alliance*, par Paul Marin, capitaine d'artillerie, p. 164.

tabler sur la constance de la Russie serait une aberration semblable aux folies patriotiques, ou soi-disant patriotiques qui, en 1870, faisaient crier aux Parisiens : A Berlin ! »

Et le capitaine reprend en ces termes : « Récemment un général russe porta publiquement un toast qui, en France, provoqua un enthousiasme indicible. C'était à la suite d'un steeple-chase. A propos des prouesses hippiques d'un lieutenant russe qui avait exécuté le trajet de Saint-Pétersbourg à Paris dans des conditions de célérité incroyables, il ne craignit pas d'ajouter : « Eh bien, ce que cet officier a fait, notre cavalerie le fera un jour. A la façon d'un ouragan, nous traverserons l'Allemagne en huit jours, pour aller serrer dans nos bras nos frères les officiers français. C'est pour cet avenir que nous devons travailler. » — « Prenons le mot pour authentique, dit M. Marin, puisqu'on assure que c'est à Kischenef qu'il a été prononcé. Vingt journaux français l'ont reproduit avec enthousiasme et admiration. Ce toast n'exprime pourtant qu'une fanfaronnade, même la plus ridicule qu'un militaire en goguette puisse proférer. Orateur, auditeurs, journalistes, admirateurs de tous bords et catégories, croient-ils vraiment que les dix mille cavaliers, qui, en temps de paix constituent la supériorité des troupes russes cantonnées en Pologne, puissent accomplir ce tour de force ? Non : mais cela produit de l'effet, donne confiance. Et faute qu'elle vienne de la raison et des chiffres fournis par l'inexorable et brutale statistique, on recourt aux vanteries, aux rodomontades qui ne manquent jamais de griser, de mettre à l'envers les pauvres cervelles des Parisiens, généralement pétris de crédulité et de bêtise.

« Et le commun des Français de prendre au pied de la lettre ces bouffonneries ! c'est effrayant au point de vue des conséquences qui en peuvent résulter. Survienne un incident imprévu, peut-on douter que, dans un concert formidable, la multitude des braillards ne crie à tue-tête : vive la guerre ! du moment qu'on peut compter sur un allié qui en *huit semaines* — faisons bonne mesure — viendra vous serrer dans ses bras, après avoir traversé l'Allemagne ?

« Que de mal de pareils toasts font aux Français, en raison du nombre chez eux prodigieux des névropathes et des déséquilibrés ! Les fanfaronnades de ce genre, ensemble l'approbation et les encouragements qu'on leur donne, équivalent à des crimes : car ils préparent le dépècement de la patrie. Il est des cas où l'erreur doit être interdite : c'est quand il s'agit du terrible fléau de la guerre. Tromper le peuple alors qu'il y va du salut commun, c'est mériter le châtiment du parricide.

« Et la France derechef terrassée, démembrée, dépecée, le Parisien hébété qui, en 1870, ne croyait pas à la force de la Prusse, alléguera-t-il cette fois qu'il croyait la Russie plus forte ? Lui tournant de nouveau le dos, l'Europe ne manquera pas de lui répondre : « Tu n'avais qu'à ne pas le croire, imbécile ! Avant de prendre un parti, on a l'obligation de s'éclairer et de s'instruire. Autrement, si l'affaire tourne mal, on se moque à bon droit de vous, au lieu de compatir à votre infortune (1). »

(1) *Id., ibid.*

Après le capitaine Marin, Popowski, autre militaire et, de plus, homme d'État distingué, s'élève non moins véhémentement contre les insanités d'une certaine presse qui s'associe systématiquement à la fable de l'alliance de la France avec la Russie et mène tapage des résultats à attendre de l'action commune des deux puissances dans une nouvelle guerre contre l'Allemagne. Cet ami sincère et éclairé de notre pays n'est pas de ceux qui envisagent sans effroi la perspective d'une pareille aventure. Sachons-lui gré de la façon dont il morigène nos journalistes écervelés : il a vraiment beau jeu à leur laver la tête d'importance ! « Comme autrefois les rois, dit-il, les peuples trouvent aujourd'hui beaucoup de flatteurs et peu d'amis véritables. La presse a recueilli à son profit le privilège du honteux emploi de courtisan. Est-ce à propos de la pseudo-alliance franco-russe que le journalisme renoncera à ses bénéfices ? Ce n'est pas à la presse qu'il faut demander le sacrifice de son lucre, quand il s'agit de désintéressement et de patriotisme(1). » Cette verte et juste leçon se trouve surabondamment justifiée de nos jours, témoin, entre tant d'autres faits, les 22 millions authentiquement prélevés sur la colossale escroquerie du Panama au profit de directeurs, rédacteurs, publicistes, etc., de revues et de journaux, se donnant comme parangons et coryphées des publications françaises.

Jadis protectrice des chrétiens d'Orient, la France a

---

(1) *L'alliance franco-russe*, par le capitaine Joseph Popowski, député au Reischstrath autrichien, p. 28.

abdiqué ce rôle honorable pour se faire la suivante docile et résignée de la Russie et du sultan barbare auxquels elle fait présentement cortège. Son action ne se manifeste plus que par le batelage et la pantomime puérile de l'apprenti qui détient actuellement le portefeuille aux affaires étrangères. Grâce à lui, qui pouvait au moins sauvegarder notre dignité en sachant s'abstenir, le pays n'aura gagné que de sortir déconsidéré de la crise orientale. Si au moins on n'avait qu'une mouche du coche au quai d'Orsay ! Mais, par besoin de faire quelque chose, on s'y expose à de graves accidents, à des éventualités périlleuses. C'est ainsi que du cerveau de ce hanneton est éclose la fumisterie dite alliance franco-russe, trompe-l'œil et fantasmagorie pure. Toujours aux abois, en quête de dérivatifs et de diversions, le misérable gouvernement de la République a cru faire merveille en prenant cette représentation théâtrale à son compte. Et tel est aujourd'hui l'abaissement des pouvoirs publics en France, qu'il a pu englober dans la farce la Chambre des députés elle-même.

Mis en effet au pied du mur par une interrogation formelle et précise d'un député, le jongleur novice n'a su que balbutier faux-fuyants et subterfuges, et la Chambre a renoncé à être prise au sérieux en se payant de l'arlequinade d'importants secrets déposés au fond de deux verres. Mais, comme dit le fabuliste : « Toujours par quelque endroit fourbes se laissent prendre. »

C'est encore ce qui est arrivé ici. Le manège a été éventé, du fait d'un malavisé compère, celui-là, bateleur phraséologue, annonçant emphatiquement en Sorbonne qu' « avec l'alliance russe l'ère des grandeurs était rouverte pour la France ». Mais, pour avoir forcé la note et le ton, le pitre a produit l'effet diamétralement contraire de celui qu'il attendait. A tel fracas, les écailles sont tombées des yeux du public sensé : il a vu clair dans le jeu des farceurs.

Voilà pourtant où nous en sommes aujourd'hui en France, sous un régime où le cabotinage est le principal ressort politique, l'instrument de prédilection du gouvernement ! Dans la visite courtoise du tsar et de la tsarine, l'opportunisme n'a vu que l'occasion de jouer une nouvelle comédie. Comme si, à donner à la démarche ses mobiles et son caractère véritables, la France et la Russie ne trouvaient pas également leur compte ! Disons donc ici la vérité, pour l'édification du lecteur.

En 1870, prêtant sans mesure son appui moral à l'Allemagne contre la France, l'empereur Alexandre III a commis une faute politique, qui, sans qu'il en eût le pressentiment, devait modifier considérablement l'avenir de la Russie. Il ne comprit qu'après coup la gravité et la portée de son erreur. C'est qu'il ne pouvait rien faire de plus contraire aux intérêts de son empire que de favoriser outre mesure l'influence et l'agrandissement de l'Allemagne. Il dut alors s'avouer que, de ses propres mains, il avait placé à Berlin les clefs des détroits du Sund et des Dardanelles. Des flots de sang russe couleraient, peut-être inutilement, quand il faudrait les en retirer. Ce serait pourtant une nécessité : car pour l'accomplissement de ses destinées, au point de développement où son commerce et son industrie étaient arrivés, la

Russie ne pouvait se passer de débouchés sur les mers.

Depuis, l'énormité de la faute n'a pas discontinué de peser lourdement sur le grand empire. D'où le sentiment de malaise auquel plus que jamais il est en proie. Et il s'en faut que ses hommes d'Etat, si habiles qu'ils soient, puissent prochainement mettre un terme à cette situation ni remédier à ses douloureuses conséquences.

Dans la conjoncture, il était naturel qu'ils songeassent à se rapprocher de la France : c'est ce qu'ils ont fait. La visite amicale des nouveaux souverains a resserré les bonnes relations nouées. Pour cimenter l'union, constater une communauté d'intérêts déjà suffisamment manifeste par elle-même, pas n'était besoin d'une alliance en règle. D'ailleurs la Russie n'aurait pas consenti à se lier d'avance les mains. Si dépourvus de rectitude d'esprit, voire de sens moral, que soient nos cabotins du gouvernement, ils ne sont pas allés jusqu'à la proposer. On ne peut pas en faire honneur à leur bon sens : l'appréhension de la déconvenue les a seule arrêtés.

Au demeurant, à moins d'un bouleversement général européen, il y a certitude absolue que de longtemps la Russie ne partira en guerre contre l'Autriche et l'Allemagne. Une action commune du grand empire avec la France serait donc absolument sans objet. C'est un fait avéré, reconnu dans les chancelleries et, qu'à la suite des diplomates les gens à esprit sagace n'ont pas manqué de comprendre et de tenir pour assuré.

Poussons cependant l'hypothèse et les éventualités à l'extrême. Nous supposerons un conflit, une lutte colossale entre les grandes puissances européennes qui oblige la Russie à sortir de sa réserve et à se déclarer.

Même dans ce cas, nous estimons qu'elle ne ferait pas davantage cause commune avec la France. Elle est trop sage, trop avisée pour s'y résoudre : sa circonspection naturelle la retiendrait. Elle sait pertinemment ce qui pour lors adviendrait. Effectivement l'étude approfondie des moyens et des forces de toute nature de la Triple-Alliance montre son immense et insurmontable prépondérance sur la France et la Russie réunies.

L'Allemagne, l'Autriche et l'Italie forment une sorte de syndicat lié par un pacte secret qui, à n'en pas douter, assure à chacun des participants des avantages proportionnés à son action et à sa mise. Presque tous les atouts sont dans leur jeu. Le réseau de leurs chemins de fer richement développé, surtout en Autriche et en Allemagne, leur permet de rassembler rapidement leurs forces dans toutes les directions pour accabler sans retard et séparément chacun de leurs adversaires. En raison de leur position, les trois Etats peuvent être considérés comme un seul empire où, durant la guerre, l'Allemagne aura la direction supérieure. Et, comme la Russie et la France sont fort distantes l'une de l'autre, à supposer que, contrairement à toutes les données de la politique et de la raison, la Russie se décidât à tirer l'épée, son action serait vite paralysée : elle demeurerait foncièrement impuissante. Tout d'abord, comme nous l'avons expliqué, elle serait contrainte d'évacuer la Pologne, pendant que les forces de la France seraient tenues en échec par celles de l'Allemagne, de l'Autriche et de l'Italie.

L'Angleterre ne serait pas un contre-poids contre la Russie. C'est qu'elle a trouvé dans l'Italie ce qu'elle a toujours recherché sur le continent, un soldat ou *condottière* constamment disposé à se mettre aveuglément à son service et à marcher au premier signe. Les complaisances de l'Italie pour l'Angleterre en Afrique n'ont pas été de nature à diminuer ses sympathies pour la péninsule. Tant que l'Italie entendra comme aujourd'hui l'équilibre de la Méditerranée, c'est-à-dire au profit des Anglais, le Foreign office n'aura pas de peine à se mettre d'accord avec la Consulta, pour le maintien de cet équilibre. S'il n'existe pas de traité d'alliance formel entre la Grande-Bretagne et l'Italie, il n'est pas moins certain qu'il y a accord, entente absolue, entre les deux puissances. La guerre éclatant, il ne faudra donc pas s'étonner de voir les flottes anglaises se charger de la protection des côtes italiennes. L'action de la marine anglaise sera de ce moment prépondérante sur toutes les mers. Et, dans celle qu'on appelait jadis « un lac français », le rôle de la France aura complètement cessé d'exister.

Tandis que les armées françaises entreront en ligne sur les Vosges, l'armée italienne se portera au pas de course sur les Alpes. Comme objectifs, les escadres de l'Italie auront le choix entre la Corse, la Tunisie, l'Algérie. Immanquablement soutenues par la marine anglaise, elles intercepteront ou menaceront nos communications avec l'Afrique, le Tonkin et Madagascar. La ruine du commerce français dans la Méditerranée, la guerre sur les Alpes et en Provence coïncideront avec une offensive foudroyante sur notre frontière orientale et sur celle du Nord, à travers la Belgique. La Triple-Alliance, avec les suites qu'elle comporte et les résultats qu'elle amènera, est bien le chef-d'œuvre de la diplomatie allemande.

La Roumanie, la Turquie, les États des Balkans se joindront vraisemblablement à la Triple-Alliance. Devant cette perspective, il est au plus haut point souhaitable que la France et la Russie s'abstiennent de toute provocation, de tout acte inconsidéré. Ces deux nations semblent actuellement ignorer qu'elles cheminent au bord d'un précipice. L'avis intéresse surtout la France. En effet, qu'elle s'en aille ou non en guerre contre l'Autriche, l'Allemagne et l'Italie, la Russie, quoi qu'il arrive, est toujours sûre de se tirer d'affaire. « Cet empire, si large qu'il n'a pas de flancs, si profond qu'il n'a pas de fin, peut être entamé, mais non vaincu (1). » Mais la France, elle, jouera son va-tout. Qu'elle n'oublie donc point qu'il y va de sa nationalité, de son existence même. Car il se peut que l'issue de la lutte soit telle que, rayée de la liste des nations, elle n'ait pas la faculté, ni même les moyens de racheter son autonomie administrative. Les étrangers ne la réputent-ils pas déjà une nation usée, caduque, décrépite?

On ignore ou l'on oublie toujours une chose, c'est que si la France et la Russie ont le même ennemi, elles n'ont pas la même politique. Or, jamais le tsar ne subordonnera la sienne à l'intérêt de la France : il agira toujours pour son propre compte, selon ses visées personnelles et

(1) *Puissance des États de l'Europe*, par J. Molard, p. 359.

son propre jugement. Il se décidera pour la guerre, si elle est dans l'intérêt de la Russie, sans considérer si elle est également dans l'intérêt de la France. Il ne contractera d'alliance avec la France que quand il y trouvera son profit. Aussi, à rechercher les faveurs de la Russie, il y a vraiment naïveté de la part de la France. Dans les conditions que nous venons de dire, l'alliance russe ne saurait lui échapper. Mais, avec leur politique de sentiment, les Français ont une invincible pente à laisser égarer leur jugement et à se fourvoyer. C'est la source la plus commune de leurs aberrations, disons mieux, de leurs énormes sottises. A l'exemple de la Russie, songeons donc à nos propres intérêts. Cessons de nous abandonner à des effervescences irréfléchies qu'il faudra ensuite payer cher. Comme conclusion, sachons bien que, quant à présent du moins, à aucun point de vue la Russie n'a d'intérêt à une action commune avec la France. Ceux qui voient les choses autrement sont, disait un diplomate autorisé, « à proprement parler, des gobe-mouches ».

Pour atteindre à un but déterminé, après l'étude approfondie des moyens, rien ne vaut en politique comme l'allure calme, réglée, persévérante. Sous ce rapport, la diplomatie russe n'a pas son égale au monde. Dans la poursuite de son double objectif, la conquête de Constantinople en Europe et des Indes en Asie, elle procède à l'exécution des différentes parties de son programme avec un à-propos et une constance incomparables. Son activité est incessante, son action complexe, soutenue, impeccable. Dans la question orientale comme dans celle de l'Asie centrale, elle n'apporte ni précipitation ni impatience. Envisageant d'un coup d'œil sûr la situation générale, elle ne marchande ni les assurances ni même les promesses quand ses progrès font réfléchir, donnent de l'humeur ou de l'inquiétude. Elle sait de plus céder, abandonner du terrain lorsqu'elle y est obligée par la nécessité, sauf à regagner ensuite l'avantage auquel elle a momentanément renoncé. C'est ainsi que, sans affronter les périls de la guerre, elle se joue à la fois de l'Autriche-Hongrie, de l'Allemagne et de l'Angleterre. Bon gré mal gré, ces puissances acquiescent de fait, ouvertement ou tacitement, aux gains obtenus par la Russie qui, reprenant sa marche en avant, fournira une nouvelle étape. Si au lieu de gaspiller son sang et son argent, la France savait comme elle régler systématiquement et persévéramment son action, nul doute qu'elle ne parvînt à son but plus vite qu'on ne le croit communément. Mais nous sommes incapables de mettre réflexion, mesure, maturité à quoi que ce soit ; nous ne savons jamais qu'entreprendre avec précipitation et fougue, quitte à tomber dans le découragement, à lâcher pied au premier mécompte.

Nous nous sommes efforcé d'instruire et d'éclairer le public français, peu ou mal informé, sciemment ou insciemment égaré, sur la valeur de l'assistance russe dans une action commune éventuelle. En remontrant à nos concitoyens les immenses dangers d'une guerre où ils auraient les Russes à leurs côtés, nous estimons avoir fait acte de véritable patriotisme. Celui-là ne se mesure pas aux vaines et creuses déclamations, non plus qu'à la parade organisée. Surtout il n'a rien de commun avec le chauvinisme béat ni avec le fracas de patriotards imbéciles.

Au résumé, que la Russie sorte indemne d'une guerre continentale quelconque, même d'une conflagration générale, que son territoire devienne le cimetière de la coalition qui aura l'imprudence de s'y aventurer, nous n'en avons jamais douté. Mais qu'à un titre quelconque sa coopération ou son aide fasse l'affaire de la France, nous soit un gage, une garantie de succès, c'est ce que nous nions de la manière la plus formelle. Si, malheureusement, la destinée veut que la France soit derechef terrassée, démembrée, ce n'est pas l'aide de la Russie qui détournera le cours des événements. Pour que l'assistance de la Russie fût efficace, il faudrait deux choses qui manquent actuellement : 1° que la Russie eût sept fois plus de voies ferrées qu'elle n'en possède ; 2° que la population virile de la France égalât celle de l'Autriche et de l'Allemagne. En définitive, il est fort heureux qu'aucun pacte ne nous lie avec la Russie : car son plus clair et décisif effet serait d'ajouter aux forces de nos ennemis deux à trois cent mille combattants contre nous. C'est bien assez de ceux auxquels nous aurons à faire face, sans nous mettre encore de gaieté de cœur ce supplément sur les bras.

On ne saurait du reste trop admirer la Russie. Aussi prudente qu'avisée à l'endroit de ses intérêts, elle s'est toujours attachée à nouer des alliances qui, en cas d'accident ou d'insuccès, puissent détourner d'elle une partie des coups qu'elle aurait à supporter. Aussi sommes-nous fortement porté à croire que c'est là, sinon la principale, du moins l'une des raisons qui l'ont déterminée à entrer en coquetterie ouverte, déclarée à notre égard, à faire exceptionnellement des frais pour la France.

M. Seguin en a fait avant nous la remarque judicieuse. « La politique des tsars, dit-il, a toujours été fort habile. Sans s'avouer toute l'étendue de sa faiblesse, le grand empire en a suffisamment conscience pour ne s'attaquer jamais qu'à des faibles. Quand il s'est risqué de combattre des forts, ça toujours été avec des alliés. Nicolas Ier lui-même, bien qu'il eût la tête tournée par ses triomphes sur la Pologne et sur l'insurrection hongroise, ainsi que par les flatteries de la réaction européenne, n'attaqua « l'homme malade », que lorsqu'il crut l'avoir complètement isolé. Il regretta assurément son imprudence quand il vit son armée, — cette armée préparée durant tout un règne pour entrer à Constantinople, — reculer devant 60,000 Anglo-Français (1). »

Au moins et en parfait contraste avec nous, la Russie a profité de la leçon : après Sébastopol, elle s'est recueillie. De sa politique calme, raisonnée expectante, elle retire actuellement le fruit. Politiquement et financièrement, elle a besoin de la France. Mais son système particulier et ses traditions lui interdisent de se lier les mains, de surbordonner son action à un pacte ferme. Elle a manœuvré en conséquence avec la France. Grâce à l'habileté consommée de ses hommes d'État, secondée à souhait par l'intelligence souple et déliée de son jeune tsar, elle a pu, à sa complète satisfaction, résoudre le problème.

(1) *La prochaine guerre*, p. 236.

A bien y réfléchir, la genèse de l'alliance franco-russe s'explique naturellement. Avellan et ses marins, dans leur passage à Paris, ont déposé le germe d'une de ces épidémies morales qui, non moins que les épidémies physiques, exercent d'incroyables ravages. Après la visite du tsar à l'Élysée, qui avait déterminé un premier accès, la fièvre est arrivée à son paroxysme avec le voyage de notre auguste exécutif, stratège et président du Conseil supérieur de guerre à Paris, colonel en Russie. Lui aussi, après César, il a pu se dire : *Veni, Vidi, Vici* : « Je suis venu, j'ai vu, j'ai vaincu. »

Choyé, caressé, fêté et plus encore roulé, suivant une gazette étrangère, l'appellation publique d' « allié », authentique ou non, l'aurait grisé, lui et l'écolier apprenti, jongleur politique aux affaires étrangères. L'enivrement et la candeur auraient été chez eux au point de se croire du coup en possession d'un traité d'alliance avec la Russie, non pas seulement d'assurances d'amitié sans autre portée ni valeur. Ce leur a paru une victoire personnelle, un triomphe remporté sur un diplomate émérite, le comte Mouraview, à qui nos deux innocents ne vont pas seulement à la cheville du pied.

Quant à la nation française, il y aurait vraiment cruauté à contredire ses transports, son allégresse : qu'elle garde donc une illusion qui fait son bonheur et que le temps viendra toujours trop tôt dissiper. Nous ne croyons pas que personne s'avise d'ailleurs de cette tâche, assurée du même succès que celle de Sisyphe, roulant au sommet de la montagne l'énorme pierre qu'il n'empêchera jamais de retomber.

Donc, spéculant sur le tempérament et l'état mental

du bon peuple français, la diplomatie russe a réussi à lui faire prendre comme réalité un trompe-l'œil, une fantasmagorie pure. Pour cela il ne fallait pas moins que l'engouement chez lui incoercible, la crédulité inépuisable, l'hystérie invétérée dont il est atteint et, pour tout dire, sa profonde stupidité en politique.

Une fois de plus qu'on reconnaisse combien est vrai ce mot du philosophe Bion, l'un des sept sages de la Grèce : « Toutes les affaires qui occupent les hommes sont de vraies comédies (1). » Parfois divertissantes, comme celle-ci, si à la comédie ne succède pas la tragédie qui, elle, ne serait pas risible.

C'est qu'à l'étranger des fâcheux proclament bien haut que, présentement, la France et la Russie côtoient un précipice. Ils tombent d'accord que la Russie saura toujours s'en tirer. Mais l'avenir de la France dont ils sont les amis les fait trembler, par l'excès de son aveuglement et son inconscience. Ils soutiennent que les plus cruelles leçons du passé ne nous servent de rien : à leur sentiment, nous sommes foncièrement incorrigibles.

Personnellement, nous ne pouvons qu'en gémir et le déplorer. C'est tout ce qu'il nous est possible de faire.

Uni quippe vacat studiis odiisque carenti,
Humanum lugere genus (2).

« A l'homme sans amitiés et sans haines, il ne reste qu'à pleurer sur les hommes. »

(1) Quisque sciat verum esse, quod Bion dixit : « *Omnia humana negotia similia mimicis esse* (Senec., *De tranq. anim.*, XV) ; et, à son tour, Juv., *Sat.*, XIV : *Tanto majores humana negotia ludi* ; « Tant les affaires de ce monde fournissent des représentations bien autrement comiques que nos théâtres ! »
(2) Luc., *Phar.*, lib. 11.

CHAPITRE V

Agression de l'Italie. — Son impuissance sur terre. — Plan de campagne des Italiens. — Etat satisfaisant de leur marine. — Maddalena et Caprera. — Concert de l'Italie et de l'Angleterre.
Développement considérable des forces navales de l'Allemagne. — Débarquements éventuels. — Délabrement complet de la marine française. — Désarroi, dilapidations, favoritisme effréné au ministère. — Idées erronées, pernicieuses, touchant le renforcement de la flotte de guerre.

I

Produit d'un accès de vésanie belliqueuse chez le maniaque Napoléon III, la guerre de 1859 a été l'une des plus insignes folies du second empire.

Avant cette campagne fantasque, désastreuse sous le rapport politique, nous n'avions à redouter sur nos frontières aucune entreprise sérieuse de la part de l'Italie. Que la Savoie fût à nous ou qu'elle appartînt au Piémont, cela n'importait guère. Et divisée comme elle était en de nombreux petits Etats, loin d'être pour nous une menace, la péninsule italique offrait une garantie de sécurité. Aucun d'entre eux n'était à craindre. La Sardaigne, le plus peuplé de tous, ne comptait que 4,500,000 habitants.

Mais le 2 mars 1860, tout change le lendemain de la guerre. A l'ouverture de la session législative, Napoléon III annonce qu'il laissera les provinces de l'Italie centrale s'annexer au Piémont dès qu'elles lui en manifesteront le désir. De ce fait, la Sardaigne devient un royaume de 9,000,000 d'habitants. Un an après, le 14 mars 1861, le Parlement italien assemblé à Turin décerne à Victor Emmanuel II le titre de roi d'Italie, c'est-à-dire d'une nation de 22,000,000 d'âmes.

Unifiée à son tour grâce à la sottise et aux condescendances criminelles du même potentat, l'Allemagne ne pouvait manquer d'entraîner un jour ou l'autre l'Italie dans son orbite. Alors, en cas de guerre, nous l'aurions sur les bras, non pas derrière mais aux côtés mêmes de l'Allemagne.

Pour les peuples, avant tout la politique est et doit être une affaire d'intérêt matériel. C'est un principe que n'a jamais oublié l'Angleterre, qui même l'a poussé parfois à ses limites extrêmes. Mais en Orient et sur l'Adriatique, les intérêts de l'Autriche et de l'Italie étant identiques, en s'associant contre nous à la coalition austro-allemande, l'Italie a commis la même faute que la Russie en 1870. Des conséquences analogues devaient prochainement s'ensuivre.

Il est heureux que les Alpes, qui assurent à l'Italie une redoutable barrière contre l'envahisseur, forment pour la France attaquée par l'Italie un rempart plus inexpugnable encore. En effet ces montagnes nous permettent, avec des forces peu nombreuses, d'immobiliser ses armées durant un temps prolongé, en gardant sur l'échiquier alpin une attitude défensive que favorise singulièrement la configuration topographique du terrain.

A tous les points de vue, les Alpes protègent incomplètement la péninsule italique, parce qu'elles sont incomparablement plus faciles à gravir par le nord que par le sud. Aussi, dans tous les temps, a-t-elle été périodiquement en butte à des invasions : les Gaulois, Annibal, les Français, les Allemands.

Qu'elles s'échelonnent à la fois sur les cinq routes qui aboutissent à la plaine du Rhône ou seulement sur quelques-unes d'entre elles, les troupes italiennes ne pourront jamais se développer convenablement de front, en vue de surmonter la résistance du défenseur. Elles ne réussiront pas davantage à tirer parti de leur supériorité numérique : elles se heurteraient impuissantes à des positions défensives hérissées d'obstacles. Elles se verront invinciblement barrer la route par les fortifications françaises, qui ont reçu un développement formidable. En dernière analyse, avec des forces notablement inférieures à celles de l'Italie, la France peut aisément localiser la lutte dans la zone montagneuse, paralyser les efforts de son ennemie, jusque-là que les victoires remportées sur le principal théâtre de la guerre lui permettent de prendre contre elle une vigoureuse offensive. On estime que trois corps d'armée suffiront à cette tâche de défensive-agressive, en attendant l'heure de l'écrasement définitif de cette mouche du coche de la Triple-Alliance.

En raison de la lenteur de sa mobilisation et des difficultés de concentration de ses forces (1), l'Italie a un

---

(1) Rappelons que la *mobilisation* consiste dans la mise sur pied de guerre des unités demeurées jusque-là dans les dépôts ou les garnisons ; et que la *concentration* est la réunion sur

désavantage marqué. Son système de recrutement retarde le moment où les différentes unités de ses armées reçoivent leurs réserves. Et puis, pour transporter dans la haute Italie la plus grande partie de ses troupes disséminées dans la péninsule, elle ne dispose actuellement que de trois voies ferrées.

Quant au rôle et à l'avenir maritime de l'Italie, il sera bien différent suivant la situation du moment et les combinaisons de la politique. Si l'Angleterre accède ouvertement à la Triple-Alliance, la coalition ou quadruple-alliance aura nécessairement la domination des mers. Si les Anglais demeurent neutres, la France disposera dans la Méditerranée de forces navales qui lui assureront la supériorité sur celles de l'Autriche et de l'Italie réunies.

Des écrivains italiens ont mis en avant l'éventualité du bombardement de notre littoral méditerranéen par la flotte italienne. Ils n'ont pas réfléchi qu'en cela ils nous feraient la partie belle. En effet avec des eaux profondes, sans courants, sans marées ; avec des côtes nombreuses ouvertes, d'un accès facile, et dont aucune n'est malsaine ; avec des régions populeuses et leurs ports situés au fond de larges golfes, des représailles terribles pourraient être exercées contre l'Italie maritime. Gênes et le canton appelé sa rivière, Livourne, Naples, Palerme, Cagliari, Brindisi, Ancône seraient des proies tout indiquées : elles s'offriraient d'elles-mêmes à une escadre française maîtresse de la Méditerranée, même à de simples vaisseaux

---

un ou plusieurs points déterminés des unités ou des corps de troupes épars sur un territoire.

armés en course par des compagnies ou des particuliers. En fait, à une attaque venant de la mer aucun pays n'offre un objectif plus étendu, plus assuré que l'Italie. Nous ne faisons pas même entrer en ligne de compte la destruction si facile à accomplir de la voie ferrée qui longe le littoral italien. A ce cas, avec les obstacles et le retard qu'éprouveraient leurs concentrations, les choses prendraient pour les Italiens une vilaine tournure.

Accordons que de façon ou d'autre la flotte italienne jointe à celle des alliés soit supérieure à la nôtre, des navires français de tout genre pourraient, par vitesse ou par surprise, porter à l'Italie des coups imprévus au plus haut degré dommageables. Nul doute que le bombardement et la destruction des cités du littoral de la péninsule n'atteignissent l'Italie au cœur, dans sa fibre la plus sensible, et ne lui fissent amèrement expier sa monstrueuse et impolitique ingratitude.

Quant à un débarquement de troupes sur les côtes italiennes, nous comptons bien que la France ne commettra pas la faute de s'y laisser entraîner. Elle ne permettra pas qu'on la détourne de sa tâche capitale par une entreprise inopportune, sans profit immédiatement appréciable. A attendre son tour, l'Italie mégalomane ne perdra rien : elle a la certitude qu'on lui fera bonne mesure. La flotte française ou des corsaires isolés pourront peut-être exécuter des débarquements, mais seulement à fin de déprédation et de ravages (1).

(1) « Si nous avions la guerre avec l'Italie, nous pourrions chercher à bombarder ses ports de guerre, à détruire à coups de canon ou autrement les voies ferrées qui longent la côte ; mais

Moins obsédée de ses rêves de grandeur chimérique, mieux éclairée sur ses véritables intérêts, l'Italie aurait appliqué ses ressources financières encore fort limitées à tout autre objet qu'un état militaire outré, qui ne lui a valu jusqu'à présent que misère et humiliation. Dans l'impossibilité pour elle de couvrir de défenses permanentes tous les points de débarquement qui s'offrent à l'agresseur sur la longue étendue de ses côtes, elle devait surtout songer à les mettre à l'abri d'insultes, à empêcher l'ennemi de prendre à revers ses défenses de terre, à procurer protection suffisante à ses arsenaux et sécurité aux points de ravitaillement de sa flotte. Pour cela la création d'une puissante marine de guerre était indispensable. Elle a préféré entrer dans la voie des déficits budgétaires et des banqueroutes partielles, creuser un gouffre sans fond à ses finances hors d'état de faire face aux charges d'armements immodérés, enfin déconsidérer sa dynastie dans l'esprit des populations plongées dans une affreuse misère. Au point de vue exclusivement politique, les résultats n'auront pas été moins funestes. La désagrégation italienne fait tous les jours des progrès. Aux craquements qu'on entend déjà, on peut pronostiquer à sa pseudo-nationalité une fin assez prochaine.

En cela l'Italie s'est montrée d'autant plus aveugle et imprévoyante qu'elle possède une population nombreuse

un débarquement en règle (une expédition entre Rome ou la Spezzia) serait un non-sens, car nous n'en pourrions tirer aucun avantage extraordinaire, et il y aurait perte de forces sur le point décisif » (*Journal des sciences militaires*, juillet 1890, p. 130).

de marins, élément capital et fondement assuré d'une bonne marine. C'est, après l'Angleterre, la puissance qui compte le plus de matelots. Nouvelle venue sur la scène, elle avait débuté judicieusement dans cette voie, sachant mettre à profit les longs tâtonnements des autres nations, jusque-là même de donner une leçon à la France. Car si les navires de l'Italie sont peu nombreux, en revanche ils sont construits sur des types récents et perfectionnés, à la différence des nôtres sous tous les rapports exécrables. D'où vient qu'après avoir si bien commencé, elle a mal fini ? De la folie des grandeurs, qui en elle a étouffé le bon sens. La France, qui n'a jamais été son ennemie, souhaite sincèrement qu'elle revienne à une plus saine appréciation de ses intérêts. Il y va pour elle du maintien de sa puissance maritime et d'un magnifique développement de son commerce et de son industrie. L'Italie veut-elle renoncer à ces avantages pour arriver au même résultat que le Milan de la fable ? Autrefois il chantait comme les autres oiseaux. Mais, voulant hennir comme les chevaux de race, il désapprit le chant, ne put apprendre à hennir, et, ainsi privé de l'un et de l'autre avantage, il devint, par la voix, l'oiseau le plus disgracié de la nature.

Facteur de vésanie pour les peuples comme pour les individus, l'orgueil a offusqué chez les Italiens l'ententendement, si justement qualifié par Bossuet de « lumière que Dieu nous a donnée pour nous conduire ». Sans cette perversion, ils se fussent appliqués à donner à leur marine un développement plus considérable qu'à leurs forces de terre. Ils auraient reconnu que la configuration de la péninsule italique et la disposition de ses montagnes la préparent mieux à la défensive qu'à l'offensive. De fait, si solides qu'elles puissent être, les défenses de l'Italie, sans l'appui d'une grande force maritime, demeureront toujours inefficaces, incomplètes.

En raison des défectuosités de ses lignes ferrées, établies avec de fortes rampes qui nécessitent l'emploi de machines spéciales, la mobilisation et les concentrations des troupes italiennes sur la frontière nord-ouest demanderont au moins quinze jours. A tous les points de vue, les chemins de fer italiens se prêtent mal aux grands transports stratégiques. Il s'ensuivra que les réserves de l'Italie ne pourront guère entrer en ligne qu'après le 20e jour de la mobilisation au plus tôt.

Dans l'hypothèse d'un effort combiné de l'Allemagne et de l'Italie sur notre frontière orientale, on a discuté l'éventualité de la jonction des forces italo-allemandes dans les plaines de la Suisse et leur marche de conserve à l'assaut du grand plateau séquanais. Mais dans ce plan, que d'obstacles, que d'écueils et d'embarras à surmonter par l'Italie, coopératrice de l'Allemagne !

Avec les trois débouchés du Saint-Gothard, du Simplon et du Mont-Cenis, les Italiens ne pourraient s'avancer que séparés et isolés par de hautes et épaisses montagnes. Il leur faudrait traverser des cols praticables seulement pendant une courte saison, des tunnels de chemins de fer profonds de plusieurs kilomètres, lesquels sur un long parcours empruntent le sol de l'étranger. Qu'on évalue rien que le nombre d'étapes nécessaire pour s'élever de la plaine du Pô au sommet des Alpes et descendre ensuite dans la vallée de l'Aar ! Avant la fin de cette marche prolongée, pénible, la partie serait décidée dans le bassin de la Meuse ou de la Marne. Si les Italiens songent à l'entreprendre, ce ne sera vraisemblablement qu'après le succès des Allemands.

Si, en suivant la route du Saint-Gothard, ils se proposent de leur donner la main par la Suisse, ils se heurteront aux fortifications aussi solides que bien conçues que les Suisses ont élevées pour leur barrer le passage. Bien approprié à la nature du sol et aux mœurs des habitants, le système des milices suisses remplira parfaitement ici son office. Très courageux, extrêmement tenace, le Suisse résistera longtemps aux Italiens et aux Allemands : ils ne pourront en avoir raison que par la supériorité du nombre et au prix d'incalculables sacrifices. Avant de se lancer dans l'aventure, les alliés y regarderont peut-être à deux fois.

Accordons que des colonnes allemandes et italiennes se donnent la main en Suisse et réussissent à prendre pied sur le territoire du Jura. De ce moment il faudra compter avec les réserves françaises placées dans le bassin de la Haute-Saône. Elles seront parfaitement en mesure de faire face à l'ennemi débouchant de la Suisse, si bien que, l'arrêtant court, elles l'empêcheront de prendre part au grand choc en Lorraine. Se portant offensivement à sa rencontre avant qu'il ait passé le Doubs, elles n'auront qu'à marcher au sud sur ses derrières, soit de Montbéliard à Saint-Hippolyte, soit de Baume-les-Dames à Vercel, soit de Besançon à Chantron. De toute façon il arrivera trop tard sur le Doubs.

Pressés d'envoyer dans la haute Alsace leurs troupes disponibles, c'est-à-dire celles non employées sur les Alpes françaises ou à la défense des côtes, il est présumable que les Italiens songeront à utiliser les lignes ferrées qui, sans passer par la Suisse, mettent l'Italie en communication avec l'Allemagne. Au lieu de violer la neutralité suisse en s'emparant de la voie ferrée du Saint-Gothard ou des passages du Simplon et du Valais, ils useront de la ligne ferrée du Brenner et de l'Arlberg. Elle est tout entière sur le territoire Autrichien ou Allemand et, par suite de la neutralité de la Suisse, elle a son flanc gauche complètement à l'abri des attaques des Français. Grâce à elle, les alliés peuvent sans coup férir opérer leur jonction avec les corps bavarois et wurtembergeois. Ensuite il ne dépendra que d'eux d'agir dans la direction de Besançon, tout en menaçant les derrières de l'armée française sur les Alpes de la Savoie et du Dauphiné.

L'Italie n'a contre la France qu'un seul plan de campagne réellement praticable : c'est de l'attaquer à la fois par la vallée de l'Isère et celle de la Durance. Alors, gardant sur l'échiquier alpin une attitude défensive-agressive que favorise à souhait la configuration du terrain, nul doute que nous ne réussissions à immobiliser indéfiniment l'armée italienne, même avec des forces peu nombreuses. Le compte des Allemands une fois réglé, il suffira de toucher du doigt l'Italie pour voir crever cette chétive pécore, démesurément gonflée, mais au fond vide, sans souffle, finissant par tomber épuisée.

Que l'Italie, usant de sa liberté, soit entrée au service

de la Triple-Alliance comme bonne à tout faire, nous n'avons pas autrement à nous en inquiéter. Mais que cela ne nous induise pas à commettre la faute lourde que l'Autriche a payée du désastre de Sadowa. C'est en effet au stérile triomphe de l'archiduc Albert à Custozza que cette puissance a dû d'avoir succombé en Bohême, dans la campagne de 1866. L'Autriche ne comprit pas qu'elle n'avait pas à faire état de la levée de boucliers des Italiens, qu'elle était sûre de retrouver plus tard et d'accabler à son heure. François-Joseph dut regretter amèrement de leur avoir opposé son plus habile homme de guerre, qu'il était bien inutile d'envoyer mettre à la raison des généraux italiens de cinquième ordre (1).

Placés dans les mêmes conditions que l'Autriche, qu'au moins la leçon et l'expérience nous profitent ! Comprenons bien que, dans la prochaine guerre, notre intérêt est de nous borner à l'égard de l'Italie au strict nécessaire. Ne perdons jamais de vue qu'un triomphe militaire sur elle est pour nous d'ordre absolument secondaire. L'essentiel est d'avoir le dessus sur la Meuse et

(1) Le choix de Benedek, commandant en chef de l'armée destinée à combattre les Prussiens, fut imposé à l'empereur par l'opinion publique. Un exemple de plus de ses aberrations aussi bien au domaine militaire que dans l'ordre civil et politique. Brillant divisionnaire, mais stratège des plus médiocres, Benedek avait le pire défaut chez l'homme de guerre, l'indécision. Dans cette courte campagne, au jour décisif, ayant à opter entre deux partis très tranchés, il ne sut se décider pour aucun. Il s'ensuivit pour lui la défaite complète. Aux prises avec l'archiduc Albert, M. de Moltke eût certainement reçu le châtiment dû à l'insigne témérité de ses dispositions stratégiques. Le désastre était alors immanquable pour la Prusse.

sur le Rhin. Si cela devenait nécessaire, on devrait même abandonner temporairement aux Italiens une partie de notre territoire. En cela nous ne ferions que suivre l'exemple de Frédéric II, délaissant la Silésie en 1745, pour ramasser le plus de forces possible sur le théâtre décisif de la guerre.

Au surplus, en attendant le règlement final, rien n'empêche de donner entre temps un à-compte à l'Italien affriandé. Cet outrecuidant allié de l'Allemagne pourra par là se convaincre que son pays est une proie opulente dévolue à toute escadre, même aux navires armés en course qui entreprendront d'y mettre la main. Nous avons cité précédemment plusieurs villes de l'Italie qui s'offrent au choix de l'assaillant pour une attaque inopinée soit par terre soit sur mer. Si nous revenons ici sur le bombardement, c'est qu'il aurait des conséquences terribles pour la dynastie, dans l'état actuel des populations italiennes affamées, réduites au désespoir par l'excès des impositions et des charges de toute nature. Quant à effectuer un débarquement en règle dans la péninsule italique, ce serait une duperie. Le piège est trop grossier pour qu'on s'y laisse prendre. La France ne sera pas assez dénuée de jugement pour tomber dans le panneau que lui tend l'Italie, de concert et de compte à demi avec ses bons amis les Allemands.

S'il fallait rafraîchir la mémoire aux Italiens, on pourrait leur rappeler le programme formulé par le vice-amiral Aube, à son passage au ministère. « Maîtresses de la mer, disait-il, et ne rencontrant aucun adversaire devant elles, nos flottes seront toujours à même de tourner, leur puissance de destruction contre toutes les villes du littoral fortifiées, pacifiques ou guerrières. Elles auront les moyens de les incendier, de les ruiner ou de les mettre à réquisition sans pitié. Ce qu'on faisait jadis et ce qu'on ne faisait plus, on pourra le faire de nouveau contre l'Italie. » Représailles terribles, mais surabondamment justifiées à l'égard d'une puissance qui, à l'article de la duplicité, a outrepassé les bornes. Qu'au moins elle sache que c'est à ses risques et périls qu'elle poussera la France à bout !

Au détroit de Bonifacio, entre la Corse et la Sardaigne, avec Maddalena et Caprera, l'Italie s'est ménagé des points d'appui avantageux, des positions très fortes. Elle se flatte d'y porter aisément sa flotte en toute occurrence, selon les déterminations que suggéreront les événements. « Dans ces positions éminemment stratégiques, disent les Italiens, nous pouvons couvrir le cœur de la péninsule et ses côtes occidentales depuis Piombino jusqu'au détroit de Messine. Par le câble sous-marin qui relie la Sardaigne à la Sicile, nous sommes en communication constante avec le gouvernement central de Rome. Nous obligeons en même temps la flotte française à contourner la Corse par le nord et la Sardaigne par le sud, si elle entend agir contre Civita-Vecchia ou Naples. En outre, au détroit de Bonifacio, notre flotte se trouve plus près des côtes de France que la flotte française ne le sera des ports tyrrhéniens ou napolitains. Enfin elle occupera une position menaçante sur le flanc de la ligne de communication la plus courte entre Toulon et Tunis, ou entre Toulon et Bône en Algérie. Cette station au détroit de Bonifacio a le grand avantage d'être à la fois offensive et défensive. »

Les avantages dont se prévalent ici les Italiens sont réels, mais seulement pour partie. Quant aux îles fortifiées de Maddalena et de Caprera, destinées à servir de bases à la flotte italienne pour la défense de la mer Tyrrhénienne en même temps qu'elles permettraient de surveiller la côte ligurienne et de menacer l'Algérie, nous estimons qu'il y a beaucoup à rabattre de l'aide que s'en promet l'Italie. Sa marine ne dispose pas encore des moyens d'intercepter les communications de la France avec l'Algérie. Quels que soient les progrès qu'elle a réalisés, elle est encore loin d'avoir assuré la supériorité de son armement et la prépondérance de sa puissance navale dans le bassin de la Méditerranée.

A notre avis, il y avait pour l'Italie mieux à faire que de s'établir à Maddalena et Caprera : c'était d'occuper solidement l'île d'Elbe, qui commande le passage entre la mer Tyrrhénienne et la mer Ligurienne. Quant à la Corse, démunie de tous moyens efficaces de défense, il est malheureusement exact que l'Italie peut aisément en faire sa proie, grâce à notre injustifiable abandon, à notre persistante incurie. « Insuffisamment pourvue de défenses fixes, la Corse est encore plus mal partagée au point de vue des chemins de fer ; et comme les routes y sont rares et difficiles, le rôle de la défense mobile sera ici particulièrement ingrat. C'est presque certainement se préparer, dans cette partie de notre territoire, de graves et pénibles mécomptes (1). »

(1) *Puissance militaire des Etats de l'Europe*, par J. Mollard, p. 287.

Nos gouvernants réunissent vraiment tous les titres pour être considérés comme d'inexplicables phénomènes. En veut-on un témoignage probant ? nous l'emprunterons à leur incroyable indifférence relativement à Bizerte. On s'étonne que l'Italie n'ait pas encore songé à la mettre à profit. Dans la circonstance, il ne dépendait que d'elle de supplanter la France.

Voilà plus de quinze ans que nous sommes établis en Tunisie et c'est à peine d'hier que la marine française a pris possession du port de Bizerte. On ne sait au juste quelles considérations ou influences mystérieuses ont si longtemps empêché la République d'affirmer ses droits et d'en user dans l'espèce. Cette procrastination a cessé finalement par l'occupation enfin réalisée de Bizerte. Une division de l'escadre active de la Méditerranée et les croiseurs qui composent l'école supérieure de guerre navale, ont enfin franchi ses passes, pénétré dans le port, manœuvré dans son grand lac intérieur (1).

(1) Dans un article du 4 août 1896, le *New-York Herald* examine les conséquences de cette prise de possession.

« Actuellement, dit-il, la France possède un nouveau Brest où une marine beaucoup plus nombreuse que celle qu'elle possédera jamais peut trouver un ancrage sûr. Avec Toulon dans le nord de la Méditerranée et Bizerte au sud, la puissance navale de la France dans l'ouest de cette mer est aujourd'hui à peu près inattaquable. Pour consolider sa position, il ne reste plus qu'à entreprendre la construction du *Canal des Deux-Mers*, qui doit réunir la Méditerranée au golfe de Gascogne, et la rendre ainsi indépendante du détroit de Gibraltar. »

Il est remarquable que la presse américaine intéresse à de questions qui laissent indifférents la plupart de nos nationaux. Encore un trait caractéristique de l'état intellectuel et moral des Français à notre époque ! Nous nous occupons bien des affaires

De ce que l'escadre française était entrée dans la rade de Bizerte, il ne suivait pas qu'il n'y eût plus rien à faire. Car, sans défenses sérieuses, sans approvisionnements, sans bassin de radoub, sans dépôt de charbon, Bizerte n'est qu'un mouillage sûr, nullement une place de guerre. Pour que cette station joue son rôle stratégique et devienne le Toulon africain, il y faut des installations militaires qui nécessiteront des travaux importants. Au gouvernement incombait l'obligation ou plutôt le devoir de les exécuter au plus vite, d'autant qu'il avait à faire oublier quinze années perdues. N'avait-il pas sous les yeux, au même temps, les Anglais construisant à Malte des casernes pour toute une armée, et le *Naval Works Acts* annonçant officiellement l'attribution à la seule place de Gibraltar de 93 millions de crédit, dont 26 millions et demi pour les travaux du port et 66 millions et demi pour les travaux de l'arsenal ?

En regard des Anglais, toujours vigilants, ne s'arrê-

---

des autres, mais fort peu ou même point du tout des nôtres.

Presque à la même date, le 5 août, le congrès national de géographie de Bordeaux émettait le vœu qu' « il fût créé un canal maritime à moyenne section unissant l'Océan à la Méditerranée et permettant le transport du cabotage par les navires ne calant pas plus de 3 m. 50 et les bâtiments de la flottille de guerre ».

La construction du *Canal des Deux-Mers*, dont l'importance est reconnue même en Amérique, a fait depuis une dizaine d'années l'objet d'un nombre infini de vœux, d'enquêtes, de pétitions. Au Parlement elle a été matière à propositions de loi, résolutions, rapports. Mais rien n'a abouti. Un effet de plus du parlementarisme, qui fait une consommation improductive du fonds intellectuel de la nation, qui va s'amoindrissant chaque jour !

tant jamais, nos républicains font contraste, tour à tour ineptes ou inertes. Dans la Méditerranée, ils ont complètement oublié l'arsenal de Bizerte. Se souviennent-ils seulement de ce nom ? A le leur remémorer, il se pourrait que plus d'un parmi eux commît une méprise du genre de celle de Ferry, qui apprit d'un de ses bureaux que Formose est non pas une ville, mais une île. Anerie qui devait pâlir devant une autre, celle-là inénarrable du gros balourd Spuller, oison de passage au quai d'Orsay, où les titulaires du portefeuille apparaissent, passent, s'évanouissent, avec la rapidité d'ombres de lanterne magique.

Le gouvernement de la République se croit sans doute quitte de tout autre soin, quand il a envoyé à tour de rôle 30 ou 40 marins, amiraux, vice-amiraux, contre-amiraux, en promenade officielle dans la rade de Bizerte. C'est l'usage qu'il en a fait jusqu'à présent : un but d'excursion pour le personnel exubérant des grades supérieurs de sa marine. En effet personne n'ignore qu'il est sept fois plus nombreux que celui de l'Angleterre dont la flotte est pourtant dix fois supérieure à la nôtre.

Pour en finir avec l'Italie, il est juste de reconnaître qu'aujourd'hui elle paraît avoir renoncé à jouer à la grande puissance militaire, jeu qui avec Ménélik lui a si mal réussi. Il était temps, pour elle et ses créanciers, qu'elle s'arrêtât dans l'orgie de ses armements militaires.

L'imminence d'une banqueroute totale après une série de banqueroutes partielles a dû contribuer à dégriser les Italiens, qu'on serait tenté de considérer comme de purs déments, s'il n'existait pas dans le pacte de la Triple-

Alliance des clauses secrètes assurant à l'Italie des avantages en rapport avec 'exagération de son état militaire. Mais ces avantages demeurent nécessairement subordonné aux vicissitudes de la politique, à l'imprévu des événements, enfin à l'issue de la guerre. Car à prétendre que c'est seulement pour maintenir et garantir la paix européenne que l'Autriche court sciemment au suicide et l'Italie à la banqueroute, l'explication ne vaut que pour les benêts ou cette catégorie d'enfants qui, dit Juvénal, *nondum œre lavantur* (1).

L'Italie, avec sa politique, n'a jusqu'ici rien gagné matériellement : dans l'ordre moral, elle a perdu sensiblement. L'accession des Italiens à la Triple-Alliance n'a fait honneur ni à leur caractère ni à leur jugement. Des hommes d'État fort peu scrupuleux en morale, connus même pour faire bon marché de la politique de sentiment, s'en sont expliqués sans réserve. Même, à ce sujet, l'un d'entre eux leur a joué le vilain tour d'exhumer l'appréciation formulée à leur endroit par un éminent homme d'État belge, M. Malou, ancien ministre des affaires étrangères. On ne pouvait leur faire un plus désagréable compliment que d'évoquer ce souvenir fort peu flatteur. Il vaut la peine qu'on en reproduise textuellement les termes, car ils constituent en même temps un rapprochement tout à notre avantage et à notre honneur. « Le caractère de la nation française, dit M. Malou, est la franchise : le caractère des Italiens est double et faux. Dans une lettre du 27 septembre 1797, Bonaparte,

(1) *Sat.* 11, v. 125.

qui connaissait bien ses compatriotes, a résumé son sentiment à leur égard en ces termes : «... c'est un peuple froidement ennemi des Français par préjugé, par l'habitude des siècles, par caractère. » Et, de son cru, M. Malou ajoute : « L'esprit turbulent et jaloux de cette nation lui mettra sur les bras plus d'une mauvaise affaire. En dépit de l'incontestable habileté de ses hommes d'État, il arrivera fatalement qu'elle se trouvera un jour engagée dans quelque aventure périlleuse où elle laissera pied ou aile. »

Nous voudrions bien savoir ce que M. Crispi pense de la prédiction. Quant à nous, nous devons nous borner à faire remarquer qu'il serait difficile de citer un autre exemple où la divination d'un homme d'État ait pénétré l'avenir d'une façon plus sûre.

II

On vient de voir que, hormis pour la Corse, les attaques par mer venant de l'Italie ne sauraient être un sujet de grave inquiétude pour la France. Mais il n'en est pas de même de celles auxquelles nous devons nous attendre de la part de la marine allemande.

On sait qu'en 1870-1871, au cours de la guerre franco-allemande, la France put importer d'immenses approvisionnements par ses frontières maritimes. Elle n'avait alors rien à redouter de la marine militaire des Allemands, désormais il lui faudra compter avec elle. Il importe donc d'enrayer au plus tôt dans la voie de décadence accélérée où est funestement engagée notre marine.

Aussi bien, à l'État qui veut triompher par la défensive-agressive, il est indispensable que, derrière lui s'ouvrent les frontières de nations amies ou, à défaut, qu'il soit maître de la mer, comme Wellington en Portugal ou la Belgique avec Anvers. Assuré par là de libres communications, de ressources inépuisables, si, d'ailleurs, son crédit est solidement assis, il pourra tenir bon indéfiniment, mater, user son adversaire, en attendant le retour de la fortune.

Il n'y a rien d'excessif à dire que, dès à présent, il faut prendre en sérieuse considération la marine militaire de l'Allemagne. C'est qu'elle est devenue une puissance maritime de premier ordre. Au moment où nous traçons ces lignes, à part les chantiers et les navires à lancer prochainement en mer, sa flotte comprend 9 grands cuirassés, 6 cuirassés de moindre importance, 20 croiseurs cuirassés de différentes dimensions, 10 grands croiseurs, 9 plus petits, 9 navires rapides, 10 torpilleurs de division, 95 torpilleurs de mer, sans compter nombre de navires de moindre importance.

Mais la supériorité d'une marine de guerre ne consiste pas seulement dans le nombre des navires, mais surtout dans leur vitesse, dans la perfection des machines, du blindage, des canons, et dans la qualité des équipages. « Sous ce rapport, dit une brochure allemande que cite le *Correspondant*, nous pouvons envisager l'avenir avec sérénité. Parmi les puissances rivales aucune ne possède des navires ayant une valeur égale aux navires allemands de même genre et de même classe de récente construction. Tant que les ateliers Krupp existeront, l'armure de nos bâtiments et de notre artillerie ne seront pas surpassées. Quant à nos hommes, officiers et matelots sont tous des marins de choix, d'un héroïsme tranquille : les Anglais, juges compétents en la matière, les admirent et nous les envient ouvertement. Il ne s'agit donc que de mettre à nos marins assez de planches sous les pieds (1). »

Même en réunissant notre flotte de l'ouest et celle du nord, nous n'atteindrions pas à la moitié des forces navales que l'Allemagne possède. De plus, la construction du canal de Kiel lui permet de réunir ses deux flottes de la mer du Nord et de la Baltique, alors que nous sommes obligés de tenir nos escadres divisées. Faute de la construction du canal des Deux-Mers, Gibraltar nous étant fermé, il y aurait pour nous impossibilité absolue de réunir nos flottes.

Bien supérieure en nombre à la nôtre, abstraction faite de sa valeur intrinsèque de construction, la flotte de l'Allemagne lui donnera les moyens de se rendre maîtresse de l'Atlantique. Il lui sera loisible de débarquer ses régiments à l'embouchure de la Seine, avec la certitude de n'avoir à se heurter à aucune forteresse entre la mer et Paris (2). D'où l'on voit que la division de nos escadres est pour nous une cause de grande faiblesse, par l'impossibilité de concentrer des forces nava-

(1) *Soleil*, 9 septembre 1897.
(2) Dans son ouvrage sur le *Service d'état-major*, le général Bronsart von Schellendorff ne fait pas mystère de l'intention bien arrêtée des Allemands de « jeter des troupes sur les côtes *ennemies*, dans la prochaine guerre ». Au lieu d'*ennemies*, lisez françaises.

les dans l'Atlantique. Nous ne pourrions ni faire échouer une diversion tentée par les Allemands, ni les empêcher de s'établir sur le littoral.

Si l'Allemagne se trouve en état de bloquer les côtes et de fermer hermétiquement les ports, c'en est fait de la France : une lutte prolongée devient impossible. Comme nous l'avons dit plus haut, avec les communications maritimes demeurées constamment libres, les cargaisons d'armes et de munitions ne nous ont pas manqué en 1870. Nous avons eu en outre toute facilité de communiquer avec d'autres parties du territoire. Il n'en serait plus de même désormais. Dans cette situation, il ne servirait de rien de prolonger une lutte désespérée, alors que, pour être plus ou moins reculée, l'issue serait quand même fatale.

Partout nos ports sont à la merci des bombes, nos côtes ouvertes aux débarquements. Leur protection n'a jamais été organisée. Depuis plus de 25 ans, la marine et la guerre se renvoient la charge de les défendre. Il est grand temps d'aviser. Il sera ensuite trop tard pour songer à l'établissement de batteries convenablement disposées, armées de pièces du plus fort calibre, capables enfin de tenir à distance les vaisseaux de guerre de l'Allemagne.

Déjà, dans des vues de statégie et de tactique, les navires allemands cherchent à se familiariser avec les abords du Cotentin. En cas de guerre, il est plus que probable qu'ils opéreraient une diversion sur cette presqu'île et sur la vallée inférieure de la Seine absolument dépourvues de défenses. La faiblesse de notre escadre du nord devant la flotte allemande si supérieure sous tous les rapports, permettrait aux flottes commerciales de Hambourg et de Brême de jeter sur nos côtes de l'ouest autant de troupes qu'il en faudrait pour s'y établir fortement et bouleverser notre mobilisation. Le danger est pressant, manifeste : il n'a pourtant pas encore frappé le gouvernement. Avec sa procrastination habituelle, pour y pourvoir, il attend sans doute une déclaration de guerre officielle, qui lui manquera toujours de la part des Allemands.

Pour notre plus grand désavantage, nos ports sont dans des conditions différentes de ceux de l'Allemagne. Presque tous situés au fond de baies ou sur des estuaires, les ports Allemands n'ont pas grand'chose à redouter des flottes ennemies. Les gros navires ne peuvent s'approcher de côtes basses qui s'enfoncent sous les flots par des pentes insensibles. Pour escorter et transporter un corps de débarquement, il nous faudrait une flottille de bâtiments à faible tirant d'eau. C'est même ce qui explique l'insuccès des tentatives de débarquement dans la précédente guerre.

Si encore nous n'avions à nous défendre que contre les Allemands. Mais Cherbourg et le Cotentin sont également visés par l'Angleterre. Quant à la Corse, rappelons pour mémoire que, si l'on n'a pas l'œil ouvert sur les Italiens, elle sera immanquablement l'objet d'une surprise de leur part.

Napoléon, dans ses *Mémoires*, dit que, « pour sauvegarder une frontière maritime, deux lignes de places fortes sont nécessaires : la première sur le littoral, pour tenir au large le plus longtemps possible les forces ennemies et prévenir leurs déprédations sur le territoire ; la seconde, plus en arrière, pour arrêter les troupes de débarquement qui, par surprise, réussiraient à franchir la première ligne ». Nous sommes loin d'être dans ces conditions. Comme places fortes de première ligne, nous n'avons que l'ombre de la chose ; et quant à la seconde ligne, elle se réduit à quelques fortifications sans sections ni appuis. Le budget de la marine est richement doté : mais tout l'argent s'écoule en dilapidations et en gaspillage. Avec l'omnipotence des bureaux, l'absence de contrôle et de responsabilité, l'administration de la marine ne représente que le chaos ou, si l'on veut, l'organisation méthodique de la confusion et du coulage. Insuffisant ou indifférent, le ministre ne tient même pas à connaître un personnel avec lequel il ne restera pas longtemps. D'un bout à l'autre de son exercice éphémère, il en est donc le jouet, l'instrument docile. C'est un pantin qui, soit qu'il se meuve ou soit mu, s'agite invariablement dans le vide. Le plus étranger de tous à son département, c'est sans contredit le titulaire de la marine, témoin Burdeau dont on a pu justement dire qu' « il était là à sa place comme le diable au prêche ». En résumé, que le département soit aux mains d'un vaudevilliste comme M. Lockroy, ou d'un tanneur comme M. Faure, les choses vont du même train : l'administration de la marine française est pitoyable.

Ce n'est ni d'aujourd'hui, ni même d'hier, qu'on en a fait la juste observation. « En remplaçant la caste aristocratique gouvernementale par la caste administrative, on a créé chez nous dans l'Etat un pouvoir impersonnel plus redoutable que celui de l'ancienne noblesse, parce que c'est le seul qui, échappant aux changements politiques incessants, possède des traditions, un esprit de corps, l'absence de responsabilité, la perpétuité, et tend progressivement de la sorte à devenir le seul maître (1). »

D'une façon générale, une flotte de combat nombreuse, manœuvrière, puissamment armée, dirigée par un homme de tête et de cœur est pour un pays le meilleur rempart de ses côtes. On est vraiment surpris de voir à quel point presque tout le monde chez nous ignore les choses de la mer. On ne se rend pas compte que le courage, l'abnégation, le dévouement, la discipline ne suffisent pas pour assurer la victoire sur cet élément. Ces mâles vertus ne tiennent pas ici l'emploi le plus important. A côté de l'expérience et de la science professionnelle, au premier rang des facteurs du succès, il faut mettre encore la puissance des instruments de combat, la supériorité des forces réunies en escadres, la construction et le fonctionnement irréprochables des bâtiments et des navires.

Si la marine française fait encore figure ou plutôt illusion par le nombre de ses équipages et son armement, il ne faut pas oublier que, depuis Navarin en 1827, elle n'a pas eu de combat naval à soutenir, tandis que, après l'Angleterre, les marines de l'Allemagne, de l'Autriche, du Danemark et de l'Italie ont subi cette épreuve. Elle a fait nommément défaut à notre marine cuirassée. Dans

---

(1) *Revue Scientifique*, 2 juin 1894.

la dernière guerre, une seule rencontre sérieuse a eu lieu à la Havane entre une canonnière allemande et une canonnière française. L'issue du duel, il faut le dire, n'a pas été à l'avantage du navire français. Sans doute on ne saurait tirer une conclusion d'un fait unique. Mais il faut avouer aussi qu'on ne peut rien avancer de certain sur la valeur de notre marine, avant qu'elle ait pris part à un grand engagement naval. Notons encore qu'en 1871 un aviso allemand a réussi à capturer un trois mâts français en vue même de Royan, aux portes de Bordeaux. C'est un fait avéré, indéniable (1).

Si l'on tient à s'édifier complètement sur l'état de délabrement où la république a laissé chez nous tomber la marine, sur les errements et les procédés des ministres qui en ont eu successivement charge, on n'a qu'à se reporter aux comptes rendus officiels des séances des 14 et 15 décembre 1896 de la Chambre des députés. La situation y a été tirée au clair sur pièces et documents irréfragables. Il y a là de quoi faire tomber les écailles des yeux de ceux qui douteraient encore qu'après le département de l'instruction publique, celui de la marine n'est pas chez nous le plus détestable que l'on puisse imaginer. L'exposé fait à la Chambre, avec détails, faits et justifications à l'appui, est véritablement lamentable.

Il constitue le réquisitoire le plus accablant qui ait jamais été prononcé contre l'administration de la marine, son personnel et ses œuvres. Le ministre à son

(1) *Le réseau français*, par Naves, p. 426.

banc de quart et ses six commissaires du gouvernement, potentats irresponsables, ont été exécutés dans les règles.

D'étranges révélations ont mis en lumière l'oligarchie bureaucratique et militaire qui trône et gouverne autocratiquement au ministère de la rue Royale. On a eu le spectacle d'une amirauté opposant une résistance aveugle, obstinée à la réalisation en France des progrès dans l'art naval constatés chez toutes les autres nations. On a montré notre administration s'attachant désespérément à toutes les routines surannées du passé, la défense des côtes et de nos intérêts les plus précieux à la merci de vieux vaisseaux de bois, tandis que les marines du monde entier, y compris celle de la Chine, se transforment et s'outillent formidablement pour les luttes de l'avenir. On a signalé notre conseil de constructions navales persistant, contre vents et marées, dans l'adoption absurde de types massifs, lourds, hors d'état de se mouvoir et de combattre, et, par contre, rejetant inflexiblement les coureurs hardis et légers qui, par la vitesse, détiennent les clefs de la victoire. On a établi sur preuves l'état du matériel de combat, insuffisant, usé, réduit à des engins de guerre presque primitifs. On a dénoncé le favoritisme intéressé installé despotiquement dans les états-majors des escadres, et, à l'exemple de ce qui se passe à l'instruction publique, l'avancement impitoyablement refusé à ceux qui ne peuvent l'attendre que de leur mérite et de leurs services. On a justifié des fonctions du haut commandement exclusivement réservées aux membres d'une petite aristocratie de sept ou huit familles amirales, la plupart du temps incapables ; les meilleurs de nos officiers humiliés, rebutés, découragés, réduits à déserter la carrière. On a cité, avec les noms, des actions d'éclat, de glorieux faits d'armes, laissés sans aucune récompense, même de véritables héros ne pouvant parvenir à se faire inscrire sur le tableau d'avancement.

Et quelle peinture que celle de ce fouillis de paperasses, de cette pléthore d'écritures, de cette armée d'employés parasites de tous bords et conditions, d'hommes de service, garçons de bureau, pseudo-marins, encombrant ridiculement les bureaux, censés travailler à une chose qui n'existe pas, qu'on appelle néanmoins la *comptabilité de la marine* !

Humiliée autant qu'écœurée à de telles divulgations, mais incapable d'une résolution virile, la Chambre des députés a cependant laissé sans conclusion ces débats. Mais, à son défaut, le public, lui, l'a tirée. Il a compris la gravité du mal qui mine et emportera un jour la France. Il s'est dit avec raison, que lorsqu'un pays comme le nôtre arrive à ce degré de dissolution administrative et gouvernementale, ses jours sont comptés et qu'il n'y a pas risque de se tromper à juger son état désespéré, partant sa fin très prochaine.

Reproduisant ces débats navrants, la presse annonçait en même temps, par coïncidence fortuite, que l'Allemagne venait de doter ses bâtiments de guerre d'une nouvelle artillerie exclusivement formée de canons de 15, 21 et 25 centimètres de la fabrication Krupp à Essen. Ce type spécial devait leur procurer, expérience faite, un tir d'une extrême rapidité, lui assurant dans l'avenir une supériorité incontestable.

Dans ces conditions, la flotte de guerre de l'Allemagne devient plus redoutable que jamais, de l'aveu général des hommes du métier. Et elle ne discontinue pas de grossir ! Prochainement elle comptera deux cuirassés de plus et six croiseurs à grande vitesse dont l'armement sera supérieur aux plus grandes unités anglaises. D'autre part, le génie maritime allemand s'efforce d'obtenir une vitesse plus grande encore, pour ses navires de combat. Dès à présent, il semble certain qu'ils distanceront sensiblement la vitesse de 14 à 15 nœuds de nos cuirassés d'escadre.

Sur mer comme sur terre, la configuration géographique de la France et l'absence complète de défense sur le littoral exposent le pays, en maints endroits différents, à de formidables offensives de la part de l'Allemagne. Devant ces éventualités, à nous de décider si, après avoir échoué dans l'œuvre de réorganisation de nos forces de terre, nous entendons également nous désintéresser de l'état de notre marine. Il est en effet indubitable que, la guerre venant à éclater, il n'y aurait pas de flotte française en état de tenir un jour, nous ne dirons pas contre les forces navales de l'Angleterre, mais seulement celles de l'Allemagne.

Le vice le plus grave de notre flotte est son incohérence qui est la conséquence logique de l'intrusion de la politique dans le domaine de la marine. Chaque amiral qui est arrivé au ministère avait son idée personnelle : naturellement, il a laissé, comme trace de son passage, un ou deux échantillons de ses conceptions. D'un autre côté, les politiciens purs qui, à quatre ou cinq reprises, ont remplacé les marins à la tête du département, auraient rougi s'ils n'avaient pas témoigné de leurs capacités spéciales par la création de quelques types nouveaux. Tantôt ils ont ramassé de vieilles idées qui traînaient partout et que de plus sages qu'eux avaient écartées ; tantôt, avec la fougue de l'inexpérience, ils ont mis en chantier des bâtiments peut-être discutables, mais qui attestaient leur désir de sortir de l'ornière.

A ce point de vue, constatons combien l'amirauté anglaise l'emporte sur notre détestable administration de la marine. Depuis dix ans, en regard de nos quatorze ou quinze ministres de la marine, trois premiers lords, Hamilton, Spencer et Goschen, se sont succédé à la tête de cette amirauté. Ils n'ont pas cherché à signaler leur exercice par l'invention de types nouveaux : ils ont borné leur ambition à administrer judicieusement. A la différence des ministres français, l'amirauté anglaise s'est contentée de perfectionner les types et de les tenir au courant des progrès de la défense et de l'attaque : elle a su, en temps opportun, faire l'évolution nécessitée par l'entrée en ligne des grands explosifs. Aussi, à l'heure présente, au lieu des différents musées maritimes que promène la France sur les mers sous le nom d'escadres, a-t-elle pu faire entrer dans son escadre de la Manche neuf cuirassés semblables, *type Majestic*, et, dans son escadre de la Méditerranée, huit cuirassés type *Royal Sovereign* (1).

L'Angleterre, qui, il y a quelques années, nous regar-

(1) *L'état de notre marine*, par *** (*Revue de Paris*, 1ᵉʳ mai, 1897, p. 39).

dait comme un adversaire digne d'elle, apprécie actuellement notre flotte à sa valeur. La prisée n'a pour nous rien de flatteur, d'autant qu'on est obligé de reconnaître qu'elle est juste . « La flotte française, dit le major Court, présente tous les symptômes bien connus du choléra — morbus (1). »

Dans ces derniers temps, un député a demandé à la Chambre l'ouverture d'un crédit extraordinaire de 200 millions pour la mise en chantier de bâtiments neufs. Le ministre de la marine a sagement fait d'en décliner l'acceptation intégrale. C'est qu'en l'état actuel de notre armement, des besoins de réparation des navires, du vide des magasins et des arsenaux, de l'insuffisance des approvisionnements, entrer dans cette voie serait tout simplement une folie. « Si, dit un écrivain d'une compétence indiscutable en la matière, nous avons la prétention de consacrer dès maintenant 200 millions à la construction de nouveaux navires et si, en même temps, nous cédons à la dangereuse tentation de diminuer nos crédits d'entretien, nous tombons véritablement en démence. Mieux vaudrait fermer dès demain nos arsenaux et licencier nos équipages que de gaspiller de nouveaux millions, en entretenant dans le pays des illusions sur la valeur de notre marine. Autrement, le jour du danger, la France constatera avec stupeur que les sommes colossales consacrées à sa flotte ont été tout simplement mises au service des populations cosmopolites de Monte-Carlo et Trouville et qu'elles n'ont servi qu'à les faire danser sur le pont de nos cuirassés (2). »

(1) *Nineteenth Century*, janvier 1897.
(2) *Revue de Paris*, 15 mai 1897, p. 50.

CHAPITRE VI

Effets des tares ancestrales et congénitales chez les Français : en 50 ans, la fleur de la population moissonnée et dix milliards dévorés. — Ce que la France aura gagné à la défaillance de 1871. — Coût d'une nouvelle guerre avec l'Allemagne. — Opinion de Grenville-Murray sur l'empire allemand. — Ses voies et moyens financiers comparés avec ceux de la France. — Marasme du commerce et de l'industrie chez nous en contraste avec leur développement inouï en Allemagne. — Administration ruineuse, extravagante, des finances en France. — Nécessité d'un énorme emprunt et du cours forcé en cas de guerre. — Gigantesque et inévitable banqueroute nationale. — Retour aux procédés de liquidation de l'an VI. — Relèvement, sinon consommation du démembrement de la France par le dépècement de son territoire.

Justifications et chiffres en main, des statisticiens ont irréfragablement prouvé que, de 1820 à 1870, notre incorrigible manie de nous mêler de ce qui ne nous regarde pas et devrait nous rester complètement étranger a coûté la vie à plus de cent mille français, l'élite et le dessus du panier du pays, et grevé notre passif national de plus de dix milliards. Il semble bien que nous ne saurons jamais nous guérir de cette vésanie héréditaire, persistante d'un bout à l'autre de notre histoire. Il faut renoncer à voir jamais se fermer chez nous l'ère des ingérences, des immixtions, des interventions, des médiations, des protectorats, où, sous toutes sortes de prétextes, de bonnes ou de mauvaises raisons, s'écoule le plus pur de notre sang et le plus clair du capital national. Cette psychose invétérée ne doit-elle donc disparaître qu'avec la nationalité française elle-même ? Un fait indéniable, de constatation historique, c'est que la légèreté, la mobilité d'esprit, le sentimentalisme n'ont jamais discontinué à aucune époque d'être les moteurs prépondérants chez « le peuple français, nation essentiellement vaniteuse (1) ». Tels ont toujours été les facteurs signalés de nos prodigieuses aberrations, la source intarissable des déceptions et des calamités qui, sous tous les régimes, ont éprouvé la France.

Après Louis XIV, se mettant follement sur les bras Guillaume d'Orange et la ligue d'Augsbourg, nous avons eu Napoléon entassant guerre sur guerre, Napoléon assassin du duc d'Enghien, de Wright, de Frotté, de Pichegru, etc., et le bourreau des mères. Continuateur de la politique insensée de Louis XIV, aspirant comme lui à la monarchie universelle, l'ambitieux sans frein amasse contre la France des trésors de haine et de vengeance. Sang répandu à flots, villes saccagées, déprédations pour son compte ou celui de ses lieutenants, voilà le plus clair de son œuvre, ce que l'imbécile multitude appelle de la gloire. Heureux les peuples qui savent s'en passer !

Après l'endurance de l'insupportable tyrannie du premier (2), on pouvait espérer que, désormais, l'on n'au-

(1) Poirson, *Hist. de Henri IV*, t. 1, p. 296.
(2) « De Robespierre et Bonaparte, le plus coupable de ces deux tyrans, le plus funeste à l'humanité, n'a peut-être pas été Robespierre, alors même que les formes d'une cruauté plus intense doivent le faire paraître le plus odieux » (*Mém.* de Barras, t. IV, p. 242).

rait plus rien à voir avec les Napoléons. C'était trop présumer du bon sens national, de la sagesse des classes dirigeantes en France. Louis-Philippe, avec sa politique idiote et son aveugle clémence, prépare la voie à un second. On ne pouvait de ses propres mains creuser plus sottement une fosse pour sa dynastie. Aussi irréfléchie que lui, la nation, dans un accès incompréhensible de vertige, restaure l'empire au profit du pseudo-neveu. Celui-là finira comme son oncle putatif, en déchaînant sur son pays les horreurs de l'invasion étrangère. Et par surcroît, avec lui sombreront l'honneur militaire et le prestige de la France.

De tous les gouvernements que la France a subis, le plus dégradant sans contredit a été le second empire. Des mains de Napoléon III, elle est sortie souillée, perdue d'honneur, irrémédiablement abâtardie. Son crime le plus impardonnable est d'avoir brisé tout ressort dans le pays par l'immoralité, la corruption, l'émasculation des caractères. Il a enlevé aux Français leur virilité, tari chez eux les sources de l'héroïsme même. C'est ce qu'un historien fait très justement observer. « Ce qui, dit M. C. Farcy, empêcha en 1871 la continuation de la guerre, ce fut bien moins l'anéantissement des moyens de résistance que l'absence de patriotisme chez une partie de la nation, corrompue, gangrenée, pervertie de toutes les façons par le second empire. Croit-on que l'Espagne avait des ressources suffisantes pour battre Napoléon ? Elle n'a point cherché à le battre : elle l'a usé. Est-ce que Juarès était un grand homme de guerre ? Quelles ressources avait-il quand il était poursuivi de ville en ville jusqu'aux confins du Mexique ? Il a duré, et cela a suffi. L'insurrection polonaise n'a jamais compté 30,000 combattants : elle a coûté 80,000 hommes à la Russie (1). » En vérité, quand on se reporte aux dates de 1870-71 on demeure toujours plus confondu du détraquement cérébral de notre nation passant tour à tour, presque sans transition, d'une présomption outrée à un affolement confinant à l'extravagance.

Le principe d'une défense opiniâtre, persévérante, qui est précisément la ressource extrême de la guerre, a toujours été admis et rigoureusement pratiqué par toutes les nations viriles et saines. Dans une publication topique, un écrivain militaire de l'Allemagne en donne le fondement et les irréfutables raisons. « Il n'est pas permis, dit-il, de céder devant l'ennemi autrement que pas à pas ; car aujourd'hui, quand deux grands peuples en viennent aux mains, la paix ne peut se rétablir qu'après qu'ils ont usé leurs dernières forces et épuisé leurs ressources. Celui des deux qui s'humilie devant un vainqueur avant d'avoir exposé son dernier homme, manque à son devoir et à l'honneur (2).

« Depuis vingt-six ans, deux millions de nos concitoyens subissent le joug étranger. Dans un moment de faiblesse criminelle, la France a livré la chair de sa chair par le traité de Francfort, le plus pesant et, pourquoi ne pas le dire, le plus humiliant qui nous ait été jamais

---

(1) *Hist. de la guerre de* 1870-71, p. 492.
(2) *Jah. bücher die deutsche Armée and Marine*, mai-juin 1878 dans le *Journal des sciences militaires*, t. XX, p. 507.

imposé (1). » En donnant pleins pouvoirs à Thiers de souscrire en son nom à cette paix déshonorante, l'assemblée de Bordeaux a engagé sa responsabilité : elle en portera le stigmate devant l'histoire, de même que pèseront sur sa mémoire les conséquences et les suites qui en ont découlé.

L'une des plus déplorables, c'est l'affaiblissement de plus en plus marqué du patriotisme en France. A partir de cette époque, on a vu se produire chez nous des manifestations qu'on n'aurait jamais crues possibles auparavant. Ceux qu'on appelle les « sans patrie » se sont affichés ouvertement, et il s'est rencontré des écrivains pour justifier et même exalter leur doctrine et leurs sentiments. Pour répudier l'idée de patrie, on a cité l'antiquité, le cosmopolitisme des stoïciens avec Zénon, Chrysippe, Epictète, Marc-Aurèle, etc., qui, tous, l'ont considérée comme une conception étroite, égoïste, absurde de l'esprit ; et encore Socrate se proclamant « citoyen de l'univers », *mundanum* (2) ; puis l'historien Quinte-Curce, déclarant que « partout où l'homme de cœur fixe sa demeure, il sait trouver une patrie (3) ; enfin le sentiment si fortement exprimé de Fénelon : « J'aime mieux ma famille que moi-même ; j'aime mieux ma patrie que

---

(1) *Hist. de la guerre de* 1870-71, par C. Farcy, p. 495.

(2) *Socrates quidem quum rogaretur cujatem se esse diceret,* Mundanum, *inquit. Totius enim mundi se incolam et civem arbitrabatur* ; « Quelqu'un ayant demandé à Socrate qu'elle était sa patrie. Le *monde*, répondit-il. Il se réputait habitant et citoyen de l'univers entier » (Cic., *Tuscul.*, V, XXXVII).

(3) *De rebus gestis Alexandri*, t. II, p. 292.

ma famille ; mais j'aime encore mieux le genre humain que ma patrie. » Telle est la moralité que, dans cette défaillance inexcusable de la nation, le peuple a tirée de l'égoïsme et de la pusillanimité des classes dirigeantes. Une fois l'abdication bien constatée chez elles du patriotisme et de l'honneur, il a ramené ou plutôt ravalé le sentiment de la patrie à la mesure d'intérêt qu'on trouve à l'existence de son pays. Il s'ensuivrait logiquement qu'on dût tenir la patrie comme non avenue, quantité absolument négligeable, du moment qu'à sa conservation l'on n'a plus intérêt, et qu'à s'en détacher l'on n'éprouvera ni affliction ni dommage. C'est le propre sentiment de Teucer, dans une tragédie qui ne nous est pas intégralement parvenue : « Mon pays, dit-il, est partout où je me trouve bien (1). »

Découronnée, amoindrie plus moralement encore que matériellement, sans prestige ni autorité ni considération dans le monde, la France n'a donc gagné à l'ignominieuse paix de Francfort, que de reculer de quelques années l'échéance indéterminée, mais fatalement inévitable, où il lui faudra rentrer en lice, peut-être dans des conditions encore moins favorables que celles qui, en 1870, lui permettaient de prolonger la lutte. Ce sont celles-là, purement hypothétiques et conjecturales, plus ou moins présumables, que nous avons maintenant à exposer.

Pour la France, non pas comme nation, mais pour l'Etat seulement, d'après les documents et les calculs

---

(1) *Patria est, ubicumque est bene* (Cic., *Tuscul.*, V, XXXVIII).

les plus accrédités, les frais de la dernière guerre se sont élevés à 10 milliards de francs. Dans ce chiffre ne sont pas comprises les sommes dépensées pour la reconstitution du matériel de guerre, non plus que celles qui représentent les dommages causés aux particuliers non indemnisés. Les supputations les plus modérées les évaluent à quinze milliards de francs. Ce chiffre est certainement au-dessous plutôt qu'au-dessus de la réalité.

Une nouvelle guerre, si elle se terminait à notre avantage, coûterait indubitablement plus de huit milliards. Si nous succombions, l'on ne saurait en fixer le chiffre, même approximativement. L'évaluation la plus réduite le porte à plus de trente milliards.

Un statisticien anglais qui s'est fait une réputation par ses conférences dans le *Royal United service Institution* le capitaine James, s'est livré à des calculs approfondis pour établir aussi exactement que possible ce qu'elle coûterait par jour. Il arrive à cette conclusion que les frais quotidiens seraient de 38 millions de francs environ. Dans les cercles militaires allemands, elle a été trouvée plausible : on a reconnu que les chiffres fournis par M. James n'avaient rien d'exagéré. A ce propos, l'on a fait remarquer que, dans la guerre de 1866, les frais journaliers de l'armée prussienne s'étaient élevés à près de deux millions de francs. Or, si l'on compare le nombre restreint de troupes engagées en 1866 avec celui des effectifs qui seront mis en ligne dans la future guerre franco-allemande, la supputation du capitaine paraît très vraisemblable. Même, au sentiment d'autres calculateurs, loin d'être excessive, elle serait plutôt au-dessous de la vérité, du moins telle qu'elle est actuellement présumable.

Beaucoup de personnes se refusent à croire à une agression de la part de l'Allemagne. Elles font observer que chaque année qui s'écoule écarte de plus en plus ce danger. Une considération très sérieuse est la disposition la plus générale des esprits dans ce pays. Il semble bien, en effet, qu'en dehors du parti militaire, la majorité du peuple allemand répugne à une nouvelle prise d'armes. On est généralement satisfait des avantages conquis, rien moins que disposé à courir le risque de les perdre. Etat d'esprit fort naturel, même le plus ordinaire, car, ainsi que le dit un ancien, « l'inquiétude de l'avenir fait habituellement préférer le présent » ; *Taedio futurorum præsentia placere* (1).

Pour notre compte, nous croyons à la sincérité des déclarations réitérées de l'Allemagne. Car, à part même les aléas formidables que recèle toute guerre, cette puissance est fondée à considérer que l'éloignement de l'échéance est dans son intérêt bien plus que dans celui de la France. C'est que, malgré les lourdes charges qui pèsent sur ses finances, le temps, qui laisse stationnaire la natalité française, si même il ne la diminue pas, combat pour elle bien plus efficacement qu'elle ne pourrait faire sur un champ de bataille (2). Sa population augmente progressivement, son industrie prend un essor de plus en plus rapide, en même temps que son commerce se développe

---

(1) Tac., *Hist.*, LXIX.
(2) Voir au *Journal officiel* du 6 janvier 1897, le rapport du ministre Barthou.

dans des proportions inouïes (1). Au surplus, il faut reconnaître que nos voisins se comportent comme si la guerre devait éclater demain. Jamais on n'a mieux pratiqué le vieil aphorisme *Si vis pacem, para bellum* ; « si vous voulez la paix, soyez prêt pour la guerre. » Mais aussi, il faut tenir compte de l'état instable de l'Europe, lequel fait une loi aux peuples de veiller à ne pas être pris au dépourvu. Le vieil édifice européen trahit effectivement sa vétusté à des signes qu'il est impossible de méconnaître, à moins d'être atteint de cécité. Si bien, qu'à prêter attentivement l'oreille, d'aucuns assurent qu'on perçoit déjà distinctement des craquements multipliés.

Quoi qu'il en puisse être, à juger sainement la situation, sans passion ni parti pris, de l'aveu à peu près général, l'empire allemand doit être rangé au nombre de ces agglomérations mal agencées dont on peut pronostiquer la dislocation dans un temps plus ou moins éloigné. Telle est, entre tant d'autres écrivains, l'opinion de M. Grenville-Murray, un publiciste distingué doublé du diplomate perspicace. Voici, sur le passé et l'avenir des Allemands, son sentiment motivé. « Les victoires, dit-il, que les Al-

---

(1) « Les progrès réalisés par l'industrie et le commerce de l'Allemagne pendant les vingt-cinq dernières années sont gigantesques, et l'Angleterre, sa plus puissante rivale, commence à s'en effrayer. La marine marchande de l'Allemagne a plus que triplé depuis 1871. Le chiffre de ses affaires commerciales a augmenté de 1300 millions de marks de 1882 à 1895, tandis que, dans une période de dix années de 1882 à 1892, l'Angleterre voyait les siennes diminuer de 800 millions de marks (40 millions de livres), la France de 700 milions de francs et l'Italie de 240 millions. »

(*Correspondant*, 25 juillet 1897, p. 206.)

lemands ont remportées sur les Français sont dues à leur organisation beaucoup plus qu'à leur valeur individuelle. On a constaté en effet que, dans les escarmouches où l'initiative personnelle et la présence d'esprit sont particulièrement nécessaires, ils lâchaient pied ou se faisaient battre. L'armée allemande est surtout remarquable par le nombre, par la qualité de ses officiers et par l'habileté de ses généraux : mais ce n'est pas une armée de héros et elle est loin de constituer une force réelle pour le pays. L'empire germanique durera aussi longtemps que ses hommes d'État réussiront à le préserver des deux périls qui le menacent : révolution à l'intérieur, guerre à l'extérieur. Une révolution montrerait que la plupart des Allemands sont au fond particularistes ; une nouvelle guerre ferait voir que l'Allemagne n'a pas d'alliés soucieux d'empêcher sa ruine (1). »

De cette appréciation rapprochons les lignes antérieurement écrites par Henri Heine, où il prédit à la fois le rétablissement et la chute de l'empire allemand. A la dissemblance des points de vue, le lecteur aura l'avantage de se faire une opinion personnelle en pleine connaissance de cause. « Cet empire, dit Heine, à peine unifié, ira rapidement à sa perte, et son écroulement sera le résultat d'une révolution politique et sociale annoncée par les philosophes et les penseurs. Les Kantistes ont déjà extirpé les vestiges du passé ; les disciples de Fichte auront leur heure et imposeront leur fanatisme. Mais les

(1) *Les Allemands chez les Allemands*, par Grenville-Murray, trad. de Butler, p. 101.

plus redoutables seront les communistes, qui s'identifieront avec les forces originales de la nature et évoqueront les traditions du panthéisme germanique. Alors ces trois chœurs entonneront ensemble un chant révolutionnaire qui fera trembler la terre, et *il s'ensuivra pour l'Allemagne un drame auprès duquel la Révolution française n'aura été qu'une idylle.* »

Quant à présent l'état moral et intellectuel de l'Allemagne, à la différence du nôtre, est incontestablement sain. Nous n'en voulons pour preuve que les goûts littéraires des Allemands, en parfait contraste avec les nôtres. Si le peuple allemand lit peu, en revanche il ne lit que de bons livres. C'est tout le contraire chez nous où, travaillée par des idées fausses et des passions inassouvies, la majeure partie de la nation se repaît d'une littérature de mauvais goût, immorale et antipatriotique. De cette dissemblance dans le goût et les penchants des deux nations qu'on tire telle conséquence, qu'on préjuge telle suite qu'on voudra. Bornons-nous à dire qu'elle rappelle à notre esprit un souvenir qui nous a toujours fait réfléchir. Hobbes, qui avait beaucoup plus médité que lu, avait coutume de dire : « Si j'avais lu autant que beaucoup d'autres, j'aurais été aussi ignorant qu'eux. » N'y aurait-il pas là l'explication de notre infériorité au domaine militaire ? De fait, l'essentiel n'est pas de lire beaucoup, mais de choisir avec discernement, et surtout de digérer ses lectures,

Sur l'issue d'une nouvelle lutte entre l'Allemagne et la France, si exactement que, de chaque côté, on balance les arguments et les présomptions, l'on est obligé d'avouer qu'ils ne permettent pas d'arriver à une conclusion certaine. « En cet état, dit un écrivain militaire italien, il est néanmoins possible que la science de l'histoire, grâce à laquelle on peut étudier le présent à l'aide et à la lumière du passé, nous mène à quelque déduction fondée.

« On peut de la sorte présumer que, puisque l'Allemagne a conquis le premier rang parmi les nations européennes, parce qu'elle représente une civilisation mieux ordonnée et plus saine, elle devra présentement conserver la suprématie. Que le Slave soumette le Teuton, suivant la prophétie de Skobelew, cela pourra avoir lieu dans l'avenir. Mais aujourd'hui cette race n'a aucun droit à la suprématie, et, en vertu des lois historiques, elle doit échouer dans ses projets de conquête. La branche ascendante de sa parabole n'est pas achevée et les destinées les plus larges lui sont encore ouvertes. C'est, par ce motif, que nous sommes porté à croire que la victoire finale restera à l'Allemagne, et à la puissante coalition dont elle est la tête (1). »

Tout imparfait qu'il est, l'équilibre des forces a jusqu'à présent maintenu la paix entre l'Allemagne et la France. Si l'une des deux nations avait été sûre de l'issue finale, elle aurait voulu sortir à tout prix de la situation actuelle presque aussi ruineuse qu'une guerre. En 1873, le nombre des jeunes gens inscrits pour le recrutement était presque le même en France et en Allemagne.

(1) *L'Europe actuelle et la prochaine guerre*, par P. Ruggeri, trad. de Poggi, p. 242.

Mais par suite de notre déplorable état démographique, l'absorption de la France par l'Allemagne devient une éventualité menaçante. Aujourd'hui le nombre des conscrits allemands — 450,000 — est environ de moitié plus fort que celui des Français — 330,000 — ; et comme, depuis sept ans déjà, le nombre des naissances allemandes est double du nombre des naissances françaises, il est fatal que, dans treize ou quinze ans au plus tard, contre un français, il y aura deux conscrits allemands.

Les Allemands le savent bien : aussi ne se montrent-ils pas impatients. Ils comptent sur le temps qui, infailliblement, accomplira son œuvre à leur avantage. Quand ils seront deux fois plus forts que nous, ils mettront la main sur la France. Ils le disent et même ils l'impriment.

« La politique de race est impitoyable, dit le docteur Rommel, un allemand. Le moment approche où les cinq fils pauvres de la famille allemande, alléchés par les ressources et la fertilité de la France, viendront facilement à bout du fils unique de la famille française. Quand une nation grossissante en coudoie une plus clairsemée qui, par suite, forme centre de dépression, il se forme un courant d'air vulgairement appelé *invasion*, phénomène pendant lequel la loi et la morale sont mises provisoirement de côté. » De fait, comme les individus, les nations ont à soutenir entre elles la lutte pour l'existence. Or, de sa nature, la lutte pour l'existence est implacable.

Ce n'est là encore qu'un des aspects de la question : les autres ne sont pas moins inquiétants. Sous le rapport économique, comme au point de vue intellectuel et moral, il est constant que la France est en état d'infériorité flagrante, en voie de décadence de plus en plus accélérée. L'Allemagne peut avoir raison d'elle de deux façons différentes : par une concurrence économique victorieuse ou par une immigration des nationaux incessante. Au domaine industriel et commercial, elle est peut-être plus encore à redouter pour nous que sur le champ de bataille. Nous en trouvons la preuve dans ce fait que, de 1891 à 1895, l'exportation allemande a augmenté de 1200 millions, dans la proportion étonnante de près du quart, tandis que, pour la France, elle est en diminution de près de 200 millions (1). Indice irréfragable, concluant. Bien aveugle serait celui qui n'en verrait pas les conséquences inéluctables.

Et ici se rencontre cette aggravation que, même au prix de tous les sacrifices imaginables, il nous serait impossible de reculer l'heure de l'absorption totale. Elle résulterait de la force des choses, conformément aux lois naturelles de l'humanité, auxquelles aucun organisme social ne saurait se soustraire parce qu'il est fatal.

A cela on répond que des Etats encore plus déchus que nous, même des races entières, ont été relevés d'un infime niveau par le génie d'un seul grand homme. D'accord : mais ce grand homme est encore à venir chez nous où, au lieu de grandir, tout s'est rapetissé et continue de décroître, choses et personnes. Au physique, à l'intellectuel, au moral, sous quelque face ou rapport

(1) *Handels-Museum*, dans la *Revue Scient.*, 27 mars 1897, p. 413.

que ce soit, en fait de produits et de créations, nous n'avons plus que des espèces abâtardies, tranchons le mot, des dégénérés. De grandeur, hélas ! nous n'en connaissons plus d'autre que celle de notre abaissement, qui n'a d'égal que notre aplatissement matériel, intellectuel et moral. On a dû accourcir la taille pour les conscrits et la supprimer tout à fait pour les grands hommes, à peine de n'en avoir plus, ni grands ni petits. Or, le moyen de s'en passer pour un peuple en proie à l'iconomanie, véritable épidémie dans l'ordre moral, avec une vésanie qui, à tout propos et quand même, fait ériger image, buste ou statue ; elle suffirait à prouver l'extinction du sens commun en France. Force est donc aujourd'hui de prendre le contrepied de la trop ambitieuse inscription du Panthéon et de lire désormais à son frouton : « Aux petits hommes la patrie reconnaissante. » Des grands hommes, le pays ne saurait plus en produire.

*Jamque adeo fracta est aetas ; effeta que tellus
Vix animalia parva creat* (1).

« Dans l'état de décrépitude de la génération et d'épuisement du sol, c'est à peine s'il peut donner le jour à des êtres chétifs. »

Veut-on, à toute force, qu'avec les vicissitudes de la politique et sous la contrainte des événements, l'Allemagne tire l'épée la première, il nous reste à examiner, alors, dans quelles conditions financières, elle et la

---

(1) Lucr., *De Rer. nat.*, II, V, 1150.

France se présenteront respectivement sur le champ de bataille.

Disons, tout d'abord, que l'Allemagne n'y figurera pas sur un pied désavantageux. C'est que, n'ayant eu à soutenir aucune guerre malheureuse, ses ressources sont entières. A la différence de la France endettée de 37 milliards, obérée jusqu'à l'extravagance, le crédit de l'Allemagne est intact. La Prusse offre même ce phénomène particulier que c'est le seul grand pays de l'Europe, même du monde entier, qui n'a pas réellement de dette publique, puisque l'ensemble des propriétés de l'Etat dépasse de beaucoup la valeur des titres de rente et d'obligations dont il est grevé. La Prusse a un trésor métallique de guerre dans les 325 millions en or déposés dans la tour Julius à Spandau, par prélèvement sur l'énorme rançon que la France lui a payée. Elle a donc déjà des fonds assurés, suffisants, pour son entrée en campagne. De plus, d'immenses approvisionnements de matériel de toute nature sont à la disposition des armées allemandes, dans les grandes places de guerre de l'empire. Armement, équipement, chevaux, matériel de toute sorte, tout étant tenu au complet en temps de paix, il ne restera presque plus rien à ajouter pour faire la guerre. Car, dès l'ouverture des hostilités, faisant irruption sur le territoire français, les Allemands, par voies de réquisitions de vivres et de contributions, en tireront au-delà du nécessaire d'une façon discrétionnaire. D'où l'on voit l'énorme avantage qu'ils auront sur nous au début.

De notre côté, il faudra nécessairement faire appel au crédit. On sait, en effet, que le véritable trésor de guerre d'une nation n'est que dans le réservoir de la fortune publique. L'argent, nerf de la guerre, jouera son rôle accoutumé dans le duel engagé entre la France et l'Allemagne. Comme l'a dit avec raison M. Stourm, « le vaincu sera celui qui sera le premier ruiné : la faillite sonnera le glas de la défaite (1). » Nul doute en effet que la victoire ne demeure finalement au peuple le plus riche, si, en même temps, il est le plus résistant, le plus irréductible. Ce qui importe donc à la France, c'est de ne pas être la première à bout de moyens, d'être assurée de la continuité indéfectible de ses ressources. Étant donné qu'elle aura des combattants à sa disposition jusqu'à la dernière extrémité, l'essentiel pour elle est de durer. En aura-t-elle le pouvoir ? La réponse à cette question découlera naturellement de l'examen approfondi de son état matériel et financier.

On évalue généralement la richesse totale de notre pays à 320 milliards environ, tandis que celle de l'Allemagne n'est que de 170 milliards. Comme avoir moyen, ces chiffres donnent 6,000 francs par Français et 3,400 francs par Allemand.

Après le monopole de l'alcool, l'impôt sur le revenu, ou plutôt sur les revenus, est la seule ressource intacte qui reste aujourd'hui à la France. Et celle-là n'est pas susceptible d'un rendement notable, parce qu'elle fait double emploi avec nombre de taxes déjà établies. Un organe financier des plus autorisés en donne brièvement et péremptoirement les raisons. « Nos guerres, dit-il, nos

(1) *Revue de Paris*, mars 1896, p. 75.

révolutions, nos liquidations désastreuses ont successivement épuisé la matière imposable. Il ne reste presque plus rien à glaner maintenant dans le champ fiscal, moissonné sans relâche, fauché jusqu'à la racine (1). » Aussi le relèvement des tarifs qui frappent l'alcool devrait-il être tenu en réserve, comme une des plus précieuses ressources de guerre. Mais il s'en faut que les idées soient dans cette direction. Au Sénat, à la Chambre des députés, c'est à qui apportera son projet de loi ou son système pour en faire un emploi anticipé ou plutôt la matière d'un nouveau gaspillage.

Aucun document officiel n'évalue le capital de la dette publique française. C'est, dans nos monstrueux budgets, une omission absolument volontaire. Le chiffre exact de notre dette serait certainement publié, s'il n'était pas de nature à donner à réfléchir aux détenteurs des rentes françaises. C'est un document qui appartient à la nation et qu'elle a le plus grand intérêt à connaître. En le célant, le gouvernement méconnaît une obligation capitale. Il manque au devoir de tout gouvernement honnête, qui est d'exposer chaque année au contribuable la véritable situation financière du pays. Ce n'est pas ainsi que procède le gouvernement anglais. Il sait se respecter, aussi est-il respecté de la nation entière. Tous les ans ses *Finance accounts* résument les mouvements de sa dette en capital de la façon la plus précise. C'est même là pour le dire en passant, l'une des raisons de son prodigieux crédit, l'explication de la faveur universellement

---

(1) *L'économiste français*, 12 mai 1894, p. 588.

acquise à ses *consolidés*. Mais en matière de finances, l'Angleterre suit des règles et pratique des errements bien différents des nôtres. Gaspillage, prodigalités, dilapidation, goût immodéré de la dépense, entraînements jamais refrénés, ouvertures continuelles de crédits supplémentaires, tels sont les traits saillants, caractéristiques, de l'administration financière en France.

Et nos facultés contributives, quelle en est l'étendue, l'exacte mesure ?

Plus d'un signe de fléchissement se manifeste aujourd'hui dans le rendement des impôts : preuve irrécusable qu'ils ont atteint un niveau qu'il serait périlleux de dépasser dans l'avenir. Des financiers experts affirment que chez nous plus que partout ailleurs, hormis en Italie, ils ont atteint des proportions qui excèdent la puissance économique du pays. La misère, ou même la détresse, en est la conséquence. Elle se fait vivement sentir dans les villes et même commence à étreindre les campagnes. A Paris, où pourtant une charité active multiplie son action, l'administrateur d'un bureau de bienfaisance nous disait dernièrement que, coup sur coup, il avait dû signaler l'état de familles positivement inanitiées. Il n'est guère de jour où les journaux ne rapportent un ou plusieurs drames poignants des désespérés de l'indigence : et il s'en faut qu'ils les connaissent tous. Quelle lamentable et lugubre peinture ils auraient alors à faire, s'ils pénétraient dans nombre de réduits ignorés, où, sur les pauvres honteux, sévit la misère noire, la plus insoupçonnable comme la plus affreuse !

En Angleterre, la moyenne des dépenses budgétaires

représente 55 francs par tête. Elle est de 56 fr. 25 en Autriche-Hongrie, de 91 francs en Allemagne, de 63 francs en Hollande, de 55 fr. 20 en Belgique, de 47 fr. 60 en Espagne, de 24 francs en Suisse, de 59 francs en Italie, de 84 fr. 70 en France. A part l'Allemagne, aucun contribuable européen n'est donc aussi lourdement chargé que le contribuable français. En France, répétons-le, on a atteint, sinon franchi, la limite extrême du rendement des impôts. Avec une richesse de 270 milliards, le pays paie annuellement plus de 4,500,000,000. Voilà l'état où se trouve actuellement la France, sous la troisième république, non pas avec un *maître*, mais avec cent, exploités, grugés, que nous sommes par la bande opportuno-panamiste et son cortège de flibustiers, de vampires de toutes catégories, de politiciens tarés et faméliques.

Nous cheminons manifestement à un temps comme celui où le président de Brosses écrivait à Voltaire : « Il n'y a aucune personne sensée qui ne songe à retirer du royaume son argent, si elle en a, comme elle retirerait sa personne, si elle le pouvait (1). » Propriétaires, capitalistes, rentiers dans l'aisance pratiquent couramment l'émigration des espèces d'or ou leur enfouissement en France. Mais cette précaution excède les facultés de l'ouvrier, le plus souvent réduit à mordre sur un chétif capital, à dévorer son pécule par suite de maladie ou de chômages. D'où, avec l'insuffisance des salaires, la diminution constante des dépôts aux caisses d'épargne. Au-

---

(1) *Voltaire et le président de Brosses*, Paris, 1858, p. 92.

jourd'hui les versements sont loin de balancer les retraits, qui vont croissant chaque semaine.

Cependant les défections et les retraits ne proviennent pas uniquement de gêne accidentelle, d'embarras momentanés faute d'argent. Nous sommes convaincu, avec nombre d'économistes, qu'une partie doit être rapportée à d'autres causes. A la façon insensée dont l'Etat gère les finances, le petit rentier et l'ouvrier commencent à ouvrir les yeux sur les dangers auxquels leur maigre avoir est de plus en plus exposé. On en a recueilli des preuves convaincantes, cité des témoignages irrécusables, le tout corroboré par des confidences échappées à ce sujet. La classe laborieuse sait bien que, pour le moment son argent est en sûreté : mais elle n'est nullement rassurée sur les éventualités de l'avenir. Advenant une crise financière, une révolution ou une guerre, l'Etat ne peut-il pas se trouver jeté hors de toutes les voies régulières ? Lui serait-il possible de surmonter les difficultés qu'il éprouverait pour rembourser les sommes qui soudain lui seraient réclamées ? Il serait donc forcé de rembourser en titres de rente. Mais le peuple ne vit pas de papier, quelles qu'en soient la qualité, la valeur intrinsèque. Sous le coup de besoins imprévus, instantanés, tels que maladie, accident, chômage, il lui faut des espèces sonnantes, immédiatement acceptées dans le commerce et la circulation. Jetés en masse sur le marché, imagine-t-on la dépréciation qui s'attacherait à une pareille surabondance de titres de rente ? M. Levasseur, fonctionnaire du gouvernement et économiste distingué, constate lui-même cette situation dangereuse, dont il sait mais n'ose avouer les conséquences effrayantes. « Il est incontestable, dit-il, qu'on épargne moins : *des retraits de fonds des caisses d'épargne ont été dictés par l'inquiétude au sujet du placement*. Une loi fâcheuse a autorisé des opérations qui ne sont point dans l'esprit de l'institution. L'avoir des petites gens est amoindri, la crise sévit, et les chômages se multiplient. »

De fait, quand on considère notre dette publique, la plus effroyable qu'une nation ait jamais portée ; quand on réfléchit au sans façon avec lequel le pays est conduit à grandes guides aux abîmes, on comprend que la banqueroute doit être fatalement, infailliblement, l'issue. Et elle ne peut manquer d'être phénoménale, gigantesque. Sur ce point il y a unanimité dans le monde économiste et financier. L'ouvrier, lui, est moins savant, moins éclairé. Mais le simple bon sens répond à la question qu'à son tour il se pose : « Peut-on emprunter toujours, sans jamais rien rembourser ? » Sa conclusion est la même que celle de l'économiste et du financier. « Le résultat final de tous ces emprunts, dit M. Cl. Jannet, lesquels vont porter à 37 milliards la dette de l'État et des communes sans compter les engagements à long terme du trésor, est inévitable. La France a beau être relativement le pays le plus riche de l'Europe, elle est proportionnellement et de beaucoup la nation la plus endettée. Pour elle, comme pour le Portugal, la Grèce, l'Espagne et l'Italie, ce système d'endettement à outrance amènera fatalement la banqueroute. Seulement cette banqueroute n'est pas à brève échéance. D'une part, le contribuable français est capable de porter encore une charge plus lourde. Bien pressuré par la République, il peut rendre de quoi payer les intérêts de quelques milliards d'emprunts de plus. D'autre part, la baisse du taux de l'intérêt et les conversions qui en sont la conséquence permettent de recourir à de nouveaux emprunts, sans que la charge qui en résulte se fasse immédiatement sentir. Ainsi l'économie annuelle de 68 millions réalisée par la dernière conversion, permettra de payer les intérêts de deux nouveaux milliards empruntés aux environs de 3 pour 100. La nouvelle économie qu'on obtiendra en 1902 par la conversion du 3 1/2 pour 100 laissera le champ libre à un emprunt d'un troisième milliard. Donc si quelque révolution socialiste ou quelque guerre ne survient pas, les choses peuvent marcher du train actuel encore un certain nombre d'années, assez pour laisser tout le temps de se gaudir à la génération actuelle de gouvernants. Aussi n'a-t-elle cure des enseignements de la science et des pronostics des économistes. Le déluge ne viendra qu'après elle (1). »

La prophétie de M. Jannet n'est pas solitaire : il y a bien d'autres Cassandre, tout aussi peu écoutées. Point lieu d'en être surpris : « ne se rit-on pas, dit Bossuet, des prophéties des sages ? » Au moins le peuple français ne pourra pas alléguer que les avertissements lui ont manqué. En voici un qui, pour n'être pas solennel, n'en est pas moins autorisé, même d'une portée considérable, en tant qu'il émane d'une publication à attaches gouvernementales. « La France, dit le *Journal des Econo-*

---

(1) *Corresp.*, 10 mars 1894.

mistes, a porté jusqu'à présent sans broncher le poids de sa dette de 37 milliards, — la plus belle dette de l'univers, — mais il y a un terme à tout. Nous avons bien peur que le XX⁰ siècle ne paie cher les folies du XIX⁰ (1). »

Discrétionnairement et sans compter, l'Etat, par l'intermédiaire de la Caisse des dépôts et consignations, applique à ses besoins les fonds des caisses d'épargne. La Caisse des dépôts et consignations, c'est l'Etat se rendant acquéreur de titres d'une *dette perpétuelle* contractée sur lui-même, pour garantir une *dette à vue*, qu'il lui plaît de contracter à l'égard des déposants des caisses d'épargne. A la différence du porteur de rentes sur l'Etat, qui n'attend absolument que l'intérêt promis, le titulaire d'un livret de caisse d'épargne, lui, a besoin de sentir toujours et en toute circonstance les fonds à sa disposition. Il faut qu'il soit assuré que même en temps de crise, il n'aura qu'à se présenter aux guichets de la caisse pour retirer son argent. S'il en est autrement, il n'y a plus de caisse d'épargne. Ces établissements sont alors transformés en banques de dépôts. L'ancienne institution, égide et instigatrice de la petite épargne, est faussée ou plutôt elle n'existe plus. Or, les trois milliards cent cinquante millions solde des dépôts au 31 décembre 1893, sont-ils réellement remboursables à vue, actuellement que, pour la plus forte partie de ce montant, ils sont placés en rentes françaises ? Poser la question, c'est la résoudre (2). »

(1) 1ᵉʳ janv. 1894, p. 8.
(2) *Revue des Deux-Mondes*, 1ᵉʳ mai 1894.

Bien différente est la condition des caisses d'épargne des autres grandes puissances de l'Europe centrale. Celles d'Allemagne, d'Italie, d'Autriche sont libres : elles n'imposent aucune charge, ou presque aucune, au trésor public. En cas de guerre, absolument maître de ses mouvements de fonds, il est en possession de toutes ses ressources pour les besoins de la défense nationale. Il n'y a que nous qui, avec notre incurable routine, ayions conservé un mécanisme financier suranné, en désaccord manifeste avec les conditions nécessaires de la mobilisation générale et de la guerre moderne.

En 1848 et en 1870, l'Etat ne put rembourser les déposants des caisses d'épargne que peu à peu par fractions échelonnées. En 1848, le total des sommes qui leur étaient dues ne dépassait guère 350 millions et 700 millions en 1870. Aujourd'hui il aurait à rembourser 4 milliards 1/2, c'est-à-dire tout l'or qui se trouve en France, tant à la Banque de France et dans toutes les caisses publiques, que chez tous les particuliers. Voilà ce que représentent les dépôts aux caisses d'épargne privées et postales. Présentement l'on compte chez nous environ sept millions de livrets de caisse d'épargne dépassant en moyenne 500 francs chacun. On sait d'une façon générale l'état et la condition de ces millions de déposants : petits bourgeois, employés de toute sorte, serviteurs à gages, cultivateurs et paysans en blouse, ouvriers en veston, gens qui, pour la plupart, vivent de leur travail quotidien. Parmi eux, beaucoup de femmes du peuple, d'humbles ménagères, des ouvrières de tout âge, beaucoup d'enfants même, que l'on dresse à la prévoyance et à la fortifiante vertu de l'économie.

Et, en cas de guerre, qu'on songe aussi aux besoins !

En 1870, il fallut à la Délégation de Tours jusqu'à 10 millions par jour. Les cinq premiers mois de la guerre coutèrent environ 1 milliard 1/2, soit une moyenne de 300 millions par mois (1). La dépense de 1870 fut également de 1500 millions.

Qu'aujourd'hui une grande guerre éclate, obligeant la France à mettre en ligne toutes ses forces, comme dépense à faire par l'Etat, ce sera bien autre chose. Ce ne seront plus 300,000 hommes qu'il faudra transporter, équiper, approvisionner ; ce ne seront plus 100,000 mobiles, ni même 600,000 soldats improvisés, comme après le 4 septembre, qu'il faudra lancer aux frontières, mais tout d'abord une armée de plus de 2 millions d'hommes, avec les réservistes ; et, ensuite, une armée territoriale de plus de 1,200,000 hommes : en tout, 3 à 4 millions de soldats et plus de 600,000 chevaux. Qu'on calcule alors les frais qu'entraînera, dès les premiers mois, une guerre continentale, avec 3 ou 4 millions de combattants !

Si donc, sans plus tarder, il faut dépenser des milliards pour les armées, où prendra-t-on les 4 milliards et demi nécessaires au remboursement des créanciers des caisses d'épargne ? Il est certain que le Trésor ne pourra faire face aux deux dépenses à la fois. La Banque de France aurait beau joindre ses efforts et ses ressources aux efforts

(1) *Enquête sur la défense nationale* : *déposition de M. de Roussy*, p. 69 et 70.

et aux ressources de l'Etat, ils seraient tous les deux impuissants à suffire à la charge. « Quand, dit la *Revue des Deux-Mondes*, l'on songe aux responsabilités assumées de ce chef par l'Etat, en cas de guerre ou de révolution, IL Y A LIEU DE S'EN ÉPOUVANTER (1). » A quel taux trouverait-il alors à emprunter ? Se figure-t-on l'effroyable effondrement des rentes françaises et des valeurs de toute espèce, avec les monceaux de titres déversés sur le marché ? Ce serait, ou plutôt ce sera, — car l'événement est immanquable, — un cataclysme financier indicible, un amas de ruines dont on n'a jamais eu d'exemple. Pour qu'il en fût autrement, il faudrait qu'un patriotisme bénévole remplît les caisses du Trésor. Mais ce patriotisme même serait d'un accomplissement impossible. C'est qu'alors il ne suffirait pas d'être décidé au sacrifice : où trouver la contrepartie ayant en main l'argent nécessaire pour le réaliser ?

Et, à un autre point de vue, qu'on nous dise à quel chiffre tomberaient les 270 milliards qui, d'après les économistes et les financiers les plus autorisés, représentent le capital immobilier et mobilier de la France ? Grande guerre, révolution, crise économique intense, un seul de ces accidents, qui n'ont rien d'extraordinaire, suffirait pour diminuer le susdit capital d'un quart ou même de moitié.

Cependant le flot toujours montant des dépenses de l'Etat ne suspend pas son cours désordonné. Bon an mal an, budget et déficits augmentent la dette publi-

(1) 1er juin 1894.

que de plusieurs centaines de millions. Parallèlement l'on constate un ralentissement sensible de l'épargne du pays. Elle ploie manifestement sous le poids de plus en plus pesant des charges publiques. Les inspecteurs des finances sont les premiers à déclarer que le service de la trésorerie devient de jour en jour plus difficile. Le capital national décroît visiblement. Les classes opulentes elles-mêmes sont atteintes, et leur gêne relative a sa répercussion sensible sur les classes ouvrières plus durement éprouvées.

D'après l'affirmation de M. Stourm, financier émérite, parfaitement au courant de la situation économique du pays, « depuis le milieu de 1895, les achats de rente par les caisses d'épargne ou ont cessé ou sont tombés à des chiffres insignifiants ». Les versements effectués par des déposants nouveaux sont en diminution progressive et le mouvement des retraits ne se ralentit pas. Au propre sentiment de directeurs de caisses d'épargne, cette situation est alarmante. Si la France persiste à suivre la voie où elle est engagée depuis plus d'un quart de siècle, la culbute peut très bien être plus prochaine qu'on ne pense, du fait de dépenses démesurées, d'impôts toujours croissants, d'une dette publique grossissant sans interruption. Cette dette, il semble que le gouvernement et les administrations prennent à tâche de l'augmenter encore par les procédés les plus téméraires. Pour n'en citer qu'un seul, c'est, par exemple, la mise à la retraite de quantité de fonctionnaires encore valides, afin d'avoir des places pour les créatures du gouvernement, ou fournir aux besoins électoraux des parlementaires. Le tout couronné par une désorganisation fiscale effrénée, qui portera le coup de grâce à nos finances. En tel état des choses, il est bien impossible de calculer l'étendue de la catastrophe financière qui nous attend. Avec l'absence de comptabilité régulière ou sa déplorable tenue dans nombre d'administrations il n'est pas de fait de malversation qu'à sa révélation inattendue on doive réputer impossible.

Quand ils étaient dans l'opposition les républicains relevaient impitoyablement les moindres incorrections financières. Ils avaient contre elles des trésors de réprobation. Ils fulminaient, par exemple, contre les virements qui, disaient-ils, rendaient illusoire un contrôle sérieux. La république établie, ils n'ont pas opéré d'autre façon. Ils l'ont même outrée, si bien que, comparativement à eux, on pourrait réputer leurs devanciers des petits saints. Rien qu'au passif de la troisième république, la Cour des comptes a déjà relevé 4,712 irrégularités plus ou moins délictueuses. Nous n'insisterons pas, car, au chapitre des républicains, ce sont là de simples peccadilles en regard de leurs autres déportements administratifs. On n'en est plus à compter, ni même à considérer la gravité des méfaits financiers authentiquement établis à leur charge. Pour qu'il ne manquât rien au tableau, il faudrait y ajouter les bévues : car, suivant que le titulaire de la fonction est un jocrisse ou un coquin, quand il n'est pas les deux, elles alternent avec les actes délictueux.

Il va de soi qu'avec une nouvelle guerre contre l'Allemagne, le chiffre de 37 milliards de la dette actuelle sera largement dépassé. On sait, d'ailleurs que, depuis longtemps, il y a absence à peu près complète d'amortissement en France. Souhaitons que le pays n'apprenne pas alors trop tard que la force financière d'un Etat peut seule lui fournir les moyens de faire vivre et d'entretenir une armée. Si excellente que soit sa valeur intrinsèque, l'épuisement financier survenant, elle cesse d'être consistante et solide. C'est ce qui ne manquerait pas d'arriver chez nous. On la verrait se dissoudre et fondre, à la plus grande stupéfaction du pays.

Avec la rapidité et l'intensité qui, de plus en plus, seront les caractères marquants des guerres contemporaines, en raison des énormes capitaux qu'elles exigent et absorbent en quelques mois, même en quelques semaines, il faudra de toute façon recourir à l'emprunt forcé, avec ses inséparables et inévitables corrollaires. Nous aurons donc le cours forcé des billets d'Etat, ou ceux d'une banque qu'il se substituera. En vue de se procurer des ressources immédiates qu'il ne pourrait obtenir à bref délai ni de l'impôt ni de l'emprunt ordinaire, c'est bien à l'expédient du cours forcé qu'il recourra. Au fond, il constitue un emprunt forcé fait à un prêteur indéterminé sans intérêt pour le créancier. D'une façon générale, le prêteur forcé et indéterminé est le public tenu d'accepter des billets dans les échanges, au lieu et place de monnaie. Au vrai et en réalité, l'emprunt forcé n'est qu'une banqueroute en grand ou une série de banqueroutes partielles.

On sait bien quand et comment l'on entre dans le cours forcé : mais il est impossible de dire et de prévoir quand et comment l'on en pourra sortir. Seulement l'expérience du passé atteste qu'il est bien rare qu'un peuple qui, en temps de paix, a eu recours à cette mesure, puisse revenir à la circulation métallique avant sept ou huit ans, même quinze ou vingt ans. C'est ainsi qu'en 1797, voté en Angleterre pour quelques mois seulement, le cours forcé se prolongea outre mesure et, durant vingt-quatre ans consécutifs, bouleversa la société anglaise. Le cours forcé veut être mené avec une excessive prudence, dans des conditions exceptionnellement favorables, afin de préserver les billets d'une trop sensible et rapide dépréciation. Autrement, en vue de se créer des ressources, c'est l'expédient le plus coûteux, par les conséquences ruineuses et les suites qu'il entraîne. Faite au nom et par l'intermédiaire d'une banque, l'émission des billets est déjà un procédé fort dangereux : faite directement par l'Etat, l'opération est invariablement, absolument, calamiteuse. Il n'y a pas d'exemple du cours forcé pratiqué par une banque qui ait conduit à une banqueroute totale, ou même à une dépréciation de plus de 40 à 50 pour 100, tandis qu'avec la méthode de l'émission directe par l'Etat, un bouleversement financier est inévitable. C'est qu'une fois engagé sur cette pente, la plus glissante de toutes, l'Etat ne s'appartient plus : il est irrésistiblement conduit à des émissions qui dépassent toutes les bornes. On l'a bien vu en France avec l'effondrement des assignats et des mandats territoriaux. La perte sur la valeur nominale n'eut jamais d'interruption. En peu de temps elle prit des proportions imprévues, prodigieuses.

Pour s'en convaincre, il n'est même pas besoin de remonter aux assignats. Les annales contemporaines témoignent de l'avilissement excessif que peuvent subir les valeurs exclusivement fiduciaires, si improprement dites *nationales*. Par exemple, aux Etats-Unis d'Amérique, pendant la guerre de Sécession, à mesure que l'Etat émettait des greenbacks (1), autrement dit du papier à cours forcé tenant lieu de monnaie, la prime de l'or augmenta sans interruption. Et quand, en 1867, l'émission atteignit nominalement le chiffre de 3 milliards 1/2 de francs, cette prime s'éleva à 246 pour 100. C'est-à-dire qu'un marchand qui mettait en vente un objet coté 246 francs préférait recevoir 100 francs en or que d'être payé en papier ayant cours légal et obligatoire. Des cas analogues se sont produits en Russie, en Italie, en Turquie. Dans ce dernier pays, en 1875, le gouvernement ottoman ayant décrété que, dorénavant, une partie de la dette serait payée en papier, le malheureux porteur de 100 francs en billets ne put échanger son papier discrédité que contre 27 ou 28 francs en numéraire ayant cours sur les marchés. Ces exemples doivent donner à réfléchir aux nations qui seraient tentées de fournir cette carrière.

Prendra-t-on la criminelle détermination dont nous avons déjà dit un mot, consistant à mettre à la disposition de l'Etat les ressources, prétendues inépuisables, qu'offrent les grands établissements publics en billets, dépôts, accumulation d'or et d'argent de toute sorte? « La Banque de France, dit M. Stourm, détient actuellement dans ses caisses plus de trois milliards de numéraire.

---

(1) *Greenbacks*, dos verts : papier-monnaie tirant son nom de sa couleur.

Nous ne voulons pas même discuter ici l'idée, quelquefois émise, de considérer cette encaisse comme trésor de guerre. Sans doute trois milliards sont tentants ; mais il faut savoir résister à la tentation de s'emparer du bien d'autrui. On pourrait, au même titre, vouloir mettre la main sur les encaisses de toutes les sociétés de crédit, dont plusieurs sont fort riches aussi. D'ailleurs ces diverses encaisses, métalliques ou non, ne représentent nullement des sommes disponibles : il suffit de consulter les bilans pour se convaincre qu'elles forment la contrepartie exacte et nécessaire des engagements figurant au passif. Mais surtout, nous le répétons, *c'est le bien d'autrui*. Cependant, au moment de besoins urgents, on ne peut se dissimuler que des établissements si largement pourvus consentiront vraisemblablement à faire au trésor de très opportunes avances (1). »

Tout d'abord, en décrétant le cours forcé des billets de la Banque de France, l'Etat aura pour ses besoins une somme pouvant s'élever à deux milliards. Ensuite, pour les achats à effectuer à l'étranger, il trouvera dans les caisses de l'établissement un milliard en or et en argent que probablement on ne lui refusera pas. Mais nous le déclarons : c'est là le *maximum* de l'effort possible, le chiffre total des disponibilités de la Banque de France. A s'avancer plus avant dans cette voie scabreuse, nul doute qu'elle n'arrivât promptement à la dépréciation accélérée de son papier. C'est que, du moment où l'émission prend un développement exagéré qui

(1) *Revue de Paris*, 1er mars 1896.

rend problématiques les chances d'un remboursement ultérieur, l'avilissement du papier représentatif ou billet de banque ne manque pas de se produire, de s'accentuer de plus en plus jusque-là que la perte sur la valeur nominale finit par devenir fantastique, phénoménale.

Pas n'est besoin d'être grand clerc ni même initié à la science des finances pour comprendre que le papier-monnaie chasse naturellement l'or et l'agent des échanges. En effet la circulation métallique constitue la saine monnaie, à la différence de celle en papier, qui est la fausse. Avec l'avilissement du papier émis par une banque autorisée, ou indirectement par l'Etat, il se produit un phénomène dénommé en Angleterre *appréciation de l'or*, soit l'augmentation de valeur de ce métal. Les gens les plus étrangers aux finances sont même doués à cet égard d'un flair particulier. Personne n'a jamais thésaurisé ni ne sera tenté de thésauriser le moindre trésor en papier. Mais, dans tous les temps et tous les pays, sous le coup d'appréhensions plus ou moins fondées, en tout cas fort légitimes, nombre de gens font de petites réserves d'or, trésors cachés dont personne, hormis eux, n'a connaissance. Il en est même qui, ne voyant pas encore sûreté suffisante dans leur pays, les envoient à l'étranger. On fait de même avec bijoux, diamants, objets d'art, livres précieux, collections de tout genre. En l'état d'insécurité croissante en France, ces émigrations ont pris de nos jours un développement considérable. Du jour où le papier-monnaie ou billet à cours légal et forcé sera décrété, ce sera bien autre chose. A telle prévoyance, surtout avec l'or, le père de famille et l'administrateur intelligent trouvent amplement leur compte. En effet la plus-value métallique ou la valeur intrinsèque de l'objet compense et au delà le sacrifice des intérêts d'un titre ou les arrérages d'une rente. On a de plus l'avantage de conserver intact un capital qui, placé sur le commun des valeurs, ou même en fonds d'Etat, est sujet à des déchets multiples, quand il ne lui arrive pas de fondre dans son intégralité.

Il est possible, probable même, que la grande banqueroute nationale sera précédée de banqueroutes partielles, directes ou indirectes, plus ou moins déguisées. L'Italie en a récemment fourni un échantillon par les impôts exorbitants dont coup sur coup elle a grevé sa rente (1). La qualification, sans doute, n'y est pas : mais on a l'équivalent exact dans la chose.

Avant qu'on en vienne là, on verra se produire les signes avant-coureurs et les préludes ordinaires de la catastrophe : réduction de traitement, suppression de pension, abolition de sinécure, du cumul, des emplois parasites, etc. De l'excès du mal sortira un bien relatif. Il se paie cher chez nous, où, pour la réformation la plus légère, il faut une révolution, sauf ensuite à revenir en arrière. Il n'y a pas de pays où l'amélioration et le progrès soient aussi chèrement achetés qu'en France. Nous savons bien détruire, renverser : même, à l'article, nous sommes passés maîtres. Mais ni en politique ni en ad-

(1) En Italie, l'impôt sur la rente s'est progressivement élevé à 20 pour 100. Il suffira d'un petit nombre d'élévations subséquentes pour arriver à l'absorption intégrale du revenu. Ce sera, alors, le retour du capital à l'Etat.

ministration, nous n'avons jamais pu rien fonder sur des bases solides, rien instituer sur des principes et des assises durables. En dehors de la routine, des atermoiements, des demi-mesures, nous ne connaissons que les extrêmes. Et, alors, nous n'y allons pas par quatre chemins, encore moins regardons-nous aux voies et moyens, si bien que, pour cuire un œuf, nous n'hésiterons pas à mettre le feu à la maison !

Le banqueroute nationale, aboutissant nécessaire et juste expiation de nos folies, ne pourra être une surprise pour personne. Elle ne fait pas l'ombre d'un doute pour les étrangers et, en France, toute personne sensée s'y attend. Comment prétexterait-on cause d'ignorance, quand chaque jour on l'entend crier par-dessus les toits ?

Au surplus ce ne sera pas une nouvelle connaissance. Celle-là date de loin : elle a même conquis ses titres de noblesse en France.

Sous la dénomination de banqueroute publique, on désigne plus spécialement les cessations de payement des rentes par l'Etat, l'abaissement, la retenue, ou même le retranchement partiel ou intégral de l'intérêt et des arrérages, enfin toute inexécution des conventions contractées par un pays avec ses prêteurs.

Ainsi entendue, la première trace de banqueroute remonte à 1350, au règne de Jean le Bon. Il ne s'agit alors que de non-payement d'emprunts forcés auxquels on soumettait d'office les villes et les individus : la dette publique n'existait pas encore. Autrement, rien de plus commun sous l'ancien régime que des biens royaux régulièrement et légalement vendus, puis ressaisis au titre d'inaliénables, que des contrats ouvertement violés, des droits acquis méconnus, enfin le créancier de l'Etat impitoyablement sacrifié, à chaque crise. Il n'est pas d'époque qui ne voie la foi publique faussée d'une façon cynique, outrageuse (1).

C'est à compter du règne de François Ier, que, par suite de la création des premières rentes sur l'Hôtel-de-Ville, la France se trouve chargée d'une dette permanente. Telle est véritablement l'origine de la dette publique. Le payement en sera très irrégulier. Il n'y aura guère d'années où l'Etat ne *retranche un ou plusieurs* quartiers d'arrérages. C'est l'euphémisme qu'on emploie pour masquer la triste vérité et colorer un acte malhonnête.

Jusque-là la banqueroute n'avait été qu'un accident. Sous Louis XV, avec l'abbé Terray, elle devient un système avoué, une des nécessités de la monarchie. En finances, ce contrôleur général n'a d'autre théorie, d'autres principes, que le bon plaisir et la spoliation. A son arrivée aux affaires, la détresse du Trésor était extrême. Le peuple en prit occasion de dire qu' « il fallait que les finances fussent au plus mal, puisqu'on appelait un prêtre pour les administrer ». Terray ne connaît qu'un remède au mal, « la saignée », pour nous servir de son terme, et encore la banqueroute, la banqueroute sous toutes ses formes et à outrance. Suivant lui, « il en faut une tous les cent ans pour mettre l'Etat au pair ». Il estime que « tous les biens des sujets sont ceux du roi,

---

(1) *L'ancien régime et la révolution*, par Tocqueville; Paris, 1856, *passim*.

qui, en conséquence, est « maître de ne plus servir les intérêts des vieilles dettes, non plus que les arrérages de rente dont on a joui longtemps ». Les actes du contrôleur général sont l'application de ses maximes et traduisent en fait ses principes. Dans la foule de ses infractions à la foi publique, laissant de côté ses actes tortionnaires, nous citerons seulement ses retenues sur les pensions et les traitements, même avec effet rétroactif, et ses trois banqueroutes successives sur les mêmes rentes. Ces mesures jettent le désespoir dans les familles, entassent ruines sur ruines, déterminent enfin nombre de suicides. Voltaire, qui y perd 300,000 livres, accable de ses sarcasmes le contrôleur général qu'il livre en pâture à la haine et à la risée du public, sans compter les traits acérés et mordants dont il le crible en vingt endroits de sa *correspondance*, en France et à l'étranger.

La grande constituante de 1789 amène dans le gouvernement un retour à l'honneur et à la probité. Elle croit avoir trouvé le moyen d'extirper le mal dans sa racine. Sa candeur va jusqu'à supposer une banqueroute de l'Etat désormais impossible. Pour cela elle a imaginé de placer la dette publique sous la sauvegarde de l'honneur français. Belle garantie donnée à la nation ! Encore une illusion à ajouter à l'interminable série de celles de l'époque.

Avec l'émission continue, fabuleuse, des assignats, portée par la Convention à 29 milliards et demi, puis par le Directoire exécutif à 45 milliards, nous avons notre plus grande banqueroute nationale. La prochaine, que les économistes et les financiers les plus experts évaluent de 70 à 80 milliards, résultera des causes que nous avons assez longuement énumérées pour n'avoir plus à y revenir. On n'en sortira pas autrement que par un retour aux procédés de l'an VI, autrement dit la liquidation Ramel, laquelle fut une conséquence de l'avilissement inouï des assignats. La dépréciation qui attend notre futur papier-monnaie la laissera, certainement, bien loin derrière elle.

Là-dessus l'on ne manquera pas de se récrier, d'alléguer l'impossibilité d'une pareille catastrophe, à cause de son exceptionnelle gravité, de ses suites effroyables. Comme si les proportions et les effets d'un immense désastre étaient des garanties contre son éventualité, tandis que c'est justement le contraire. Est-ce qu'on arrive du premier coup au sommet ? Les débuts sont modestes : on l'a vu sous la monarchie. Au terme seulement l'on atteint l'apogée. C'est une loi qui, après les individus, régit les collectivités. Elle a son application en finances comme en toutes choses.

On fait remarquer qu'en France la rente a été démocratisée, que les milliards de la dette nationale sont répartis entre les mains de plus de quatre millions de Français, qu'en défalquant les femmes mariées et les enfants, qui ne possèdent rien en propre, il reste bien peu de personnes qui ne détiennent rien de la créance totale contre l'Etat. La banqueroute déterminerait donc la ruine universelle : et du même coup, le Trésor qui ne payerait plus de rente ne trouverait nulle part un seul impôt à percevoir. Les faits et l'expérience ont malheureusement infligé d'éclatants démentis à ces bonnes raisons et à bien d'autres encore, dont se bercent les gens qui n'entendent pas qu'on les empêche de dormir leur sommeil sur un oreiller funeste.

C'est à la république, sous le Directoire exécutif, qu'échut l'honneur de mener dans les règles la première grande banqueroute nationale. A en faire ici succinctement l'historique, nous ne croyons pas commettre un hors d'œuvre : car, de l'avis des financiers les plus compétents de la France et de l'étranger, nos futurs banqueroutiers, à part d'insignifiantes modifications, ne feront guère qu'en reproduire les errements et procédés caractéristiques, d'en donner enfin une édition nouvelle, peu corrigée, mais démesurément augmentée.

On connaît le coup de force perpétré le 18 fructivor an V (4 septembre 1797), par le directeur Barras, contre la presse et la représentation nationale, avec le concours de Bonaparte, qui lui envoya Augereau, détaché à cet effet de l'armée d'Italie. Ce coup d'Etat n'eut pas plus tôt été consommé, qu'au nom de la commission des finances, le républicain Villers vint demander au Conseil des Cinq-Cents de réduire les dépenses de l'Etat, en supprimant les deux tiers de la dette publique. Suivant son exposé, c'était le corollaire naturel et nécessaire du coup de force jacobin. « Il est temps, disait-il, que le Corps législatif s'occupe des moyens de restaurer les finances de la république. Il ne suffit pas de vaincre : il faut encore profiter de la victoire. Prenez une mesure générale, prompte, radicale. Toute mesure dilatoire ou partielle serait illusoire. » A entendre un pareil langage, on croit assister à une séance de la jacobinière de notre Hôtel-de-Ville.

La mesure que, sous la dénomination de *remboursement des deux tiers de la dette publique*, le républicain Villers proposait n'était pas autre que la banqueroute pure et simple. Mais quand donc, pour déguiser le fond et faire prendre le change sur la réalité des choses, a-t-on jamais été à court d'euphémismes ? Artifices et dénominations fallacieuses ont toujours été à la disposition des gouvernants toutes les fois qu'il s'est agi de voiler ou de justifier les iniquités les plus criantes. Un auteur ancien en a fait l'observation : *Nullis vitiis desunt pretiosa nomina* (1) ; « jamais les méfaits ne manquent de beaux noms ». Ainsi fut accompli celui-là, dont on a pu justement dire qu'il a été « un véritable acte de brigandage public ».

Depuis l'établissement du régime républicain, la classe des petits rentiers, déjà si éprouvée antérieurement, avait enduré de cruelles souffrances. Si la mesure était adoptée, c'était pour eux la ruine totale. Ils portèrent leurs doléances devant les pouvoirs publics. La réclamation était des plus légitimes. Rappelant les privations que les embarras financiers du gouvernement et le régime des assignats leur avaient précédemment infligés, ils déclaraient qu'ils étaient prêts néanmoins à supporter patriotiquement de nouveaux sacrifices. Ils demandaient seulement que la réduction des intérêts de la dette ne fût pas définitive ; et qu'après avoir été les premiers à

---

(1) C. Pline, lib. XXXVII, 12.

souffrir dans les jours pénibles de la révolution, ils ne fussent pas frustrés de l'espoir de profiter des jours meilleurs que l'avenir réservait sans doute à la France. Cette abnégation patriotique, ce vœu si modeste, n'eurent aucun effet sur le Conseil des Cinq-Cents. Un seul membre se rencontra, et l'un des plus obscurs, pour prendre en main dans l'assemblée la défense des malheureux créanciers impitoyablement dépouillés par l'Etat. Le nom de cet honnête homme vivra éternellement dans nos annales financières. Unique organe du droit et de l'équité en cette occurence, Beytz n'eut pas de peine à faire ressortir la monstruosité de la mesure. L'infamie était patente, à tous les points de vue condamnable. Il démontra péremptoirement les conséquences infaillibles de cette spoliation éhontée, qui, en consommant la ruine de trois cents mille familles, allait décrier l'honneur de la France, saper son crédit, porter un coup sensible à la fortune publique. Argumentation concluante, raisons topiques, adjurations solennelles, tout fut inutile : le parti de l'assemblée était pris. Un des hommes les plus corrompus de l'époque, le moins accessible de tous à la pitié, aux sentiments élevés, généreux, ne peut s'empêcher d'en faire ici l'observation. « C'est, dit Barras, une remarque qui ne peut étonner que les gens qui n'ont pas connu d'assemblées politiques, ou de simples associations moins nombreuses encore, de voir combien les hommes individuellement ou collectivement se ressemblent peu. La justice, que reconnaissent et qu'accordent les premiers, est souvent refusée par les mêmes quand ils sont réunis (1). » De fait, jamais nulle part l'oppression et la tyrannie ne se font sentir plus cruellement, plus inexorablement, que dans les comités ou les collectivités politiques. De ce phénomène J. de Maistre fournit l'explication. « Dans une assemblée politique, dit-il, si les mesures les plus injustes, les plus oppressives, peuvent être votées, c'est qu'aucun des votants ne se sent responsable. La responsabilité appartient alors à la collectivité, autant vaut dire à personne. »

La résolution était odieuse, sous tous les rapports lamentable. A cette époque, les neuf dixièmes des rentiers possédaient en moyenne deux cents livres de rente. Dans l'impossibilité de trouver du travail en l'état du marasme commercial et industriel à cette époque, trois cent mille citoyens, déjà outre mesure appauvris, allaient se trouver réduits à soixante-six livres de rente. Ce n'était même pas de quoi acheter du pain !

Adopté par le Conseil des Cinq-Cents, le projet de loi fut définitivement sanctionné par le Conseil des Anciens et devint la loi du 9 vendémiaire an VI (30 septembre 1797). C'est la banqueroute dite des *deux tiers*. En vertu de cette loi, chaque inscription perpétuelle ou viagère portée au Grand-Livre fut débitée des deux tiers de son montant : un tiers seulement fut conservé. Les deux autres tiers furent déclarés remboursables, sur le pied du denier 20 pour les rentes perpétuelles, et denier 10 pour les rentes viagères, en bons mobilisés au porteur, admissibles en paiement de biens nationaux. En dernière

---

(1) *Mémoires*, t. III, p. 455.

analyse, un rentier possédant avant la loi du 9 vendémiaire an VI un titre de 600 livres de rente fut inscrit à nouveau pour un tiers, soit 200 livres. C'était bien la banqueroute, « la hideuse banqueroute », que, quelques années auparavant, Mirabeau avait stigmatisée en termes si éloquents.

A la suite de cette réduction des deux tiers, le gouvernement prenait l'engagement formel d'acquitter exactement les arrérages de la faible portion de revenu conservé aux rentiers. Ces infortunés ne purent même pas obtenir la réalisation de cette promesse. Au paiement en numéraire du tiers des anciennes inscriptions une loi du 28 vendémiaire an VII substitua, pour le second semestre, des bons au porteur applicables aux contributions directes et aux patentes. Généralement trop pauvres pour en faire l'emploi en contributions, les malheureux rentiers allaient donc se trouver contraints de céder à vil prix à des spéculateurs la valeur dépréciée avec laquelle le Trésor se libérait envers eux. On trouvait ainsi moyen de renchérir encore sur une spoliation abominable. La misère noire s'ajoutait pour eux à tous les maux dont la révolution les avait déjà accablés. La situation n'était plus tenable : beaucoup y coupèrent court par le suicide.

Et la mesure ne devait pas se borner à un seul semestre. Pourtant l'engagement en avait été pris, lors du vote de la loi : mais il fut outrageusement violé. La loi du 22 floréal an VII disposa que les rentiers continueraient à subir le mode de paiement qui leur avait été imposé, non seulement pour le semestre échu, mais aussi pour tous les semestres subséquents, puisqu'aucun terme n'était assigné pour la reprise intégrale des paiements. Quant aux *bons mobilisés* que le gouvernement avait remis à ses créanciers en *remboursement* des deux tiers de leur créance, ils étaient complètement discrédités. Dès l'origine, avec la dépréciation des biens nationaux, ces *bons des deux tiers* perdirent 90 pour 100 de leur valeur.

En paiement d'une dette de 100 francs les créanciers de l'Etat n'avaient reçu qu'un titre qui valait tout au plus 10 francs. Dans le projet de loi, les deux tiers remboursables étaient évalués à trois milliards. Par la banqueroute des deux tiers, la *république faisait donc perdre aux rentiers un capital de deux milliards sept cents millions* !

Avant la banqueroute, le chiffre des rentes inscrites au Grand-Livre s'élevait à 174,716,100 francs. La dette publique étant réduite des deux tiers, le tiers maintenu, dit *consolidé*, aurait dû être de 58,238,833 francs. Mais les inscriptions représentant ce tiers ayant été admises en paiement de biens nationaux et les rentes des émigrés, comme elles appartenant à des communautés de main-morte, ayant été confisquées et annulées, il s'ensuivit que les sommes définitivement inscrites pour le *tiers consolidé* ne s'élevèrent qu'à 40,216,100 francs. Le chiffre des dépenses du budget se trouva de la sorte diminué de 134.500,000 francs.

La troisième république doit tenir à honneur de suivre les brisées de sa glorieuse devancière. En s'inspirant de son exemple, elle n'aura qu'à pratiquer mêmes errements et procédés. Peut-être y apportera-t-elle quelques changements de forme, des correctifs qu'elle jugera indispensables. Quant au fond et aux grandes lignes, on peut être assuré qu'ils resteront les mêmes. Elle aura sur son aînée un inestimable avantage, celui d'une justification toute trouvée dans la raison d'Etat, dans une nécessité inexorable, la poursuite de la guerre à outrance nécessaire au salut du pays. *Proxima pecuniae cura* (1) ; « *le besoin pressant d'argent* » répondra à toutes les raisons, triomphera de toutes les résistances, affranchira de tous les scrupules.

Et qu'on ne vienne pas nous objecter que, facile à perpétrer en 1797, la spoliation serait impraticable de nos jours. Alors, dira-t-on, il n'y avait que trois cent mille détenteurs de rente, tandis qu'aujourd'hui on les compte par millions. Les rentiers, en effet, n'est-ce pas maintenant tout le monde, ou peu s'en faut ? — Ce serait étrangement s'abuser : car c'est précisément la multiplicité, la diffusion des titres de rente, qui rendra l'opération facile et fera prendre le change au public sur son caractère exorbitant, injustifiable. L'universalité du désastre aidera singulièrement à sa consommation. Il trouvera une atténuation assurée dans l'inflexible niveau qui courbera toutes les têtes.

L'heure de la catastrophe sonnera donc infailliblement. Pour qu'il en fût autrement, il faudrait un renversement des lois économiques et du cours fatal des choses, tel qu'on n'en a jamais vu et qu'on n'en verra jamais. Seu-

---

(1) Tac., *Hist.*, I, XX.

lement l'échéance pouvant se trouver plus ou moins reculée, la quiétude se prolongera d'autant : elle ira même se fortifiant funestement, jusqu'à l'heure où grondera la tempête. Le cataclysme advenant alors, son éclat inattendu sera d'autant plus foudroyant.

Si effroyable qu'il soit, il se peut qu'il rencontre sa justification dans le relèvement de la France, avec le rétablissement de l'honneur et du prestige du nom français. Il est certain qu'au sentiment des masses populaires, le pays ne paiera jamais trop chèrement l'avantage de se relever de la déchéance qu'il a encourue, de recouvrer son ancien rang dans le monde. Mais aussi quelle crise, quelles épreuves à traverser ! se peut-il concevoir plus formidable, plus effrayante perspective ? « Car ce ne seront plus des armées qui se mesureront, mais des nations entières qui se rueront les unes sur les autres, avec l'emportement, la bestialité et la sauvagerie des foules, sans qu'il soit au pouvoir d'aucune force d'en atténuer les horreurs (1). » La prochaine guerre rappellera, si elle ne les éclipse pas, les invasions des Attila, des Gengis-Khan, des Tamerlan, avec leurs hordes féroces et barbares.

Pour nous inciter à sortir à notre honneur et à notre avantage de cette suprême épreuve, il ne faut pas moins que la certitude bien établie qu'il y va de notre existence même. Si, par l'anéantissement de la France, la Triple-Alliance l'emporte, le résultat sera la paix universelle

---

(1) *Puissance militaire des États de l'Europe*, par J. Molard, p. 22.

contre la France et les Slaves, au profit de l'Allemagne, de l'Autriche et de l'Italie. L'Allemagne y gagnera l'hégémonie, l'Autriche-Hongrie sa sécurité à l'égard du Slavisme, l'Italie le littoral africain et la prépotence dans la Méditerranée. Les trois Etats formeraient alors une sorte de syndicat qui résoudrait à son profit les problèmes territoriaux et économiques de nature à exciter les passions ou les cupidités des diverses nations européennes. Quant aux vaincus, ils descendront à la condition de vassaux des vainqueurs. Ce n'est qu'à ce prix et dans cet infime état qu'ils pourront espérer de racheter leur autonomie administrative.

Les appétits des coalisés seront certainement immodérés, et il semble bien qu'il sera, sinon impossible, du moins malaisé, de leur donner satisfaction entière. De cette perspective, nous avons déjà des indices accusateurs, des signes indéniables. Ils en disent long sur ce que pourra être la curée, avec les compétitions, les antagonismes, les déchirements des parties prenantes.

Au point de vue national, la conséquence immédiate de la guerre franco-allemande a été une telle exaltation des esprits, qu'en Prusse, par exemple, dans l'enseignement public, le maître d'école professe couramment que les limites politiques de l'empire allemand sont beaucoup en arrière de ses limites naturelles ; et il a le regret d'avouer que le tiers au moins de la patrie allemande est encore indûment retenu par ses voisins.

En ce qui nous concerne, indiquons ces limites, pour l'édification du lecteur.

A l'ouest, la frontière naturelle de l'Allemagne commence au cap Grinez, — à 25 kilomètres au nord de Boulogne, — pour aboutir au plateau de Langres, en suivant la ligne de partage des eaux qui descendent vers la mer du Nord et de celles qui tombent dans le détroit du Pas-de-Calais. Cette ligne de partage suit les collines du Boulonnais et de l'Artois par Marquise, Guines, Surques, Bécourt, Fruges, les sources de la Lys, Avesnes, les sources de l'Oise au-dessous de Landrecies, traverse les Ardennes, Rocroi, Beaulieu, Tarzy, Marlemont, Thin-le-Moutier, les sources de la Vence, Tourteron, et domine les défilés des Argonnes, à gauche de la vallée de la Meuse, pour aboutir à Langres. De cette ville, la frontière contourne Belfort, qu'elle veut bien nous laisser, pour envelopper la Suisse, l'Autriche et la Pologne. Elle enlève une grosse tranche à la Russie.

Tel est le tracé actuel des géographes prussiens, le programme territorial et topographique que l'Allemagne se flatte de réaliser, comme couronnement de la future guerre.

Loin d'exagérer, M. le général Derrécagaix reste donc au-dessous de la vérité, quand, de son côté, il envisage les probabilités d'un partage du territoire français sur les bases suivantes. « La Belgique irait jusqu'à la Somme, s'annexant nos départements du Nord et du Pas-de-Calais. Dans les écoles, on enseigne déjà que les ducs de Brabant sont les héritiers des anciens ducs de Bourgogne, de Philippe-le-Hardi surtout, et que son royaume allait jadis du Zuyderzée à la Somme. La Suisse s'étendrait jusqu'à la Saône; l'Italie, jusqu'au Rhône; l'Espagne, jusqu'à l'Aude, l'Adour ou la Garonne. La

Bretagne et la Normandie seraient le lot de l'Angleterre. La Bourgogne et la Champagne réunies à l'Alsace-Lorraine formeraient l'apanage héréditaire du Konprinz d'Allemagne, avec le titre de roi de Lorraine et de Bourgogne. Enfin le reste conserverait le nom de France, pour montrer au monde entier qu'après tant de triomphes et de grandeur, notre pays n'est plus qu'un souvenir (1). »

Quelle matière à réflexions! se peut-il avenir plus sombre, attente plus angoissante ? Si cela devait arriver, heureux ceux qui succomberaient dans la lutte ! Bien autrement à plaindre seraient ceux qui auraient le malheur de leur survivre.

Mais, à supposer l'accomplissement d'un pareil bouleversement de la carte européenne, l'Allemagne s'imagine-t-elle qu'elle aurait beaucoup gagné ? Au sentiment de politiques perspicaces, grande serait son erreur. D'abord, elle sortirait de la lutte épuisée, horriblement meurtrie, ruinée, impotente. Sans doute, elle n'aurait plus à compter avec la France, qui aurait achevé son rôle comme nation, mais elle deviendrait une proie assurée pour la Russie. Alors se vérifierait la prophétie de Skobelew, que nous avons rapportée plus haut : « Le Slave abattra le Teuton. » Ce serait effectivement le sort de l'Allemagne.

Nous avons toujours pensé et, plus que jamais, nous pensons qu'en aucun temps la république ne prendra l'initiative d'une guerre contre l'Allemagne où, mutilée

(1) *La guerre moderne*, t. II, p. 482.

qu'elle est, avec une race abâtardie, un gouvernement universellement méprisé, une administration incapable, l'effondrement se produirait à la première heure. Ce n'est pas avec un personnel inepte, pourri jusqu'aux moelles, qu'elle peut entreprendre la revanche. Elle ne saurait être envisagée sérieusement que par un régime qui, au préalable, aura balayé le fumier d'aujourd'hui. Césarisme ou monarchie, communisme ou dictature, nul ne saurait en pronostiquer à coup sûr l'essence, les conditions, le caractère. Il est seulement vraisemblable que le nettoyage sera l'œuvre d'une dictature. Que l'événement soit encore à se produire, certes il y a lieu de s'en étonner, avec les débordements sans terme ni mesure de l'oligarchie opportuno-panamiste qui s'appelle la république. On ne peut se l'expliquer que par l'état de démoralisation et d'avachissement complet où est tombé le pays, en l'état de décomposition avancée de la société française. Mais la situation aura nécessairement un terme.

Actuellement, nous voyons se produire en France les mêmes signes et indices qu'au temps du Directoire. A tant d'années d'intervalle, les deux époques se ressemblent à s'y méprendre. Mêmes traits, types et caractères : scepticisme grandissant, immoralité publique et privée, corruption générale, dégénérescence physique, intellectuelle et morale. En tel état, le césarisme ne saurait être bien loin, disent de bons esprits en France. Son avènement ne sera vraisemblablement qu'une question d'occasion et d'heure. C'est du reste le sentiment général à l'étranger. Naguère encore, dans une revue autorisée, un publiciste distingué le déclarait en ces termes : « La France attend et demande tous les jours l'homme du pouvoir personnel (1). »

On a fait l'expérience des *austères* avec Grévy et gendre, tenant bazar public de décorations à l'Elysée, jusque-là qu'ils en soient ignominieusement chassés. Nous avons actuellement leurs similaires avec des tartufes d'un autre genre. Tombé si bas de leur fait, le pays a le sentiment qu'il aurait mauvaise grâce à faire le dégoûté : il n'a pas le droit de se montrer difficile à l'égard du sujet. En dehors de la vermine opportuniste de toute façon impossible, il prendra l'homme qui lui tombera sous la main, même un césarion à défaut d'un César. Il y gagnera au moins de n'avoir qu'un seul maître et, s'il en pâtit, de savoir à qui s'en prendre, tandis qu'aujourd'hui il en a cent, crétins ou sacripants, tous plus insupportables les uns que les autres. C'est au surplus un fait de constatation historique, que l'ère des Césars, puis des invasions, marque fatalement l'heure finale de la décadence pour les nations décrépites, agonisantes, en état de sénilité irrémédiable.

Ici, au terme de notre tâche, nous n'avons plus qu'à prendre congé du lecteur.

Avec une véridicité intransigeante et une impartialité absolue, nous avons, dans un cadre forcément restreint, fait passer sous les yeux du lecteur l'état militaire et intérieur des grandes puissances de l'Europe centrale. Cette étude valait sans doute la peine d'être entreprise,

(1) M. Fréd. Harisson, dans la *Revue positive anglaise*, 3 fév. 1897.

quand il est constant que la situation exacte de la France et de l'Allemagne est peu connue des Français et que celle de la Russie ne l'est pas du tout. D'autres que nous y auraient sans doute déployé plus de talent. A défaut, à l'œuvre nous avons apporté indépendance d'esprit et de sentiment, absence de respect humain, abnégation de nous-même. C'est pourquoi, si déplaisantes ou affligeantes que fussent certaines hypothèses et éventualités, nous ne nous sommes pas cru dispensé de les traiter. Au public de décider si nous avons bien ou mal fait. De toute façon, il a dû reconnaître chez nous sincérité et droiture. Nous ne saurions trop le remercier de l'accueil favorable qu'il a fait à la première partie de cette étude et de la patience qu'il a montrée à attendre la seconde. Dans celle-ci, comme dans la première, il a pu constater des recherches approfondies et des investigations toujours plus scrupuleuses.

En politique comme en économie sociale, nous n'avons jamais été inféodé à aucun parti, à aucune école. Notre ambition s'est constamment bornée à n'être que le modeste serviteur du droit et de la vérité. Nous savons bien qu'à suivre cette voie, on risque fort de ne plaire à personne. Mais le moyen de faire autrement avec une diathèse congénitale ? *Fata aspera* (1), destinée cruelle, pour un auteur la plus malheureuse, qu'il ne nous était pas plus possible qu'à Marcellus de conjurer.

(1) *Si qua fata aspera rumpas, tu* etc. (Virg., *Aen.*, VI, V. 882).

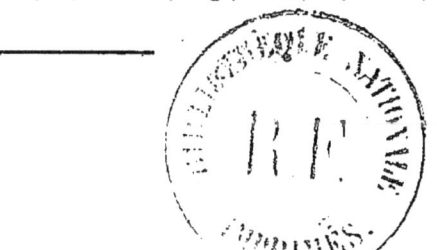

TABLE DES MATIÈRES

CHAPITRE PREMIER

Sentiment de Maudsley sur l'état présent de la France. — Décomposition de la société française. — Castration physiologique, intellectuelle et morale. — Désagrégation nationale. — Déclin de l'esprit militaire et décadence de l'armée. — Hostilité sourde et persistante de l'ancienne contre la nouvelle. — Offensive et défensive. — Sentiment motivé du feld-maréchal de Moltke à ce sujet.   1

CHAPITRE II

Nouvelle frontière militaire de la France. — Anarchie dans les bureaux de la guerre. — Divergence de vues sur la défense du territoire. — Adoption du système suranné de la fortification en cordon. — Répartition vicieuse des corps de l'armée française. — Déploiement stratégique et dispositif en équerre des Allemands. — Importance des rivières et des cours d'eau dans la prochaine guerre   88

CHAPITRE III

Envahissement de la France par l'Allemagne à l'est et au nord. — Violation de la neutralité de la Belgique. — Malmédy et Elsenborn. — Fortifications belges de la Meuse. — Échiquier démesurément étendu. — Occupation de Nancy sans coup férir par les Allemands. — Plan et conditions de la défensive-agressive pour la France   164

CHAPITRE IV

Hypothèse d'une action commune avec la Russie. — Attaque combinée du quadrilatère polonais par la coalition austro-allemande. — Évacuation de Varsovie et de la Pologne par les généraux russes. — Lutte probable en Lithuanie, sous le couvert du Pripet et des marécages du district de Pinsk. — La Russie insaisissable et invaincue. — Le fardeau de la guerre et ses suites retombent sur la France. 226

CHAPITRE V

Agression de l'Italie. — Son impuissance sur terre. — Plan de campagne des Italiens. — État satisfaisant de leur marine. — Maddalena. — Caprera. — Concert de l'Italie et de l'Angleterre. — Développement considérable des forces navales de l'Allemagne. — Débarquements en perspective. — Délabrement complet de la marine française. — Désarroi, dilapidations, favoritisme effréné au ministère. — Idées erronées, pernicieuses, en vue du renforcement de la flotte de guerre 259

CHAPITRE VI

Effets des tares ancestrales et congénitales chez les Français : en 50 ans, la fleur de la population moissonnée et dix milliards dévorés. — Ce que la France aura gagné à sa défaillance de 1871. — Coût d'une nouvelle guerre avec l'Allemagne. — Opinion de Grenville-Murray sur l'empire allemand. — Ses voies et moyens financiers comparés avec ceux de la France. — Marasme du commerce et de l'industrie chez nous en contraste avec leur développement inouï en Allemagne. — Administration ruineuse, extravagante, des finances en France. — Nécessité d'un énorme emprunt et du cours forcé au cas de guerre. — Gigantesque et inévitable banqueroute nationale. — Retour aux procédés de liquidation de l'an VI. — Relèvement, sinon consommation du démembrement de la France par le dépècement de son territoire 290

Imp. G. Saint-Aubin et Thevenot. — J. THEVENOT, successeur, Saint-Dizier.

Imp. G. Saint-Aubin et Thevenot. — J.Thevenot, successeur, Saint-Dizier (Hte-Marne).

www.ingramcontent.com/pod-product-compliance
Lightning Source LLC
Chambersburg PA
CBHW070900170426
43202CB00012B/2134